VERTENTES DA PSICANÁLISE

Coleção Clínica Psicanalítica
Títulos publicados

1. **Perversão**
Flávio Carvalho Ferraz

2. **Psicossomática**
Rubens Marcelo Volich

3. **Emergências Psiquiátricas**
Alexandra Sterian

4. **Borderline**
Mauro Hegenberg

5. **Depressão**
Daniel Delouya

6. **Paranoia**
Renata Udler Cromberg

7. **Psicopatia**
Sidney Kiyoshi Shine

8. **Problemáticas da Identidade Sexual**
José Carlos Garcia

9. **Anomia**
Marilucia Melo Meireles

10. **Distúrbios do Sono**
Nayra Cesaro Penha Ganhito

11. **Neurose Traumática**
Myriam Uchitel

12. **Autismo**
Ana Elizabeth Cavalcanti
Paulina Schmidtbauer Rocha

13. **Esquizofrenia**
Alexandra Sterian

14. **Morte**
Maria Elisa Pessoa Labaki

15. **Cena Incestuosa**
Renata Udler Cromberg

16. **Fobia**
Aline Camargo Gurfinkel

17. **Estresse**
Maria Auxiliadora de A. C. Arantes
Maria José Femenias Vieira

18. **Normopatia**
Flávio Carvalho Ferraz

19. **Hipocondria**
Rubens Marcelo Volich

20. **Epistemopatia**
Daniel Delouya

21. **Tatuagem e Marcas Corporais**
Ana Costa

22. **Corpo**
Maria Helena Fernandes

23. **Adoção**
Gina Khafif Levinzon

24. **Transtornos da Excreção**
Marcia Porto Ferreira

25. **Psicoterapia Breve**
Mauro Hegenberg

26. **Infertilidade e Reprodução Assistida**
Marina Ribeiro

27. **Histeria**
Silvia Leonor Alonso
Mario Pablo Fuks

28. **Ressentimento**
Maria Rita Kehl

29. **Demências**
Delia Catullo Goldfarb

30. **Violência**
Maria Laurinda Ribeiro de Souza

31. **Clínica da Exclusão**
Maria Cristina Poli

32. **Disfunções Sexuais**
Cassandra Pereira França

33. **Tempo e Ato na Perversão**
Flávio Carvalho Ferraz

34. **Transtornos Alimentares**
Maria Helena Fernandes

35. **Psicoterapia de Casal**
Purificacion Barcia Gomes
Ieda Porchat

36. **Consultas Terapêuticas**
Maria Ivone Accioly Lins

37. **Neurose Obsessiva**
Rubia Delorenzo

38. **Adolescência**
Tiago Corbisier Matheus

39. **Complexo de Édipo**
Nora B. Susmanscky de Miguelez

40. **Trama do Olhar**
Edilene Freire de Queiroz

41. **Desafios para a Técnica Psicanalítica**
José Carlos Garcia

42. **Linguagens e Pensamento**
Nelson da Silva Junior

43. **Término de Análise**
Yeda Alcide Saigh

44. **Problemas de Linguagem**
Maria Laura Wey Märtz

45. **Desamparo**
Lucianne Sant'Anna de Menezes

46. **Transexualidades**
Paulo Roberto Ceccarelli

47. **Narcisismo e Vínculos**
Lucía Barbero Fuks

48. **Psicanálise da Família**
Belinda Mandelbaum

49. **Clínica do Trabalho**
Soraya Rodrigues Martins

50. **Transtornos de Pânico**
Luciana Oliveira dos Santos

51. **Escritos Metapsicológicos e Clínicos**
Ana Maria Sigal

52. **Famílias Monoparentais**
Lisette Weissmann

53. **Neurose e Não Neurose**
Marion Minerbo

54. **Amor e Fidelidade**
Gisela Haddad

55. **Acontecimento e Linguagem**
Alcimar Alves de Souza Lima

56. **Imitação**
Paulo de Carvalho Ribeiro e colaboradores

57. **O tempo, a escuta, o feminino**
Silvia Leonor Alonso

58. **Crise Pseudoepiléptica**
Berta Hoffmann Azevedo

59. **Violência e Masculinidade**
Susana Muszkat

60. **Entrevistas Preliminares em Psicanálise**
Fernando Rocha

61. **Ensaios Psicanalíticos**
Flávio Carvalho Ferraz

62. **Adicções**
Decio Gurfinkel

63. **Incestualidade**
Sonia Thorstensen

64. **Saúde do Trabalhador**
Carla Júlia Segre Faiman

65. **Transferência e Contratransferência**
Marion Minerbo

66. Idealcoolismo
Antonio Alves Xavier
Emir Tomazelli

67. Tortura
Maria Auxiliadora de Almeida Cunha Arantes

68. Ecos da Clínica
Isabel Mainetti de Vilutis

69. Pós-Análise
Yeda Alcide Saigh

70. Clínica do Continente
Beatriz Chacur Mano

71. Inconsciente Social
Carla Penna

72. Psicanálise e Música
Maria de Fátima Vicente

73. Autorização e Angústia de Influência em Winnicott
Wilson Franco

74. Trabalho do Negativo
Vera Lamanno-Adamo

75. Crítica à Normalização da Psicanálise
Mara Caffé

76. Sintoma
Maria Cristina Ocariz

77. Cidade e Subjetividade
Flávio Carvalho Ferraz

78. Psicologia Hospitalar e Psicanálise
Alfredo Simonetti

79. Fairbairn
Teo Weingrill Araujo

80. Orientação Profissional
Maria Stella Sampaio Leite

81. Acompanhamento Terapêutico
Maurício Porto

82. Ferenczi
Teresa Pinheiro

83. Psicoterapia Breve de Casal
Mauro Hegenberg

84. Psicanálise e Educação
Maria Regina Maciel

85. Vertentes da Psicanálise
Maria Laurinda Ribeiro de Souza

86. Sublimação e *Unheimliche*
Alessandra Martins Parente

Coleção Clínica Psicanalítica
Dirigida por Flávio Carvalho Ferraz

VERTENTES DA PSICANÁLISE
O hospital. A violência. A clínica. A escrita

Maria Laurinda Ribeiro de Souza

Pearson

- 1ª edição *2017*

Produção Editorial: *Casa de Ideias*

Adaptação de capa: *Bonifácio Estúdio*

Dados Internacionais de Catalogação na Publicação (CIP)
Angélica Ilacqua CRB-8/7057

Souza, Maria Laurinda Ribeiro de
Vertentes da psicanálise : o hospital. A violência. A clínica. A escrita / Maria Laurinda Ribeiro de Souza. – São Paulo : Pearson, 2017. – (Coleção clínica psicanalítica / dirigida por Flávio Carvalho Ferraz).

Bibliografia
ISBN 978-85-8040-700-6

1. Psicanálise 2. Hospitais – Aspectos psicológicos 3. Violência I. Título II. Ferraz, Flávio Carvalho. III. Série

16-1180 CDD 150.195

Índices para catálogo sistemático:
1. Psicanálise

Impresso no Brasil
Printed in Brazil

As opiniões expressas neste livro, bem como seu conteúdo, são de responsabilidade de seus autores, não necessariamente correspondendo ao ponto de vista da editora.

Casapsi Livraria e Editora Ltda.
Av. Francisco Matarazzo, 1500 – Cj. 51
Edifício New York – Centro Empresarial Água Branca
Barra Funda – São Paulo/SP – CEP 05001-100
Tel. Fax: (11) 3672-1240
www.pearsonclinical.com.br

Para meu pai. Para meus filhos. E para meu neto,
com quem partilho o legado de uma
história e a esperança do futuro.

Sumário

Palavras preliminares

Acontece com os livros e mesmo com os sonhos ou a transferência: para que eles se façam é preciso que haja uma circunstância que os desencadeie.
(J.-B. Pontalis, *A força de atração*)

A amizade é um gesto precioso de hospitalidade.
(Maria Laurinda Ribeiro de Souza)

Este livro é a resposta ao convite feito por Flávio Carvalho Ferraz: publicar outro livro para a Coleção "Clínica Psicanalítica"; uma coletânea dos textos que ele, generosamente, me apontou como já constituindo um conjunto suficiente para esta edição.

Deixei o convite na espera por alguns anos – tempo adiado e "justificado" por outras demandas de trabalho institucional, mas, talvez, mais precisamente, tempo necessário para ousar fazer desse convite um ato.

Quando terminei o livro sobre a *violência*, em 2005, tinha um novo projeto: queria escrever sobre a *amizade*. A amizade e a solidariedade são contrapontos à violência, ao desamparo e à apatia. O desejo permaneceu, mas a vida me conduziu por outras direções. No entanto, a releitura dos textos escolhidos para esta coletânea me revelou a insistência dessa polaridade.

Logo nos primeiros artigos, nos relatos sobre as situações vividas no espaço hospitalar, são frequentes as cenas em que isso se presentifica:

- Como quando uma criança, vítima da violência materna, pode reconhecer nessa mãe a coexistência da loucura assassina e os gestos de amor.
- Ou na força disruptiva provocada pela instalação de uma simples cadeira para acolher os visitantes nas enfermarias; transgressão que convida à hospitalidade, à permanência ao lado do leito, e rompe com a pressa dos encontros, da apatia e da passividade.
- Ou na proposta de constituir um grupo com as crianças que possam sair de seus leitos e levá-las para ver o sol e brincar no heliponto vazio do hospital.
- Ou, ainda, no ato de organizar uma brinquedoteca e uma minibiblioteca ambulante; criar um barulho fraterno em que antes só se reconhecia o murmúrio solitário da dor e a ordem prescrita na disciplinação dos leitos e na realização rotineira dos cuidados.

O hospital pode ser, sim, um espaço terapêutico, um lugar de acolhimento, de circulação de discursos amorosos, como sugere o primeiro texto desta coletânea, mas pode ser, também, um lugar de atualização da violência, de revelação dos impasses políticos e sociais; uma forma de implicar os que transitam na instituição com aquilo que não encontra continência na sociedade.

Os artigos seguintes retomam explicitamente o tema da violência: suas múltiplas manifestações, sua banalização, os excessos inerentes a uma cultura que exacerba o individualismo, a atomização, a segregação, a exclusão aniquiladora dos que não fazem parte da mesma tribo. Marca reveladora do desaparecimento da solidariedade, da fraternidade, da esperança e da construção do coletivo, a violência invadiu todos os lugares; tornou-se espetáculo e objeto de fascínio.

Com a perda do espaço social como lugar de troca e de construção coletiva, perde-se também a noção de história, de memória, de lugar simbólico que se transmite pelas diferentes gerações. É necessário reconhecer a existência da violência, sua expansão, e construir análises de por que foi adquirindo contornos tão cruéis no mundo contemporâneo. Ao não reconhecermos a violência e a maldade como parte do humano, facilmente nos tornamos cruéis com aqueles que mais naturalmente as expressam, que tentemos eliminá-los para que isso permaneça distante de nós, não nos afete, não nos perturbe. Elas tendem, sempre, a retornar nos mecanismos de controle social e no acirramento das exclusões.

Há uma violência fundamental, própria da constituição do sujeito humano que, no enlace com Eros, prepara o terreno para o reconhecimento da alteridade e para a construção dos laços sociais. À violência é necessário, então, oferecer o espaço do sonho, da palavra e da criação. E, como cidadãos, lutar pela defesa da *res publica*, da ética e da justiça.

A clínica presente no título deste livro não é um item à parte, como pode fazer supor a sequência nomeada: *O hospital, a violência, a clínica e a escrita*. Soubesse eu criar um neologismo a esses termos, ocupariam o espaço de uma única palavra, já que entre todos há uma imbricação, um atravessamento mais ou menos explícito. Talvez por isso eu comece um texto sobre os desvios dos objetivos políticos que originaram a construção de determinado *pronto-socorro* e deslize para os desvios provocados pela presença de um psicanalista nesse espaço e para as manifestações provocadas por uma criança que vive o desmame do respirador e passa a atormentar toda a equipe que cuidava dela. E termine, outro texto, também falando dos desvios e retomando os personagens dos clássicos contos de fadas.

Escrever sobre os projetos de Saúde Mental realizados nas décadas de 1970 e 1980 foi uma tentativa de deixar registrada uma história, partilhar uma experiência vivida; facilitar o caminho de Sísifo para que surjam novas paisagens e não se repita o eterno recomeço.

Mas eu também queria destacar a delicadeza de certos momentos da clínica fora dos espaços institucionais, como quando Berenice, jovem de 22 anos, me fala do temor de deixar o lugar da criança que foi a alegria dos pais e fazer a sua travessia adolescente.

Ou quando Graciela, uma menina de nove anos que admira a arte dos trapézios e das cordas suspensas, vai ensaiando novas maneiras de vencer seus medos, de separar-se e ficar sozinha: após as férias, brinca comigo de fazer placas com seu nome. É como se ela não soubesse se a guardei em mim. Os diferentes detalhes que vão acrescentados às placas fazem que eu lhe diga que ela não quer ser lembrada apenas pelo nome; quer também deixar marcas nos outros.

Ou quando outra criança, um menino de oito anos, cujos pais não conseguiam reconhecer nele os traços identificatórios da família, dos quais não queriam ou podiam falar, me convoca à escrita da clínica ao fazer, em um de seus desenhos, um gesto de autoria, transformando um rabisco na assinatura do nome próprio, reconhecendo para si um lugar na cadeia geracional.

A escrita pode, então, ser pensada como uma tentativa de deixar marcas nos outros; um desejo de criar laços, de promover encontros e, paradoxalmente, de separar-se, de seguir por outros caminhos. Implica investimento, recomposição e acolhimento para aquilo que ficou disperso, fragmentado; para aquilo que, nas entranhas, se revolve. Porém, é também uma possibilidade de se abrir para o novo dos encontros com as experiências, com outras palavras e outros rabiscos. É, como diz Clarice Lispector (2010), um gesto de delicadeza: "Nem tudo que escrevo resulta numa realização, resulta numa tentativa. O que também é um prazer. Pois nem em tudo eu quero pegar. Às vezes quero apenas tocar. Depois o que toco às vezes floresce e os outros podem pegar com as duas mãos" (p. 23)[1].

Este livro é, enfim, um ato de gratidão ao legado recebido dos autores que, com seus escritos, me encantaram, inquietaram e me ajudaram na construção e no reconhecimento do meu lugar de analista.

É também um registro das marcas deixadas em mim pelos que, com sua presença atenta, me escutaram e pelos que, desde um outro lugar, me concederam o privilégio e a possibilidade de escutá-los.

São Paulo, outubro de 2015.

---

[1] Lispector, C. *Crônicas para jovens de escrita e vida*. Rio de Janeiro: Rocco, 2010.

1.

O HOSPITAL: UM ESPAÇO TERAPÊUTICO?[1]

A princípio, pode parecer que falar do hospital como instituição seria falar necessariamente da prática médica. Nem sempre foi assim, e este é um equívoco que cabe esclarecer. Os espaços hospitalares foram, antes de ser espaços de cura, espaços de acomodação – albergues para uma dada classe social (pobres, miseráveis, velhos, órfãos) ou para portadores de determinadas doenças (leprosos, pessoas com doenças venéreas, "loucos", tuberculosos). Esses locais funcionavam como espaços de assistência e de exclusão, e neles o médico só entrou tardiamente. E entrou com o objetivo de manter algumas condições sanitárias para que o mal não se espalhasse pelas cidades vizinhas – o hospital era importante tanto para recolher esses personagens quanto para proteger as cidades dos perigos que eles representavam.

O gerenciamento dessas instituições era feito por religiosos, e algumas vezes por leigos, que as mantinham a fim

---

1 Publicado originalmente na revista *Percurso* (ano V, n. 9, pp. 11-14, 1992).

de que lhes fosse assegurada a salvação eterna. De um lado, uma função mística, religiosa, salvadora; de outro, um "morredouro", lugar para os desprovidos, pobres, sem recursos, dos que devem ser recolhidos (Foucault, 1980) – funções que ainda mantêm seus resquícios quando se fala da vocação médica, ou quando se fala da população atendida nos grandes hospitais públicos.

Segundo Foucault (1980), o hospital como espaço terapêutico é uma criação do século XVIII. A consciência de que pode ser um instrumento destinado a curar aparece claramente por volta de 1780, e é marcada por uma nova prática – o hospital deixa de ser um simples espaço físico, o albergue, e passa a fazer parte de um acontecimento médico, que deve ser estudado como são estudados todos os elementos que vão compor a verdade das doenças: investiga-se a disposição dos leitos, a proximidade dos doentes, a circulação das roupas, as trajetórias dos que neles habitam e dos que neles trabalham.

Essa mudança inicia-se com os hospitais marítimos e militares, e terá como finalidade diminuir os riscos de contágio, conter as desordens internas e preservar os interesses econômicos. Com o desenvolvimento mercantilista, tornava-se importante impedir o tráfico de mercadorias e de drogas, evitar a disseminação das doenças que os marinheiros poderiam trazer para as cidades, e também manter saudáveis estes trabalhadores, nos quais se começava a investir para qualificar a mão de obra e capacitá-la a manejar equipamentos técnicos mais aprimorados. O mesmo acontece com os exércitos, que a partir do século XVII tornam-se mais técnicos e mais caros, não podendo contar com simples desempregados para manejar seus instrumentos de guerra. Instaura-se um movimento de vigilância e controle sobre as condições em que vivem esses homens e sobre as condições de sua saúde – controle que define um novo poder político: a disciplina. O desenvolvimento da tecnologia e do controle sobre os homens serão as grandes invenções do século XVIII (Foucault, 1980). É nesse contexto que o hospital surge como espaço de cura – o *terapêutico* associado à característica disciplinar – controle sobre a circulação dos pacientes e sobre a rotina a que devem se submeter, regulamenta-se o espaço físico que cada um deve ocupar e as condições em que deve ser mantido. É do final do século XVIII a regulamentação de um paciente por leito e a extinção dos leitos coletivos – prática que atualmente voltamos a adotar, como o "leito-maca no corredor", "leito-chão" e, dependendo da forma de pagamento, o "leito pago embora inexistente".

Na prática disciplinar, todos os gestos devem ser registrados; é preciso criar condições para que cada indivíduo seja julgado, medido, avaliado, e consequentemente manipulado (no sentido da cura e no sentido político) da melhor maneira possível. Cada indivíduo é um objeto composto de diferentes características a serem bem avaliadas. Primado do controle, da objetividade e da individualidade. Individualidade, nesse sentido, corresponde a um homem que pode ser objetivado. Isso será rompido com o advento da Psicanálise, no início do século XX, deslocando-se o acento da individualidade para a subjetividade.

No final do século XVIII, temos, então, uma mudança que propõe que o "hospital-exclusão" deverá deixar de existir, doravante ele será um espaço de cura, e o médico não será mais um visitante ocasional, será o responsável pela sua organização.

O hospital: lugar da residência médica

Em 1770, na França, surge um regulamento dizendo que o médico deve residir no hospital e pode ser chamado a qualquer hora para observar o que se passa. Institui-se, também, a rotina das visitas aos leitos e a tomada de poder pelo médico: os regulamentos designavam onde cada pessoa deveria ser colocada no horário da visita – o médico deveria ser anunciado com uma sineta, a enfermeira deveria estar com o caderno de anotações nas mãos, atrás deveriam vir os assistentes, os alunos etc. É assim que no hospital se torna obrigatória a presença do médico, e o hospital torna-se passagem obrigatória para sua formação (Foucault, 1980).

Antes disso, o grande médico era o da consulta privada, reconhecido pelas curas que já havia realizado: a clínica fundamentava-se na "medicina classificatória", que marcava aprioristicamente o olhar que o médico lançava aos doentes. A doença tinha uma evolução natural, e o doente deveria permanecer em seu meio familiar, para que nenhum novo fato viesse alterar o seu desenvolvimento espontâneo. O doente como indivíduo não era reconhecido a não ser por sua negatividade – era o que poderia criar complicações ao desenvolvimento da essência da doença.

É ainda Foucault que nos demarca dois grandes mitos, que se acentuam com a necessidade de combater as epidemias e com as mudanças políticas da Revolução Francesa: o de uma profissão médica nacionalizada, organizada à maneira do clero, e o de uma sociedade sem distúrbios e sem paixões, na qual desapareceriam as doenças. Esses mitos deixam a sua marca na medicina – não interessa somente classificar as doenças, mas, antes, instaurar a saúde; conhecer as técnicas de cura, mas também o ser humano saudável – o ser humano modelo. Não se falará mais da doença e da saúde, mas, sim, do normal e do patológico. O normal aproximar-se-á do que é entendido como natural, e, desse modo, não é mais de um lugar natural que se precisa para tratar do patológico – a família poderia alterar, com seus cuidados, a doença. Precisa-se de um espaço neutro, asséptico, esterilizado. O hospital torna-se o lugar onde cada parte do corpo pode ser analisada. Interessa saber o que ocorre em cada órgão, não mais para simplesmente classificar, mas para ver, investigar – vigência da "medicina dos órgãos" e descoberta da anatomia patológica. O olhar médico vai, a partir de então, apoiar-se no grande exemplo que advém do exame de um corpo morto (Foucault, 1980).

O hospital: um espaço para as doenças mentais

O final do século XVIII e o início do século XIX marcam, também, o surgimento das "doenças mentais": criam-se o doente mental e o psiquiatra. Criam-se as ciências que tratarão do psíquico, embora sem diferenças quanto à maneira como abordarão seu objeto de estudo – os asilos, o olhar que perscruta, descreve, analisa, cataloga o que se afasta da norma.

> Esta possibilidade de dar-se a loucura como conhecida, e ao mesmo tempo dominada num único e mesmo ato de consciência [...] está presente na experiência positivista da doença mental [...] A partir de então, a loucura não é mais uma coisa que se teme ou um tema indefinidamente renovado de ceticismo. Tornou-se objeto [...] Enquanto esta possibilidade não se tiver tornado impossível, numa nova liberação de saber, a loucura permanecerá prisioneira em sua era de positividade (Foucault, 1991, p. 456).

A Psicanálise trará uma forma diferente de abordagem da doença, provocando uma nova liberação de saber. O doente não é só um corpo que apresenta sintomas, mas um sujeito que fala, e, no falar, vai dando novo sentido à sua doença. O que se passa entre o médico e o doente não é algo que é preciso *isolar* para não perturbar o tratamento, mas algo que deve necessariamente ser *incluído* para que a cura se processe. Rompe-se a dicotomia normal/patológico; não há normas, mas singularidades.

As críticas às instituições psiquiátricas como lugares totalitários onde se cronificam as doenças vão permitir que se analise também o modo de funcionamento de outras instituições e que se rediscutam os lugares de poder. Inicia-se um movimento de reaproximação entre as disciplinas que tratam do psíquico e a medicina geral.

É a partir da Segunda Guerra Mundial que, nos Estados Unidos, inicia-se o tratamento dos pacientes com neurose de guerra dentro dos hospitais gerais. Percebia-se que, ao lado do sofrimento físico, havia um sofrimento psíquico que não se poderia desconsiderar e pelo qual a sociedade se sentia responsabilizada. O desenvolvimento de novas técnicas cirúrgicas, novos medicamentos, tratamentos mais especializados faz, também, que no hospital geral se evidenciem distúrbios emocionais e resistências à cura, que solicitam do médico, dos que acompanham o doente e da organização institucional uma nova abordagem terapêutica.

O hospital: lugar do trabalho em equipe

Ao "olhar médico", terão de se juntar outros conhecimentos que possam auxiliar na compreensão do que se passa e criar melhores condições para a cura. Outros profissionais são chamados a atuar no hospital, "fala-se" de um trabalho em equipe e da necessidade de haver um espaço em que seja possível elaborar essas experiências. Proposta difícil de concretizar, pois, na mesma medida em que a equipe pode ser um espaço de troca e de ajuda mútua, é também palco de brigas pessoais e de rivalidades corporativistas. Pode trazer conforto e continência, mas também ansiedades e conflitos. Talvez possa ajudar sugerir que as rivalidades que vemos nas equipes de trabalho têm algo a ver com a maneira como se organiza a instituição e como se distribuem os poderes dentro dela – organização que, em geral, espelha a organização social mais ampla.

O que cabe destacar é que as respostas institucionais às diferentes concepções de doença que as justificam são construções históricas: não são naturalmente dadas. Por serem construções históricas, são passíveis de transformações.

No hospital que temos hoje, o discurso hegemônico é o do médico: é isso que é da ordem do instituído e que confere identidade à instituição. Se outras disciplinas são chamadas a atuar no espaço hospitalar, elas se inscrevem no registro ditado pelo saber médico; é preciso manter assepsia, impedir o risco de contaminação. Os outros profissionais podem atuar, desde que tratem de "purificar" o doente daquilo que impede o médico de exercer adequadamente sua função. Se um paciente chora, deprime, fala muito, precisa de um psicólogo; se tem dificuldades econômicas, não tem onde morar quando sair do hospital, precisa de um assistente social; se provoca atritos porque não tem o que fazer, precisa de uma terapeuta ocupacional...

A imagem do *Panopticon*[2] parece-me perfeita para descrever essa situação, se no centro dessa construção colocarmos o médico, e em cada janela profissionais de outras disciplinas, que se remetem a esta figura central e por ela são referidos. Imagem que evidentemente não permite a circulação do poder, e põe em relevo a observação da disciplina.

Entretanto, como todo instituído tem suas lacunas, a entrada de outros discursos, seja o do sujeito que tem um corpo doente, seja o de outros profissionais, vai criar alguns impasses nesse discurso hegemônico. Os profissionais, apesar do discurso de assepsia, não ficarão imunes às transferências que se estabelecerão com seus pacientes, às realidades psíquicas e sociais com que são confrontados, e poderão instrumentar seu saber ou seu desconhecimento em direção à cura ou em direção à morte, dependendo do que puderem reconhecer e elaborar nesse processo. É no palco desses impasses que surge a possibilidade de um grupo de

2 Pan-óptico: modelo de um sistema de prisão criado pelo filósofo utilitarista inglês Jeremy Bentham (1748-1832), com disposição circular de celas individuais em volta de uma torre de vigilância central, cujo topo era ocupado por guardas que tinham uma visão geral de todas as partes do edifício, além de ficarem totalmente ocultos para os prisioneiros (Pan-óptico, 2016).

trabalho – continente para viver e para pensar as questões que não encontram respostas.

Se a análise esboçada até aqui nos permite concluir que as instituições hospitalares têm sido utilizadas como receptáculo de demandas sociais, como local de ocultamento de questões que não são médicas – e no Brasil as instituições de saúde tiveram um grande crescimento a partir da década de 1970, época de grande empobrecimento do povo brasileiro –, não poderíamos também desejar que tais instituições pudessem, com base nessa compreensão, tentar desfazer esse falso enlace, ampliando desse modo suas possibilidades terapêuticas?

Façamos agora uma aproximação do olhar para a história de um atendimento dentro de um hospital geral. Trata-se de uma situação extremamente trágica, e, por isso mesmo, por ser extrema, pode explicitar com mais clareza gestos e contradições que às vezes não se percebem em situações mais cotidianas. Para fazer esse relato, recorro ao mito de Medeia – a semelhança da história que se apresentou na situação hospitalar explicitará a necessidade dessa mediação.

O mito de Medeia: um sinistro reencontro

Os mitos são preservados ao longo das gerações, cumprindo uma função simbólica para os seres humanos. São um ato de criação e um modo de elaborar as experiências e as angústias inomináveis vividas pela humanidade.

Freud (1897), ao assistir à encenação do mito de Édipo, se sentiu profundamente identificado com o herói dessa tragédia e pôde, assim, analisar o que se passava com aqueles que, como ele, se deixavam tocar pela peça:

> [...] a lenda grega capta uma compulsão que todos reconhecem, pois cada um foi, um dia, um Édipo em potencial na fantasia e cada um recua, horrorizado, diante da realização do sonho ali transplantado para a realidade, com toda a carga de recalcamento que separa seu estado infantil do estado atual (p. 271).

É ele, ainda, quem demarca dois movimentos com relação ao mito: atração e repulsa. Atração provocada pela possibilidade identificatória e repulsa pelo horror do que ali é reconhecido.

Há algo sinistramente familiar quando deparamos com essas criações universais. Nesses momentos, não há como se manter asséptico, mesmo em espaços como os da vida hospitalar, onde a assepsia é uma norma. É que, quando se trata das relações humanas, a assepsia não deixa de ser uma ilusão.

Se recorro ao mito para apresentar o relato que se segue é porque ele pode, também, ser um instrumento analisador de certas situações da vida, permitindo-nos manter a distância necessária para o exercício da função terapêutica.

Primeira cena

Chego ao hospital em uma segunda-feira. A entrada é pelo pronto-socorro, que está lotado, mas, nesse dia, com um "burburinho" diferente. Entro na sala da equipe médica e me perguntam se já soube dos casos que foram internados – uma mulher que tentara matar seus três filhos. As crianças também estavam no hospital. Imediatamente, lembro-me da peça *Gota d'água* – adaptação da *Medeia* de Eurípedes feita por Chico Buarque e Paulo Pontes. No mito, Jasão casa-se com Medeia e tem com ela dois filhos. Mais tarde, foge com a filha de Creonte. Medeia, por vingança, provoca a morte da noiva e mata os dois filhos, preparando com eles uma comida que serve a Jasão. Na peça, a tragédia é representada em uma favela, Jasão é um sambista e Medeia é uma mulher trabalhadora e sofredora. Lembrar-me da peça talvez já fosse um modo de me preparar para lidar com essa tragédia real. Não é esta uma das funções dos mitos?

Segunda cena

A mulher, mãe daquelas crianças, estava internada na sala de emergência e tentara se matar ingerindo soda cáustica. O pedido para atendimento psicológico, no entanto, me vem da UTI de pediatria – queriam que eu acompanhasse a filha de nove anos, que sobrevivera. Os outros filhos, dois meninos de seis e cinco anos, chegaram mortos ao hospital. Na entrada da UTI, encontro o chefe da pediatria, que diz que seria bom se eu, além de ver a criança, pudesse ir até a emergência para acalmar a equipe, tão revoltada que parecia querer matar aquela mulher.

Terceira cena

Atendi a criança na UTI e, quando teve alta, na pediatria. Vi a mãe uma vez na emergência e depois acompanhei-a na UTI. Uma psiquiatra acompanhou também a mulher que estava extremamente desesperada e perseguida. Atendi a família, o marido e os vizinhos. Ela morreu duas semanas depois da internação; a criança sobreviveu e teve alta, depois de mais ou menos um mês de permanência no hospital. Foi morar com a avó em uma cidade do interior. Não soube mais nada de sua evolução.

Quarta cena

A mulher "vivia bem" com o marido e seus dois filhos, até que ele começou a abandonar a casa para ficar com outra mulher. Ameaçou levar os filhos com ele, e a mulher ficou muito perturbada. Um mês antes da tragédia, havia feito uma consulta com um psiquiatra, porque estava com medo de se matar. As brigas do casal tornaram-se violentas, acontecendo de ela ser espancada pelo marido no meio da rua. Os vizinhos diziam que nunca interferiram, porque, sendo ele um policial, ficavam com medo de se intrometer. Além disso, eram "brigas de casal"! Achavam que havia coisas de umbanda acontecendo... (relato sintetizado a partir das falas daquela mulher, de seus familiares e de seus vizinhos). Relembro-me dos versos da peça:

Para não ser trapo nem lixo;
Nem sombra, objeto, nada,
Ser esta besta danada.
Me arrasto, berro, me xingo
Me mordo, babo, me mato,
Me mato, mato e me vingo,
Me vingo, me mato e mato.

(fala de Joana em *Gota d'água*)
(Buarque & Pontes, 1975, p. 10).

Nesse estado de pobreza absoluta, de lugar de detrito, de pobreza de amor e de reconhecimento, de falta de solidariedade, essa mulher não tem como se manter no mundo da humanização: fica entregue ao ódio, à violência, ao furor assassino.

Quando Pellegrino (1986) retoma a análise do mito de Édipo, diz que este não ficou preso aos pais de Corinto, que o amaram, e ressalta que o amor é condição necessária e suficiente para a liberdade; ficou, no entanto, amarrado aos pais de Tebas, que o rejeitaram e condenaram à morte, agindo como delegados do Oráculo. E a esse ódio regressará.

Dessa análise, Pellegrino (1987) retirará conclusões sobre o processo de humanização, sobre o reconhecimento da lei da cultura e das leis sociais, e afirmará no texto "Pacto edípico e pacto social" que a

> [...] má integração da Lei da Cultura, por conflitos familiares não resolvidos, pode gerar conduta antissocial; mas uma patologia social pode também ameaçar, ou mesmo quebrar o pacto com a Lei do Pai [...] A sociedade só pode ser respeitada e preservada à medida que respeita e preserva. O pobre absoluto não tem por que manter o pacto social com uma sociedade que o reduz à condição de detrito (p. 202).

Ele se refere a condições extremamente penosas e depreciativas, a condições de trabalho aviltantes e exploradoras.

Não pretendo generalizar sua análise – de forma literal – para essa tragédia, mas não caberia pensar que sua ocorrência esporádica tem a ver com um contexto social pouco solidário e amoroso? Ou se outras formas menos trágicas na concretude de seus atos não são, dentro das instituições, expressões de que se rompeu a possibilidade de acolhimento, de garantia amorosa, e se instalou a Lei de Talião – o rompimento ou a inexistência de garantia amorosa conduzindo a expulsões, a "mortes cruéis", ao "assassinato" dos filhos-projetos que se podem produzir em conjunto?

Quinta cena

Para o marido, era muito difícil ir ao hospital. Estava muito abalado; aproximou-se um pouco mais porque a equipe insistiu no pedido de que ele ajudasse a filha a sair do hospital. Não se sentia em condições de ficar com ela, e acabamos decidindo que morar com a avó era a melhor opção, no momento, para a criança.

O tema presente é o da violência. Violência de uns e passividade de outros. Violência que surge na história da relação do casal, no ato psicótico dessa mulher, e violência que se manifestará no atendimento institucional. Violência que por se achar diluída, anônima, inimputável no cotidiano, precisará de grandes tragédias para que acordemos e nos impliquemos com sua existência.

São feitas muitas discussões até que a equipe encontre uma metodologia de trabalho que inclua a possibilidade de ver o desespero dessa mulher e escape da retaliação. Ela se diz, a todo o momento, ameaçada de morte; tenta se matar com o lençol. Está delirante, mas a realidade lhe dá indícios de confirmação. A medicação demora a fazer efeito. Não fala, mas escreve ansiosamente e com muita dificuldade quando fico com ela; toma-me por alguém em quem pode confiar. Mas também para mim é muito difícil conter sua angústia.

Certo dia, chego à UTI e ela está desesperada. Mostra-me que o respirador está desligado. No meio da sala está um médico. Pergunto-lhe o que está acontecendo e ele me diz que desligou o aparelho só por um instante, para limpá-lo! Pergunto-lhe por que não avisou a paciente; ele parece não entender o significado e as consequências de seu gesto – o que me surpreende. Falo-lhe do que se passa com aquela mulher.

Há momentos em que a equipe reproduz, transferencialmente, os conflitos presentes na situação – uns acolhem, outros agridem. Se não houver um espaço coletivo de troca, de solidariedade, uns encarnarão o bem, e outros ficarão depositários do mal. Se isso se enrijecer, todos os acontecimentos se inscreverão no registro da paranoia e estarão minadas as possibilidades de novas construções. Se em alguns momentos é o psicólogo quem dirige o processo de cura, ou quem coordena determinado projeto, em outras demandas a especificidade da tarefa caberá a outros profissionais. O trabalho em equipe não significa que todos façam tudo ou que todos devam saber de tudo; a ideia de equipe remete, antes, a um campo de acolhimento, de subjetivação, no qual cada profissional tem um lugar na realização do processo de cura, seja pela intervenção direta, seja pela continência do outro nas angústias e dificuldades de sua prática, seja, enfim, no empenho para que a instituição possa ser de fato um espaço terapêutico.

Na situação que ora relato, a possibilidade de acolhimento estava constantemente ameaçada. Uma mãe que mata seus filhos traz para o concreto fantasias irreconhecíveis. Ela mesma não pode suportar os efeitos de seu gesto, mas a equipe não pode ajudá-la; os espaços de acolhimento foram insuficientes. O cruel é que, nas instituições públicas, vemos muito dessas concretizações de violência – atuações sádicas que paralisam as equipes, ou que podem gerar a mesma resposta por parte dos profissionais; uma mãe que mata é uma mãe que pode ser morta. Situações de terror que nos remetem a fantasias muito primitivas, que nos tiram da garantia de que uma mãe não possa ter para com seus filhos hostilidades muito profundas, e de que um filho não possa querer matar sua mãe. Impossibilidade de reconhecimento de que há ódio na mãe e ódio para com a mãe.

Sexta cena

A criança sai da UTI e vai para a enfermaria da pediatria. Desenvolve um sintoma fóbico: não consegue mais tomar o elevador e fala como um bebezinho. Começamos a discutir que ela precisa saber o que aconteceu com a mãe e os irmãos e falar a respeito. O pai diz que não pode falar disso, mas acaba concordando que seja contado por toda a equipe médica. Antes, faço um atendimento com a menina, em que ela faz um desenho de três porquinhos sobre os quais cai uma forte chuva. Vejo de imediato no desenho a cena do ataque materno e lhe digo que se parece com o que aconteceu com ela e os irmãos. Ela para de desenhar e diz que quer ir para a cama, que está com muita dor de cabeça. Eu assinalo que isso deve lhe dar mesmo muita dor de cabeça, que ela viveu coisas muito dolorosas. E levo-a para a cama.

No dia combinado, o pai não vem. Atendo a menina. Temos uma sala de recreação e é lá que converso com ela, quando julgo oportuno. Em dado momento, ela me pergunta sobre os irmãos e eu lhe digo o que sei. Ela me diz que a mãe não lhes queria mal, que gostava deles e que fez isso porque ficou louca. Nesse momento, tenho certeza de que ela tem razão. Em seguida, ela chora muito, senta-se no meu colo e me diz que às vezes brigava com os irmãos, tinha ciúmes deles, mas não queria que eles morressem. Eu reafirmo que ela não tem culpa do que aconteceu, que irmãos brigam e têm ciúmes uns dos outros. Ela até tentou salvá-los quando foi pedir ajuda – ela pulara a janela da casa e fora chamar os vizinhos. Foi como ela mesma disse: a mãe gostava deles, mas enlouqueceu.

Quando saímos da sala, a menina vai para o elevador e diz que quer ir até a UTI encontrar as pessoas que cuidaram dela. Entra no elevador, brinca com os botões e, no caminho, diz-me que não pode chorar porque as pessoas querem vê-la feliz. Eu lhe digo que não – que ela pode chorar, que as pessoas sabem o que lhe aconteceu e vão entender se ela quiser chorar. Desapareceu o sintoma fóbico e a criança recuperou sua fala.

Seu silêncio remetia ao ato de que não se queria falar e às fantasias que ela própria tinha com relação à morte dos irmãos. Penso que quando a criança afirmou "minha mãe nos amava e fez isso [um ato de horror] porque enlouqueceu", conseguiu manter a possibilidade de sobrevivência psíquica porque pôde reconhecer uma mãe amorosa – para o furor assassino era necessária a explicação da loucura. E, quando pede para ir até a UTI ver as pessoas que cuidaram dela, faz um movimento de reafirmação do registro de cuidado, de um registro de amor. Mas, quando no corredor me pergunta se tem de se mostrar feliz, não estará apontando para o fato de que há algo nessa história que é da ordem do irreconhecível, do indizível, algo de que a equipe queria se distanciar, não está dizendo: "posso chorar?"; "vão entender meu choro?"; "posso falar das minhas fantasias?"; "vão me acolher assim mesmo?". Não é sobre a possibilidade de amor que nos indaga essa criança? Amor que possa garantir a sobrevivência apesar da existência de ódios muito violentos, apesar da loucura materna.

Epílogo

Não pretendi, com o relato dessa tragédia, uma análise exaustiva do que se passou em cada momento do atendimento. Queria, antes, ressaltar o que também se vive em um hospital, de como esses extremos colocam em xeque a ideia de assepsia e de neutralidade, de como ele pode ser um espaço onde o anonimato da miséria e da violência se torna impossível. Não é somente um doente ou uma doença que entra no hospital; entram junto com eles suas marcas históricas, suas vivências amorosas, e é com isso que a equipe tem de lidar. Não deixa de ser significativo que, na Antiguidade grega, a arte médica estivesse ligada à questão do amor e que o médico Deímaco, no *Banquete* de Platão, defina a medicina como a arte de se ocupar dos fenômenos amorosos próprios ao corpo.

Se antes servia para esconder aos olhos da cidade o que ela queria evitar, hoje o hospital (e também outras instituições) poderia ser pensado como uma tela que destaca, que nega o ocultamento, que singulariza, que tira do anonimato. Poderia deixar realmente de ser um depósito-albergue, ou somente um lugar de pesquisa (com todo o rigor asséptico e objetivante que costuma acompanhá-la), e ser um espaço de acolhimento, de tratamento, um espaço terapêutico que tenha ressonâncias tanto interna como externamente – no sentido de implicar os que transitam na instituição com aquilo que não encontra continência no social. É, portanto, um lugar de atualização dos impasses políticos e sociais, mas também de circulação de discursos amorosos, que se pode pensar no hospital como produtor de efeitos terapêuticos.

2.

Projeto de atendimento em saúde mental para os hospitais do município de São Paulo – relato de uma experiência[1]

Em minhas experiências institucionais, tenho acompanhado muitas tentativas novas de trabalho. Algumas se iniciam e se perdem, outras permanecem na condição de

[1] Optei por manter o "espírito" do texto originalmente apresentado no livro *Psicologia hospitalar: a atuação do psicólogo no contexto hospitalar*, organizado por Valdemar Augusto Angerami-Camon (São Paulo: Traço, 1984; pp. 76-99), por considerar a pertinência de um relato que preservasse, na medida do possível, o momento e o contexto da época em que foi construído (fiz alterações quando elas se fizeram necessárias para esclarecer o texto, acrescentei alguns relatos clínicos e retirei informações que considerei extensivas). Uma análise atual da situação de atendimento nos hospitais municipais exigiria um novo trabalho de análise e de pesquisa, que não é o meu objetivo neste momento. O projeto foi realizado por uma equipe da qual fizeram parte as psicólogas Clarissa Silbiger, Maria Laurinda Ribeiro de Souza, Rosemarie R. Nahas e Vera P. Almeida e os psiquiatras José Antonio Quinta, Messias L. Padrão, Regina Elizabeth L. Coimbra e Rogério Nogueira C. de Souza. Permaneci ligada a um dos hospitais – Hospital Municipal Dr. Arthur Ribeiro de Saboya – até 1996. O psiquiatra e a psicóloga que iniciaram a implantação comigo naquela unidade se desligaram depois de um ano.

"projetos-piloto", outras, ainda, ficam restritas ao espaço interno da instituição sem que se possa construir um corpo de conhecimentos partilhável, capaz de criar história e que instrumentalize a construção de novas propostas. Reproduz-se, dessa maneira, o mito de Sísifo: um eterno recomeçar como se nada antes tivesse ocorrido.

O relato a seguir está inserido no desejo de partilhar uma experiência vivida em um momento político e histórico importante para o país. Estávamos sob forte pressão para que se efetivasse o final da ditadura, em um processo de transição e de abertura, definido desde seu início, como "lenta e gradual", em uma grande crise econômica e às vésperas das eleições parlamentares diretas, as primeiras desde que os militares haviam assumido a direção do país com o golpe de 1964. Nas instituições de saúde, o clima era de expectativa de mudanças que reabrissem o caminho para a democracia e possibilitassem a expansão, para os serviços da rede pública, de propostas até então mantidas como alternativas, à margem das práticas oficiais.

Essa experiência teve início em 1982 e foi a primeira tentativa sistematizada de elaboração de um projeto de atendimento psicológico aos hospitais da Secretaria de Higiene e Saúde da cidade de São Paulo. O projeto incluiu o diagnóstico da situação dos hospitais e as diretrizes para sua implantação. Naquela época, havia apenas o Serviço de Higiene Mental no Hospital Infantil Menino Jesus e algumas experiências esparsas na área, mas com atuações isoladas e diferentes do que viríamos a propor no projeto. A realidade da Prefeitura e as mudanças importantes que se deram a partir dessa data, tanto na dimensão mais ampla da política quanto nas propostas inovadoras nas políticas de saúde mental modificaram consideravelmente essa realidade. Ao final do relato, acrescentei, para esta publicação, um breve histórico do que ocorreu nas propostas políticas para a saúde e, especialmente, para a saúde mental, a partir da década de 1970 e que marcam a passagem do modelo hospitalocêntrico para o modelo psicossocial.

O início

Em agosto de 1982, constituiu-se um grupo de profissionais – psicólogos e psiquiatras –, trabalhadores em saúde mental, que teve como tarefa a elaboração de um projeto de atendimento psicológico nos hospitais da Prefeitura, o que ficou posteriormente conhecido como "proposta de humanização dos hospitais" – termo controverso e que demandaria uma longa discussão, a começar pela ideia de que certos profissionais seriam porta-vozes mais humanos que outros. À equipe inicialmente selecionada, juntou-se uma psicóloga que ocupava um cargo de coordenação dentro da Secretaria – tal inclusão interferiu na maneira de condução do trabalho de diagnóstico e no acesso ou impedimento à obtenção das informações necessárias; sua presença ora funcionava como um elemento facilitador, ora como resistência à espontaneidade da fala. Afinal, os efeitos da ditadura permaneciam vigentes e sustentavam uma estrutura hierárquica rígida dentro das instituições e com censura às manifestações que contestassem essa permanência.

Nossa admissão foi feita em uma época muito próxima às eleições de novembro de 1982, e as previsões indicavam uma mudança significativa na forma de gestão, o que era, evidentemente esperado, mas havia um clima de incertezas quanto ao que seria instituído (todos os que trabalham em instituições públicas sabem quanto é difícil manter propostas realizadas nessas condições). A aposta era a de que a abertura política desse sustentação aos projetos que valorizavam as ideias presentes na oposição – que seria eleita.

Era um trabalho novo, o momento político era inquietante e muitas ansiedades estavam presentes. Aos poucos, fomos estabelecendo uma linha de trabalho, conhecendo as facilidades e as dificuldades de cada um e lidando como podíamos com as divisões e contradições que reproduziam os questionamentos, os ataques e as defesas presentes no campo político. As informações que nos chegavam por vias informais diziam que há muito tempo existia a necessidade de atendimento psicológico nos hospitais e as expectativas eram de que poderíamos atender às questões em que tal necessidade estivesse presente. Em alguns momentos, tivemos de rever o papel a que nos propúnhamos para não nos envolvermos com as demandas emergidas e que nos desviavam de nossas vertentes básicas; houve a tentativa de resguardo da equipe para que o projeto fosse elaborado e não se iniciassem atuações sem a definição dos critérios que as fundamentariam.

A ideia de humanização era um tanto vaga. O superintendente, que assumira a defesa da proposta, não era um técnico em saúde mental, mas tinha uma prática de trabalho hospitalar de muitos anos e sensibilidade para as dificuldades que surgiam nos relacionamentos humanos, na integração das equipes e para a urgência de um atendimento mais cuidadoso aos pacientes. Propunha-nos que pensássemos na humanização dos hospitais sem que houvesse a necessidade de nos ater aos "psicopatas"[2]. Para eles, já estava sendo elaborado outro projeto – o dos prontos-socorros psiquiátricos, proposta que criticávamos, pois mantinha a divisão entre saúde física e saúde mental.

O diagnóstico

Passadas as informações iniciais, optamos por começar as visitas aos hospitais e conversar com os profissionais (direção, chefias, médicos, enfermeiras, atendentes, assistentes sociais) e com os pacientes. A padronização das visitas foi sendo elaborada à medida que realizávamos os contatos. O objetivo era realizar o diagnóstico das condições de saúde

---

[2] O termo "psicopata" é utilizado nos hospitais para definir todo paciente que chega agitado, alcoolizado, agressivo, delirante; enfim, com algum distúrbio psiquiátrico.

mental encontradas nas unidades hospitalares e, com base nesse diagnóstico, elaborar um plano de intervenção que seria posteriormente implantado. Embora as visitas não fossem previamente padronizadas, havia três itens que eram sempre considerados: as condições de atendimento aos pacientes; as condições de trabalho e as formas de atuação dos diversos setores funcionais, como equipes médicas, de enfermagem, de serviço social, administrativas e operacionais; e, por último, as condições gerais do ambiente, como a higiene, as características físicas do hospital e a ocupação dos leitos.

O primeiro hospital visitado foi o de Vila Nova Cachoeirinha, cujo projeto arquitetônico correspondia adequadamente às necessidades de um hospital, facilitando o acesso e o atendimento dos pacientes e a circulação racional da equipe, das visitas e do equipamento técnico. Era considerada uma maternidade-modelo e privilegiava o atendimento às gestantes de alto risco. Estas, quando necessitavam de tratamentos mais constantes, ficavam internadas em uma casa separada do hospital – a Casa da Gestante de Alto Risco. A equipe que trabalhava nessa casa tinha dificuldades muito específicas – lidava diariamente com angústias de morte e com a separação da paciente de sua família por tempo muito prolongado. Era expressivo o clima de angústia e a necessidade de um profissional especializado que atuasse como continente para essa equipe. Um dos médicos, por exemplo, queria saber, durante nossa visita, qual era a melhor maneira de lidar com o desejo de algumas mães em ver o berçário de alto risco; permitir ou não a visita e como prepará-la. O pedido era de que pudessem entender e suportar as angústias e dúvidas do trabalho. Ainda durante essa visita, uma das gestantes passou mal e morreu; o médico que conversava conosco foi chamado e a criança foi salva, graças a uma cirurgia feita às pressas. Esses fatos, dentre outros, nos acompanharam por certo tempo e nos mobilizaram muito; começávamos a sentir mais de perto as ansiedades do trabalho e os significados e impasses do atendimento hospitalar.

Em outras visitas, foi a estrutura física do hospital que denunciou mais claramente sua desorganização como instituição – alguns projetos de trabalho não tinham condições físicas de execução e os funcionários se mostravam muito desmotivados.

Analisando as queixas e as necessidades apresentadas, verificamos que algumas eram comuns a todas as unidades e permitiam uma análise mais geral; outras eram específicas de determinados hospitais, exigindo, assim, estudos particulares. Reconhecíamos também a limitação de nosso levantamento e sugeríamos que ele fosse mais bem desenvolvido posteriormente, com a inserção de profissionais de saúde mental nos próprios hospitais. No entanto, a análise proposta foi o início de um caminho, e a implantação do projeto confirmou muitos desses dados.

As queixas mais constantes foram: faltas e licenças médicas muito frequentes; rotatividade de funcionários;

falta de critérios de seleção; problemas de conduta dos funcionários; dificuldade na interação com os pacientes; adversidades nas comunicações; sobrecarga burocrática dos setores de enfermagem e serviço social prejudicando o atendimento; duplos vínculos empregatícios acarretando perdas na qualidade do trabalho; desvinculação do médico socorrista com a estrutura do hospital; necessidade de equipes multiprofissionais integradas; alto nível de tensão no trabalho; necessidade de técnicos de saúde mental assessorando as equipes etc.

Cada um desses fatores foi analisado detalhadamente no projeto; eles revelaram que havia pelo menos duas fontes geradoras de tensão: uma própria desse tipo de trabalho – atendimentos de urgência, enfrentamento de situações trágicas de vida, de grandes danos físicos e de situações de morte – e outra diretamente ligada aos aspectos organizacionais e às condições de trabalho que dificultavam a realização ou a continuidade de atuações mais operativas e satisfatórias.

Com relação aos pacientes, as queixas eram ambivalentes: por um lado, demonstravam que o paciente ideal seria o que de fato fosse "paciente", aceitasse esperar e se submeter passivamente aos cuidados indicados. Por outro, havia também a preocupação com seu abandono e com a necessidade de esclarecer-lhe melhor acerca de sua doença e sobre o tratamento possível, para que se tornasse mais participante. A demanda à direção era por uma equipe de saúde mental que lidasse com tais temas, o que representava uma receptividade a essa intervenção, mas também o risco de delegar a "outros" o cuidado com os aspectos emocionais dos pacientes, perpetuando-se a divisão entre o físico e o psicológico. Uma queixa frequente era a dificuldade em lidar com os pacientes "psicopatas" – resgate, atendimento e encaminhamentos –; queriam que eles fossem encaminhados a um psiquiatra ou internados em hospitais psiquiátricos. As propostas implicavam sempre a marginalização da loucura e sua segregação. Era necessário criar condições mais favoráveis dentro dos hospitais para que eles se responsabilizassem por esses atendimentos.

Após as eleições, começaram as mudanças políticas. As pessoas que mantinham cargos de direção estavam na expectativa dessas mudanças; a instituição parecia parar, não era possível saber em que medida isso alteraria nosso trabalho e nossa vinculação à Prefeitura. Assumimos que, independentemente das mudanças, o projeto seria concluído e delineadas as estratégias para sua implantação. Tínhamos claro que os hospitais não deveriam ver a saúde mental como um setor estanque dentro da unidade, como se fosse mais uma das especialidades; propúnhamos uma integração maior dos serviços, um atendimento mais generalizado, uma percepção do paciente que levasse em conta sua subjetividade e sua história, e não um ser fragmentado de acordo com o órgão doente ou com o distúrbio que apresentava. A política de saúde tinha muitas deficiências, as verbas eram escassas, a população muito carente e suas necessidades precariamente atendidas[3].

Havia outras questões mais específicas. Uma delas dizia respeito à solicitação das interconsultas ao psicólogo ou ao psiquiatra no hospital: quem faria o pedido? O paciente, a enfermeira, o médico, outros técnicos? Nesse momento, o grupo se dividiu – alguns achavam que cabia apenas ao médico fazer os pedidos; outros achavam que não. Tentamos clarificar que espécie de pedido cada profissional poderia fazer; questionávamos o poder centralizador do médico no hospital, mas, às vezes, tendíamos a mantê-lo. A prática confirmou-nos que o pedido poderia vir de qualquer fonte; o importante seria entender a demanda que ele traz e poder elaborá-la – o médico não é o único responsável pela saúde, embora tenha um papel muito importante nesse processo.

A implantação

Terminado o projeto, marcamos um encontro com o superintendente para discuti-lo. Iniciamos o trabalho em agosto e o entregamos em dezembro. O tempo de trabalho

3 Essas condições ainda se mantêm vigentes, apesar das mudanças ocorridas. É uma forma perversa de manter a marginalização de uma parcela significativa da população; negar sua qualidade de pessoa e o direito ao reconhecimento digno de sua cidadania.

era pouco representativo da experiência profissional que tínhamos adquirido e do empenho em sua realização.

A avaliação do superintendente pode ser sintetizada em uma frase muito significativa: disse-nos que pedira um traje de banho e que lhe entregávamos uma casaca; não sabia se poderia ir à praia de casaca. Era uma questão séria; tinha relação com as possibilidades de prosseguimento do projeto: seria ou não passível de implantação? Respondia ou não às necessidades dos hospitais? Seria incluído ou não nas novas perspectivas políticas?

Nesse momento, final de uma gestão e abertura do processo democrático (lenta e gradual, como já dissemos), foi aprovado um aumento salarial para a classe médica, o que agravou a discriminação com os outros profissionais e acirrou as disputas internas nas equipes, e isso se refletiu em nosso próprio grupo. Afinal, o médico não era o único profissional cujo salário tinha sido achatado nos últimos anos. Essa discriminação e seus efeitos se mantêm até hoje, não apenas na questão salarial, mas também no tempo de permanência nas instituições.

Aquele foi, também, o momento de um novo ato: a divulgação e a apresentação da proposta nos espaços coletivos em que se discutiam as questões da saúde e, especificamente, da saúde mental. O projeto para os hospitais não era prioritário, mas sua implantação foi assegurada pelo novo secretário municipal da saúde, José da Silva Guedes (gestão 1983-1985), figura importante no cenário das políticas públicas de saúde no país.

Como iniciar a implantação do projeto? Que hospitais escolher? Começar por uma unidade e depois expandir a atuação para as outras ou dividir o grupo e iniciar várias frentes? Optamos por manter o grupo unido e iniciar a implantação no Hospital Inácio Proença de Gouveia, no Ipiranga. Era um hospital pequeno, sem especialidades muito definidas. Julgávamos que ali poderíamos iniciar todas as atividades a que nos propúnhamos: o trabalho com os pacientes, com os funcionários, com as famílias, sem perder de vista a compreensão mais ampla da realidade institucional em que atuaríamos. Logo ficou evidente que a escolha foi equivocada – o hospital se assustou com o número de profissionais que chegava e a demanda não justificou a manutenção do grupo todo naquela unidade; era preciso, primeiro, lançar sementes do trabalho.

Retomamos a discussão sobre as estratégias e nos dividimos em quatro hospitais: para Vila Nova Cachoeirinha foi um psiquiatra que atenderia aos pedidos da Casa de Gestantes de Alto Risco, outro foi para o Hospital Menino Jesus, que dispunha de uma vaga no setor de Higiene Mental, com a proposta de fazer atendimentos às enfermarias – a equipe existente tinha uma prática mais ambulatorial –, um psiquiatra e uma psicóloga permaneceram no Hospital do Ipiranga e um psiquiatra e duas psicólogas foram para o Hospital Municipal Dr. Arthur Ribeiro de Saboya, que tinha um atendimento dirigido às grandes emergências e um serviço especializado em intoxicações – Centro de

Controle de Intoxicações (CCI) – que recebia um número significativo de pacientes que haviam tentado suicídio – cerca de 25% de seus atendimentos. Combinamos que o grupo se reuniria quinzenalmente para que não se perdesse a visão mais coletiva das propostas, mas, na prática, essas reuniões foram se diluindo e o investimento maior se deu na especificidade de cada região e na construção de redes com outros serviços e outros profissionais da área da saúde.

A experiência no Hospital Municipal Dr. Arthur Ribeiro de Saboya[4]

O pronto-socorro do Jabaquara, ou Saboya, nome pelo qual é conhecido na região, era um hospital novo (inaugurado em 1981) de localização estratégica. Atende uma área de grande abrangência, próxima às vias Anchieta e Imigrantes, à estação do metrô e ao Aeroporto de Congonhas, atingindo polos intensamente industrializados. Seu planejamento respondia à necessidade de serviços que pudessem acolher, de modo integral e racional, as vítimas de acidentes graves; sua prioridade seriam os casos decorrentes de catástrofes e os acidentes de grandes proporções. Apesar de ser um pronto-socorro com retaguarda hospitalar, sua finalidade era

[4] Fiz parte da equipe que implantou o projeto nesse hospital, da qual participaram também a psicóloga Clarissa Silbiguer e o psiquiatra Messias L. Padrão. Ambos se desligaram do projeto um ano depois de seu início.

atender pessoas destinadas ao tratamento emergencial. Isso significava que as internações seriam de curta permanência e que, logo que possível, os pacientes seriam encaminhados para outros serviços da comunidade. A prática rapidamente alterou esse planejamento: o hospital passou a atender toda a região em que se localiza, com diagnósticos os mais variados, superlotação de leitos, atendimentos característicos de ambulatórios e internações que, por uma série de razões (necessidades de maiores cuidados, problemas sociais, ausência de leitos nos hospitais de retaguarda, falta de equipes nos outros serviços da comunidade) acabavam se prolongando em excesso. Isso gerou uma série de dificuldades com relação ao atendimento, ao preparo do pessoal técnico e à estrutura física do hospital, que tinha à época 200 leitos e cerca de 1.500 funcionários. Ali também funcionava o Centro de Controle de Intoxicações (CCI), responsável não somente pelo atendimento dos pacientes intoxicados que chegavam diretamente ao serviço, mas também pelas orientações à população e aos profissionais de outras unidades, inclusive do Exterior. Muitas dessas intoxicações caracterizavam-se como tentativas de suicídio.

Houve pouca receptividade à nossa chegada. Demoramos mais de um ano para conseguir nos integrar nas equipes e obter um local específico para o atendimento fora das enfermarias. O setor de fisioterapia teve um papel importante de acolhida. Reconhecia a possibilidade de uma atuação conjunta, valorizava nossa entrada no hospital e solicitava nosso parecer para algumas questões de organização do próprio setor. Durante certo tempo, foi com eles que dividimos o espaço. A fisioterapia, assim como a saúde mental, eram serviços alternativos, não faziam parte do organograma do hospital; criar uma tabela de lotação que nos incluísse foi fruto de um longo trabalho.

Interconsultas

Começamos a atuação pelas interconsultas. O primeiro pedido foi feito pelo médico que atendia uma criança que sofrera um acidente com o pai (o qual havia falecido). A mãe, atendida por mim e pela assistente social, não sabia se o filho aguentaria a notícia, e ela mesma se sentia muito fragilizada com a perda do marido. O menino ficou internado por duas semanas, atendido diariamente. Antes da alta, ela deu a notícia ao filho e eu a acompanhei. Em uma reação emocionada, ele disse já saber da morte do pai e apenas esperava que a mãe falasse com ele sobre isso. O menino, sabiamente, deu à mãe o tempo necessário para que pudessem falar do que acontecera e chorar juntos. Esse pedido inicial explicitou uma demanda usualmente feita ao profissional "psi" dentro da instituição: ocupar-se das palavras que não podem ser ditas, facilitar a possibilidade de sua circulação, reconhecer que a verdade dita é menos angustiante que seu ocultamento e suportar o tempo de espera e de presença para que ela possa advir.

O acompanhamento que fizemos foi constantemente discutido com o médico que o solicitara, com a enfermagem e com o serviço social. Queríamos garantir o trabalho integrado e sensibilizar os outros profissionais para a atuação conjunta que se poderia fazer no hospital.

Outro pedido veio por parte da enfermagem. Era um paciente internado havia quatro meses com um problema físico grave que exigia um tratamento constante e doloroso. O paciente tinha alucinações, ficava agitado e agressivo. Fizemos o atendimento durante toda a internação e criamos com o pessoal da enfermagem uma rotina menos dolorosa, conduzida por uma pessoa em quem ele confiava para fazer os curativos. Discutíamos também as dificuldades na relação com aquele paciente e quanto o hospital não estava preparado para períodos de longa internação.

O trabalho de interconsultas foi sistematizado, começaram a surgir mais solicitações e, aos poucos, a forma de pedir também se modificou: não era mais um pedido para "acalmar" um paciente agitado, mas antes uma demanda de orientação à equipe para que lidasse melhor com os pacientes e entendesse o que se passava. Aos poucos, fomos definindo as áreas prioritárias para o atendimento: a pediatria, a maternidade, o CCI.

Processos grupais na pediatria

Na pediatria organizou-se um grupo (com diferentes profissionais) para elaborar um plano de ação adequado às necessidades das enfermarias. As crianças ficavam muito sozinhas, não tinham nenhuma atividade lúdica, os pais solicitavam sempre as mesmas informações, havia pacientes politraumatizados, que permaneciam muito tempo no hospital. Passamos a fazer visitas diárias à pediatria e, junto com a assistente social, iniciamos um primeiro esboço de brinquedoteca e de biblioteca ambulante. Juntar as crianças parecia um transtorno – interferia na rotina de curativos e medicação, atrapalhava as outras atividades, "aumentava o risco de contaminação". Esse "risco de contaminação" alimentava a ideia de isolamento e de paralisia; havia mais receptividade para as interconsultas, afinal, nelas não permanecíamos muito tempo no espaço das enfermarias. No entanto, as crianças internadas, apesar da variabilidade da composição grupal marcada pelas entradas e saídas, estabeleciam laços e, muitas vezes, funções interpretantes dentro das enfermarias, como no breve caso que relato a seguir.

Depois que estabeleci a rotina das visitas diárias, tinha como prática receber as crianças que chegavam para internação. Apresentava-me, perguntava o que tinha acontecido, escutava a criança e lhes falava sobre o ambiente da pediatria. Numa dessas visitas, conversei com uma criança que estava sozinha na enfermaria. No dia seguinte, outra criança estava internada junto com ela e eu conversei com as duas. Alguns dias depois, havia mais uma criança – quieta e chorosa. A primeira criança, assim que entro, faz-me um relatório do que se passa com a menina que chora – do que lhe aconteceu, de por que está triste: "ela está com medo e com dor; eu já falei pra ela que quando entrei no hospital senti a mesma coisa" e acrescenta: "também já expliquei pra ela como funciona a pediatria e que logo viria uma psicóloga conversar com a gente...". Nesse encontro, a menina recentemente internada não diz nada; apenas para de chorar. No encontro seguinte, ainda é a primeira criança que funciona como porta-voz tentando traduzir o que se passa na enfermaria e, em especial, com a menina de quem assumiu o "cuidado psíquico"; procedimento que também a ajuda a elaborar as próprias angústias desencadeadas pelo adoecimento e pela internação.

Além da brinquedoteca e da biblioteca, fizemos outra experiência – esta mais turbulenta e que provocou uma grande discussão, mas tornou-se viável por um tempo (depois, foi difícil mantê-la). Algumas crianças que tinham perspectivas de internação prolongada, mas que podiam se locomover, começaram a insistir no desejo de sair do hospital. Havia um pátio vazio no andar superior – planejado para ser um heliponto. Fiz a proposta de uma saída semanal para aquele pátio – tomar sol, brincar, sair da enfermaria, movimentar-se... Para chegar ali, era necessário "passear pelos corredores do hospital", fora da pediatria. Tal movimentação provocou muitas reações e alvoroços, mas teve um efeito transgressivo criativo para outros profissionais: mostrou que era possível deslocar e modificar os lugares rigidamente estabelecidos e que também era possível "brincar" no espaço hospitalar.

Processos grupais na maternidade

Entramos na maternidade a pedido da chefia. Ali funcionavam três enfermarias com alojamento conjunto e algumas mães resistiam a permanecer com as crianças e a aceitar o aleitamento materno. Nas visitas diárias, estabelecemos grupos de discussão com elas e acompanhamos os cuidados com os bebês. Continuamos atendendo aos pedidos de interconsultas para situações mais específicas, como abortos, crianças natimortas, rejeição aos bebês etc.

Nas visitas diárias, algumas das dificuldades do alojamento conjunto se fizeram mais compreensíveis: muitas mães desconheciam o sistema[5] e ficavam muito ansiosas na hora de cuidar do bebê, principalmente no primeiro banho. Passamos a realizar a visita no horário do banho e a participar, com a enfermeira, do trabalho de orientação a essas mães. Como as enfermeiras tinham em média quatro leitos, muitas vezes, era possível conversar com as mães em pequenos grupos e facilitar, entre elas, a troca de experiência. Aos poucos, as resistências iniciais e as rivalidades interprofissionais foram se desfazendo e o grupo composto por assistente social, psicóloga, enfermeira, nutricionista e médico constituiu-se como continente para as angústias e para a criação de uma nova rotina de trabalho. O fragmento a seguir é de um encontro com o grupo de enfermagem – grupo que teve a duração de um ano e meio.

---

5 Esta ainda não era uma prática frequente nos hospitais, assim como outras que depois se instituíram (como as brinquedotecas, por exemplo).

O tema foi lançado por uma auxiliar de enfermagem: uma das mães internadas não quer cuidar do bebê; há uma desconfiança de que o bebê vai ser dado para alguém. O grupo fala muito mal dessa mãe que cogita doar seu filho. Não sabem nada de sua história e se dão conta de que mal entram no quarto em que ela está. Aponto que, assim como essa mãe não quer cuidar do seu bebê, elas também não querem cuidar dela. Algumas pessoas do grupo começam a falar de suas experiências como mães: trabalham e têm de deixar os filhos sozinhos: "deixam seus bebês". Percebem a identificação com aquela mãe e a dificuldade em entrar em contato com essa história. Na outra sessão, contam-me a história dessa paciente e de como falaram com ela sobre o bebê.

Outro momento do grupo: uma das enfermeiras permanece em silêncio por muito tempo e em vários encontros. Esporadicamente, alguém chama atenção para esse silêncio, mas ela não responde. Em um dos encontros, ela é mais firmemente solicitada a falar e reage de modo violento: queixa-se da divisão do trabalho e acrescenta que não fala porque não adianta falar. As outras se surpreendem com a reação e fazem, "brincando", comentários do tipo "não fala nada, mas quando fala vem uma bomba". Mas, em seguida, começam a discutir a divisão do trabalho e a organização do serviço.

Explicita-se um confronto com a enfermeira-chefe, queixam-se de que ela não assume a autoridade que tem; que as deixa fazer o que querem e isto gera briga. Existe um confronto instaurado aqui. Com quem? Entre elas? Comigo?

Com a enfermeira-chefe? Há, realmente, um vazio de autoridade que o provoca? Existe uma fantasia de destruição: se explicitam seus conflitos, o grupo pode se dissolver. A ilusão tem de ser mantida à custa de um silêncio que incomoda. Ocorre uma situação institucional que também o sustenta: o grupo é valorizado porque criou um trabalho reconhecidamente integrado que se diferencia daquele que é feito em outras clínicas. Se as diferenças e os conflitos aparecerem, essa idealização do grupo poderia não se sustentar e colocaria em risco o próprio trabalho.

Como definir a função desses processos grupais? O próprio grupo dá uma resposta: depois de um ano com encontros semanais, elas me perguntam se eu percebera como elas conversam mais com as pacientes e que a maternidade ficara mais "barulhenta". Uma participante acrescentou que o marido comentara que ela conversava mais em casa. A possibilidade de falar e trocar experiências é sempre ressaltada nesses grupos; o dispositivo grupal abre uma brecha dentro da instituição – é uma possibilidade de rompimento da inércia de seu funcionamento e de seus silêncios.

O atendimento ao CCI

O CCI (Centro de Controle das Intoxicações) foi, desde o início, o setor mais receptivo à nossa atuação. O atendimento aos pacientes suicidas é muito complexo – eles constituem ameaça à formação médica, cujo objetivo é salvar vidas, as reincidências são muito frequentes e a percepção de que esses pacientes precisavam de orientação psicológica era clara por parte da equipe, que conseguia verbalizar as dificuldades em lidar com essas situações: "quando o paciente chega intoxicado, em coma, sei trabalhar com ele, mas, quando acorda, eu não sei como falar com ele". Era evidente a necessidade de desenvolver uma abordagem psicológica capaz de se adequar à realidade hospitalar. Na maioria das vezes, os pacientes não podem sair do leito. Se o hospital está lotado, ficam em macas nos corredores. As famílias sentem-se desprotegidas, nem sempre querem receber o parente de volta, desejam interná-lo, têm medo das reincidências e não entendem os motivos da tentativa de suicídio.

Por parte dos pacientes, as reações às propostas de atendimento foram positivas; em geral, estão à espera de que alguém se aproxime e lhes pergunte o que se passa com eles. Um dos primeiros pacientes que atendi era um rapaz de 29 anos que se intoxicara com psicotrópicos. Era sua segunda tentativa de suicídio e, por ter chegado agitado ao hospital, fora amarrado no leito e tinha se ferido. Quando me aproximei, estava sentado na cama, com o braço sangrando e tomando sopa. O sangue caía na sopa e ele continuava comendo. Apresentei-me e perguntei-lhe se queria falar comigo. Negou-se a fazê-lo, fez uma pausa e eu esperei. Depois de um tempo, falou que achava tudo aquilo absurdo. Eu respondi que também me parecia absurdo o que ele estava fazendo – tomando sopa com sangue! Ele riu e começou a falar sobre sua vida, o que fazia e o papel que o "absurdo" ocupava em seus pensamentos. Ficou alguns dias no hospital, visitei-o nesses dias. Uma semana depois da alta, ele retornou e pediu para falar comigo. Queria retomar o que lhe tinha acontecido, falar sobre o que vivera no hospital e pedir uma indicação para atendimento psicológico. Sentira-se muito agredido no hospital: as pessoas não falavam com ele, mudavam-no de quarto e não lhe explicavam por quê, aplicavam-lhe injeções e ele não sabia o que eram, ficou amarrado e se feriu; queria entender por que isso tinha acontecido.

Nesse trabalho, deparamos com muitas deficiências: os recursos para atendimento em saúde mental são muito poucos, as filas de espera são grandes; às vezes, o paciente não tem mesmo como retornar para sua família e precisaria de um lugar mais protegido até que possa ser recebido de volta. A opção acaba sendo a internação psiquiátrica, embora isso possa ser um fator mais iatrogênico que reconstrutivo. O que fazer?

Tentamos uma integração com os recursos da comunidade – hospital psiquiátrico, ambulatórios de saúde mental, centros e postos de saúde. Em todos os lugares havia problemas parecidos – excesso de demanda e poucas condições de trabalho, quando não é a própria formação psiquiátrica e excessivamente medicamentosa que favorece a continuidade de um atendimento alienado e repressivo. As propostas do Conselho Consultivo da Administração de

Saúde Previdenciária (Conasp), feitas à mesma época, propunham um atendimento mais racional e integrado[6].

Um pedido mais explícito para orientação à equipe do CCI surgiu em função dos conflitos no atendimento a três adolescentes que chegaram ao hospital por terem ingerido Paraquat[7] após um "pacto de morte". A equipe estava muito agitada e com dificuldades em atender a adolescente mais velha, que julgavam responsável pela indução da tentativa de suicídio nas outras duas. A cada encontro, apresentavam-me as pesquisas existentes com pacientes que tinham ingerido aquela substância e os índices de mortalidade. Havia uma frustração muito grande diante da precariedade de conhecimentos para salvar as meninas; alguém tinha de ser responsabilizado por aquele sofrimento – a adolescente mais velha cumpriu esse papel. No primeiro mês, uma das meninas morre. Não sabem o que fazer com as outras duas – se as mantêm isoladas, se as deixam juntas, se falam sobre a morte ocorrida. São as meninas que provocam as respostas; questionam o isolamento, pedem para ficar juntas

6 Uma das vertentes desse plano propunha uma mudança profunda do próprio modelo em direção a um sistema único de saúde, integração e hierarquização dos serviços, universalização do direito à assistência e integração das práticas preventivas e curativas. Um levantamento de dezembro de 1982 revelou que 96% do orçamento destinado à assistência psiquiátrica foi utilizado em diárias hospitalares. Alimenta-se, dessa maneira, a cronificação das doenças mentais e a mercantilização da psiquiatria.

7 Paraquat é um herbicida altamente tóxico para seres humanos e outros mamíferos. À época do atendimento, os relatos de sobrevida em caso de ingestão do produto eram praticamente inexistentes.

e perguntam sobre a terceira. A dramaticidade da situação repete-se no grupo: falam sobre os prognósticos, as famílias das adolescentes, as brigas dentro da UTI, as discordâncias de conduta. Em seguida, o grupo se esvazia, isola-se, não consegue se reunir. Depois, retornam com um pedido de organização do serviço: sem encontrar sentido para as tentativas de suicídio, a ordem é utilizada para diminuir a ansiedade e a impotência. O funcionamento do grupo reproduzia o problema que tinha de enfrentar; alternâncias entre a vida e a morte – dissolução e tentativas de reorganização. Depois de dois meses, contrariando as previsões estatísticas, as duas meninas recebem alta.

Um dos médicos faz outro pedido: um trabalho com o grupo de enfermagem do pronto-socorro, pois, segundo sua observação, havia muita dificuldade no atendimento aos pacientes intoxicados e aos "psicopatas": os que não se submetiam passivamente aos cuidados eram agredidos. A supervisora de enfermagem concorda com a proposta e disponibiliza horário para os encontros. As enfermeiras vêm preparadas para um curso, esperavam aulas que lhes ensinassem o que fazer com tais pacientes. Propomos uma inversão: trabalhar com as dificuldades que encontram nesses atendimentos. Nos primeiros encontros surgem muitas queixas, entre elas as de que os pacientes eram muito exigentes, pensavam que o hospital era um hotel! Introduzo um objeto mediador: uma colagem que elas devem fazer sobre a imagem que têm do hospital. Surge algo surpreendente: os quadros reproduzem cenas de um hotel – camas bem-arrumadas, crianças sorridentes, pessoas conversando, comidas apetitosas... Será sobre essa dualidade – ilusão/desilusão – e quanto ela comporta de idealização e revolta com a realidade vivida que centraremos os encontros e a compreensão das queixas sobre a agressividade – delas e dos pacientes.

Outras intervenções

Lidando com a morte

A construção do hospital era recente e algumas falhas no seu planejamento tornaram-se evidentes pelos sintomas que surgiram nas equipes. Um deles se manifestou na solicitação de um treinamento para lidar com os óbitos; havia muitos desencontros entre as pessoas que deviam informar a família, entre quem devia remover e cuidar do corpo... O tema envolvia vários aspectos: como cada um vivia a ideia da morte, como a morte era tratada dentro do hospital, como era difícil falar sobre isso e informar a família. Porém, revelava, também, um problema estrutural do hospital; não havia um lugar planejado para isso. Um dos efeitos desse trabalho foi a construção de um velório e de uma sala privativa onde a família pudesse receber a notícia e as informações que solicitasse. A rotina instituída ganhou um sentido diferente, não eram normas escritas no papel definindo o que cada um deveria fazer: havia uma elaboração interna sobre elas.

Acompanhamento familiar

Por parte do diretor do hospital, recebemos um pedido para estudar a viabilidade de se instituir o acompanhamento familiar nas enfermarias. Seria uma maneira de diminuir o abandono vivido pelos pacientes, de facilitar seu retorno às famílias e de criar condições psíquicas mais favoráveis a seu restabelecimento. A família seria orientada e se apropriaria dos cuidados de reabilitação que deveriam ter prosseguimento em casa. Formamos um grupo com alguns profissionais que lidavam mais diretamente com os pacientes para elaborar a proposta. O cuidado era o de não sobrecarregar ainda mais os técnicos que já se queixavam da falta de pessoal e, ao mesmo tempo, avaliar como seria sentida a presença mais constante dos familiares no hospital. Um questionário foi distribuído para médicos, enfermeiras, auxiliares, atendentes, registrantes hospitalares e serviço social. As respostas mostraram receptividade, mas havia dúvidas quanto à interferência na rotina do atendimento: as famílias poderiam "atrapalhar" o serviço e fazer exigências incompatíveis com a realidade do serviço público. Entrevistamos cerca de 40 pacientes, e as respostas foram surpreendentes: gostariam que a família estivesse mais próxima, mas tinham receio de "invadir" demais o hospital, não se sentiam no direito de exigir maior participação nessa decisão e receavam sobrecarregar a família. O "peso", a "sobrecarga", o medo de "invadir" foram significantes frequentes e revelaram quanto seria difícil fazer uso do direito de não ser mero "paciente"[8]. O acompanhamento familiar foi instituído apenas parcialmente – na pediatria e em uma enfermaria de pacientes politraumatizados que exigiriam cuidados domiciliares após a alta. A presença de cadeiras ao lado dos leitos causou impactos tanto para os familiares quanto para alguns profissionais. Imagine a diferença entre receber uma visita que pode se sentar e permanecer por um tempo e uma visita que precisa se manter em pé, e a surpresa dos profissionais que se viam diante de um objeto que convocava à permanência e não a simples passagem... É necessário relembrar que estávamos em um hospital público com excesso de ocupação de leitos e cujas condições de permanência haviam sido planejadas para um curto período de internação.

Organização dos funcionários

O hospital do Jabaquara tinha um movimento acentuado por parte dos funcionários, no sentido de reivindicarem melhores condições de trabalho e participação nas decisões a serem tomadas. Sempre que possível, colaborávamos com aqueles movimentos, que tiveram como consequência a formação de uma Comissão de Humanização – uma junta que se propunha a centralizar as reivindicações que ocorriam de maneira esparsa e promover a atuação dos servidores nos

[8] Direito de uma cidadania plena foi um dos baluartes da revolução proposta pela luta antimanicomial e pelo movimento da antipsiquiatria e que permaneceu como referência para as desinstitucionalizações necessárias e para a criação de novas propostas – democráticas e universais – passíveis de execução em todos os serviços de atendimento à população.

programas de interesses comuns, diminuir tensões referentes e conflitos de trabalho, facilitar a comunicação etc.

Considerações finais

O desenvolvimento das atividades no hospital foi criando uma definição do que os psicólogos, psiquiatras, psicanalistas (profissionais ligados à área psi) podem fazer nesse espaço. À medida que descobríamos nosso papel, e o hospital nos reconhecia. A equipe inicial modificou-se e outros profissionais e estagiários juntaram-se ao grupo.

Nesse percurso, dois aspectos merecem destaque: *a importância de se ter um projeto inicial de atuação* com um mapeamento, mesmo que provisório, da realidade em que se desenvolverá a atuação, com uma análise geral das condições e diretrizes políticas que o sustentam; e *a necessidade de manter um grupo de referência* com quem se possa discutir e construir respostas aos impasses que a prática cotidiana nos apresenta. *Estas deveriam ser condições imprescindíveis nos trabalhos institucionais.*

Apêndice

Um breve esboço das mudanças ocorridas a partir de 1970 e que marcam a passagem do modelo hospitalocêntrico para o modelo psicossocial.

Embora o Ministério da Saúde tenha sido criado em 1953, as preocupações mais sistemáticas com a política de saúde tiveram início apenas no começo de 1970, quando o país, e especialmente São Paulo, foi atingido pela epidemia de meningite. A precariedade nos serviços adequados a esse atendimento, os índices de mortalidade infantil, de desnutrição e de certas doenças endêmicas, como a tuberculose, demandavam uma ação e uma eficácia que os serviços públicos não tinham.

Durante muito tempo, saúde e assistência médica foram tomadas como sinônimos. Talvez, ainda hoje, essa seja uma ideia persistente, principalmente com a ênfase atual no tratamento medicamentoso e na insistência em colocar o médico como eixo central dos tratamentos. Veja-se toda a discussão acerca do Ato Médico.

A VIII Conferência Nacional de Saúde, realizada em 1986, foi uma referência fundamental para a transformação das ações ligadas à saúde, pois abriu para a participação ampla da sociedade e consolidou propostas importantes que foram, posteriormente, incorporadas na Constituição de 1988. É a partir dela que se efetiva a criação do SUS – Sistema Único de Saúde, formado pela articulação entre as gestões federal, estadual e municipal e com participação dos usuários e seus familiares na gestão dos serviços.

O atendimento à saúde mental também teve uma mudança significativa a partir da década de 1970, embora já houvesse experiências inovadoras, desde 1930, realizadas principalmente em Recife e coordenadas por Ulisses Pernambucano.

No início do século XIX iniciara-se uma transformação radical na compreensão que se tinha da loucura: ela passou a ser reconhecida como doença mental e isso produziu uma demanda social para o tratamento e a assistência. Tais práticas acentuavam a marginalização dos pacientes e sua periculosidade, criando-se relações de tutela e custódia e consolidando uma aliança entre a psiquiatria e o sistema judiciário. Foucault (1991) já delineara o momento em que se criaram espaços de isolamento e confinamento para populações específicas – ligadas ao perigo da contaminação – e de como essa prática foi historicamente transformando a seleção dos habitantes desses espaços: primeiro foram os portadores de lepra, na Idade Média, depois os portadores de excessos, desregramentos ou "doenças sexuais", depois os loucos, os pobres, os desempregados, estes últimos entendidos como portadores de "defeitos morais". Hoje temos, com destaque na mídia, os usuários de crack e a sua demonização.

Podemos reconhecer, nessas histórias, que há sempre uma tendência a isolar, internar, enquadrar e minimizar a potência transgressiva dos indivíduos que não se adaptam aos modelos estabelecidos e o que eles revelam sobre os conflitos sociais.

Foi no sentido de romper com essa tendência manicomial que surgiu, na década de 1970, a Rede de alternativas à psiquiatria, ganhando força em São Paulo a partir do movimento de trabalhadores de saúde mental, que realizou seu primeiro encontro no Instituto Sedes Sapientiae, em 1979. O movimento propunha a transformação do Sistema de Saúde, entendendo que ele estava vinculado à luta dos demais setores sociais na busca da democracia plena.

Em 1987, realizou-se o I Congresso Nacional de Saúde Mental, e o movimento dos trabalhadores de saúde mental encampou como lema prioritário de suas demandas a defesa de uma sociedade sem manicômios, estruturando-se com mais força o movimento da luta antimanicomial.

Em 1989, deu-se a intervenção na Casa Anchieta, em Santos, com o apoio da Secretaria Municipal de Saúde e com a proposta de colocar em ação os princípios da Reforma Psiquiátrica – decorrentes da luta antimanicomial. A Casa Anchieta, conhecida como "Casa dos Horrores", era um hospital psiquiátrico tradicional, superlotado, com vários relatos de maus-tratos e mortes de pacientes internados e essa intervenção constituiu-se como modelo de uma rede de cuidados e de ações que poderiam, de fato, substituir o modelo hospitalocêntrico. Foram organizados serviços de acolhimento e de retaguarda; implantaram-se os Núcleos de Atenção Psicossocial (Naps), com funcionamento diuturno, as cooperativas, as residências para egressos do hospital psiquiátrico e as associações de pacientes e de familiares. A discussão sobre a intervenção ganhou o espaço da cidade por intermédio da Rádio

Tam Tam, com programas organizados pelos "loucos" do hospital e egressos, que colocavam em questão, por meio do humor, a estigmatização da loucura e a importância da inclusão social.

Também em 1989, ocorreu outro fato bastante significativo: o deputado Paulo Delgado apresentou no Congresso Nacional um projeto de lei propondo a regulamentação dos direitos da pessoa com transtornos mentais e a extinção progressiva dos manicômios. Essa lei só foi aprovada em 2001, após 12 anos de luta e discussões, e com várias alterações.

Na realidade, foram as Conferências Nacionais de Saúde Mental, e em especial a III Conferência Nacional de Saúde Mental, realizada no mesmo ano da aprovação da Lei Paulo Delgado, em 2001, que consolidaram a Reforma Psiquiátrica como política oficial do SUS e propuseram uma rede articulada e comunitária de cuidados para as pessoas com transtornos mentais. A descrição que se segue sobre os conceitos de Rede e de Território faz parte do documento apresentado, em novembro de 2005, em Brasília, à Conferência Regional de Reforma dos Serviços de Saúde Mental: 15 anos depois de Caracas[9]:

---

9 A declaração de Caracas foi adotada pela OMS em novembro de 1990, e afirmava o seguinte:

1. Que a reestruturação da atenção psiquiátrica ligada a Atenção Primária de Saúde e nos marcos dos Sistemas Locais de Saúde permite a promoção de modelos alternativos centrados na comunidade e nas suas redes sociais.

A construção de uma rede comunitária de cuidados é fundamental para a consolidação da Reforma Psiquiátrica. A articulação em rede dos variados serviços substitutivos ao hospital psiquiátrico é crucial para a constituição de um conjunto vivo e concreto de referências capazes de acolher a pessoa em sofrimento mental. Esta rede é maior, no entanto, do que o conjunto dos serviços de saúde mental do município. Uma rede se conforma na medida em que são permanentemente articuladas outras instituições, associações, cooperativas e variados espaços das cidades. A rede de atenção à saúde mental do SUS define-se assim como de base comunitária. É portanto fundamento para a construção desta rede a presença de

2. Que a reestruturação da atenção psiquiátrica na região implica a revisão crítica do papel hegemônico e centralizador do hospital psiquiátrico na prestação de serviços.
3. Que os recursos, cuidados e tratamento devem: salvaguardar invariavelmente a dignidade pessoal e os direitos humanos e civis; estar baseados em critérios racionais e tecnicamente adequados; propiciar a permanência do paciente em seu meio comunitário.
4. Que as legislações dos países devem se ajustar de maneira que: assegurem o respeito aos direitos humanos e civis dos pacientes mentais; promovam a organização de serviços que garantam seu cumprimento.
5. Que a capacitação dos recursos humanos em saúde mental e psiquiátrica deve ser realizada apontando para um modelo cujo eixo passe pelo serviço de saúde comunitário e propicie a internação psiquiátrica em hospitais gerais, de acordo com os princípios diretores que fundamentam esta reestruturação.
6. Que as organizações, associações e demais participantes desta Conferência se comprometam acordada e solidariamente a assegurar e a desenvolver nos países programas que promovam a reestruturação, assim como se comprometam pela promoção e defesa dos direitos humanos dos pacientes mentais de acordo com as legislações nacionais e com os respectivos compromissos internacionais.

um movimento permanente, direcionado para os outros espaços da cidade, em busca da emancipação das pessoas com transtornos mentais.

A ideia fundamental aqui é que somente uma organização em rede, e não apenas um serviço ou equipamento, é capaz de fazer face à complexidade das demandas de inclusão de pessoas secularmente estigmatizadas, em um país de acentuadas desigualdades sociais. É a articulação em rede de diversos equipamentos da cidade, e não apenas de equipamentos de saúde, que pode garantir resolutividade, promoção da autonomia e da cidadania das pessoas com transtornos mentais. Para a organização desta rede, a noção de território é especialmente orientadora. O território é a designação não apenas de uma área geográfica, mas das pessoas, das instituições, das redes e dos cenários nos quais se dão a vida comunitária. Assim, trabalhar no território não equivale a trabalhar na comunidade, mas a trabalhar com os componentes, saberes e forças concretas da comunidade que propõem soluções, apresentam demandas e que podem construir objetivos comuns. Trabalhar no território significa assim resgatar todos os saberes e potencialidades dos recursos da comunidade, construindo coletivamente as soluções, a multiplicidade de trocas entre as pessoas e os cuidados em saúde mental. É a ideia do território, como organizador da rede de atenção à saúde mental, que deve orientar as ações de todos os seus equipamentos (Brasil, 2005, p. 23-24).

Nessas propostas, o que fica em xeque é o modelo até então vigente: asilar, hospitalocêntrico e centrado na figura do médico. Em contraposição a ele, foram se desenvolvendo ações que podem ser definidas pelo modelo psicossocial. É importante considerar que, embora tenham ocorrido mudanças bastante significativas e redução dos leitos psiquiátricos, o modelo asilar ainda está presente nas ações de muitos projetos e na concepção de muitos profissionais. Assim, podemos ver discursos pertinentes ao modo psicossocial que estão impregnados em sua prática pelo modelo asilar.

O modelo asilar, hospitalocêntrico, tem por base a ideia do tratamento curativo, medicamentoso, centrado na figura do médico, sem levar muito em conta a história do sujeito e sua singularidade; quando muito, é considerada a história do sintoma. Os demais profissionais, quando atuam no caso clínico, são personagens secundários, o elo que os une são as anotações no prontuário; são os paramédicos, o que quer dizer que trabalham para o médico. A instituição típica desse modelo é o hospital psiquiátrico e, mesmo que existam outras formas institucionais, elas acabam funcionando nesse modelo de exclusão e de isolamento.

Precursores do modo psicossocial foram os movimentos da psiquiatria do setor e da psicoterapia institucional na França; o movimento da antipsiquiatria e das comunidades terapêuticas na Inglaterra – propostas por Laing e Cooper e pela ideia contundente sustentada por eles de que a verdadeira violência em psiquiatria é a violência da própria psiquiatria –; os movimentos de saúde mental comunitária nos Estados Unidos, que lançaram as ideias de prevenção primária, secundária e terciária na assistência à saúde; e o movimento de desinstitucionalização na Itália, iniciado em Trieste, com Franco Basaglia. Este movimento iniciou-se em 1960 e, em 20 anos, propôs uma mudança radical, em que o assim chamado "doente mental" passava a ser atendido pelo seu sofrimento e não por sua periculosidade como era feito anteriormente. Os projetos não visavam à cura, mas à emancipação.

O modo psicossocial ganhou impulso entre nós a partir da Reforma Psiquiátrica. Na avaliação do sofrimento psíquico, a leitura predominante não é a do sintoma, mas, sim, o seu entorno e a história singular do sujeito. O meio básico de tratamento não é o medicamentoso, mas outras formas de intervenção e dispositivos de reintegração social e no trabalho. O sujeito e sua família são figuras importantes no estabelecimento e na condução do processo de cura. A participação dos usuários e de seus familiares são consequências também do que foi proposto pela Reforma Psiquiátrica. A loucura é positivada no sentido de que faz parte da existência do sujeito, do seu modo de estar no mundo e, portanto, não deve ter como premissa a sua abolição.

As ações não estão mais centradas no médico; ele é parte de uma equipe de trabalho que se propõe a uma prática horizontal e com variações possíveis nas prioridades de intervenção. Não se trata mais de estratificar ações de prevenção primária, secundária ou terciária, mas antes que se vise à construção de projetos integrais e singulares em que o sujeito que sofre possa participar da sua elaboração e prosseguimento. Enfim, que haja uma implicação significativa de todos os atores do processo. A desinstitucionalização não é apenas o fechamento dos hospitais, ou dos dispositivos asilares; é a transformação desses espaços em serviços em que não somente os direitos são respeitados, mas que eles se tornem laboratórios propulsores para construção e efetivação concreta desses direitos.

O primeiro Centro de Ação Psicossocial foi criado em São Paulo, em 1987, e leva o nome do professor Luis da Rocha Cerqueira, que foi coordenador de saúde mental em São Paulo e realizou uma longa luta pela implementação de serviços extra-hospitalares, denunciando a "indústria da loucura" e a privatização da saúde. Foi discípulo de Ulysses Pernambucano e contava vários fatos pitorescos de sua convivência com o mestre. Um deles: informara a Ulysses que havia um doente amarrado no hospital e ele simplesmente lhe respondeu: "Nos meus tempos de estudante, nós carregávamos um bisturi". Fala que convoca a um ato real, mas também a um ato simbólico – o de não se submeter às situações de violência e construir estratégias possíveis para seu enfrentamento.

Hoje, encontra-se em implantação e discussão a constituição efetiva do modelo das Redes de Atenção Psicossocial (Raps). A proposta, fundamentada nos princípios já presentes na Reforma Psiquiátrica e nos movimentos descritos, é a de efetivação de uma rede de cuidados, presente nos diferentes territórios, capaz de assegurar atendimento integral e humanizado às pessoas com sofrimento ou transtorno mental e com necessidades decorrentes do uso de crack, álcool e outras drogas. Seus eixos são a equidade, o cuidado integral, a assistência multiprofissional, a inclusão social, a redução de danos (no atendimento aos usuários de drogas) e a participação social dos usuários e de seus familiares.

Direitos de uma cidadania plena e implantação eficaz de uma rede de serviços de atendimento à população que rompa o modelo segregacionista é um trabalho que exige continuidade e persistência e, para tanto, como diziam Rotelli et al. (1990), quando se referiam ao trabalho de desinstitucionalização, são necessários laboratórios e não ambulatórios. Laboratórios definidos como lugares onde seja possível construir e reconhecer conhecimentos e cultura, relações e práticas inovadoras.

Os ideais dos movimentos iniciados na década de 1970 continuam...

3.

Desvios em uma situação hospitalar[1]

O poeta canta a si mesmo
Porque de si mesmo é diverso
(Mário Quintana, *Esconderijos do tempo*)

O Hospital Municipal do Jabaquara Dr. Arthur Ribeiro de Saboya foi criado em 1981 para atender às grandes emergências, destinando-se especialmente ao tratamento de pacientes politraumatizados. O Serviço de Saúde Mental foi implantado em 1983, depois de um trabalho realizado no ano anterior e que definiu um projeto de atuação para os hospitais e prontos-socorros da Prefeitura de São Paulo, em função do diagnóstico e do levantamento das demandas para esse tipo de atendimento[2].

---

1 Apresentado no *I Encontro sobre Psicanálise e Instituição*, organizado pelo Departamento de Psicanálise do Instituto Sedes Sapientiae, em 1986.

2 Para uma descrição mais detalhada do que significou esse projeto e a implantação do Serviço de Saúde Mental nos hospitais municipais, ver capítulo 2: "Projeto de atendimento em saúde mental para os hospitais do município de São Paulo – relato de uma experiência" (pp. 39-78).

As diversas atividades realizadas no início da implantação – interconsultas, acompanhamento dos pacientes na UTI, na pediatria, na maternidade, no centro de controle de intoxicações, na emergência, intervenções na organização das equipes, entre outras – mantiveram, durante mais de um ano, um lugar de marginalidade, apesar de o discurso manifestado ser o de reconhecimento e necessidade de profissionais que pudessem atender às manifestações psíquicas que interferiam no processo de cura. Havia uma identificação, não explícita, entre o que é percebido como "desvio", como "transtorno", como "aquilo que atrapalha" o tratamento e o funcionamento das rotinas, dos protocolos – e, portanto, precisa ser corrigido para que a tarefa principal seja feita –, e o trabalho da equipe de saúde mental.

Essa "falta de lugar" revelava-se pela dificuldade de a instituição definir um local específico para a equipe, pela não inclusão na tabela de lotação do hospital e, também, pela maneira em que chegavam os pedidos de atendimento, por exemplo, na solicitação de um médico clínico: "paciente baleado, deprimido, solicito orientação após a alta". Há um pedido de atendimento, mas dirigido para fora do hospital. Na conversa com o médico, surgem outras informações: trata-se de um paciente que ficou paraplégico por causa de um tiro quando foi assaltado. O médico tinha dúvidas se lhe "faria bem saber a verdade"; receia que isso prejudique seu quadro clínico e também não sabe como falar sobre a paralisia com o paciente. O paciente não pergunta nada e o médico procede do mesmo modo com o paciente. O tratamento também não caminha: há uma febre persistente que não se explica e impede a alta. Quando o médico pede "orientação após a alta" posso, então, entender que a orientação é para que a alta seja possível e para isso é necessário que as "paralisias" sejam entendidas e possam ser elaboradas.

Em outros momentos, o pedido feito implica a necessidade de reconhecer as possibilidades de mudança na organização de um serviço, mas isso é entendido, na maior parte das vezes, como algo pontual, para atender uma situação específica, e não como algo que, de fato, precise ser reestruturado[3]. O pedido de atendimento a uma criança da UTI explicita esse aspecto. Ele foi feito pela médica residente para acompanhamento de uma criança que sofreu um atropelamento sério e corre risco de morte. Foi entubada, está ligada a vários aparelhos e totalmente imobilizada. Há previsão de várias intervenções e muitas dúvidas sobre as possibilidades de a criança voltar a fazer movimentos. Ela está consciente.

No primeiro contato com a equipe, fica claro que, além da preocupação com os riscos, há a dificuldade em estabelecer comunicação com a criança. Essa angústia está depositada no pai, que evita entrar na UTI e, quando o faz, fica muito transtornado.

---

3 Deve-se considerar, no entanto, que a continuidade desses atendimentos provoca uma mudança que, paulatinamente, vai modificando a cultura da instituição e a acolhida para esse tipo de intervenção.

Na entrevista com os pais, percebe-se uma cisão: o pai assumiu o risco de morte e a mãe a esperança de vida – ele não pode entrar na UTI porque "carrega consigo a ideia da morte" e pode pôr em risco a vida da filha. A equipe faz uma cisão parecida – alguns falam da iminência da morte e outros das possibilidades de cura.

Os pais também não sabem como falar com a filha. Não lhe disseram por que está na UTI por acharem que isso pode traumatizá-la ou porque ela não entenderia, já que só tem cinco anos. A mãe conversava com ela, dizendo que logo iria para casa, que tudo ia passar, que estava tudo bem, que ela estava ótima! Não suportavam o acidente que sofreram; queriam que tudo fosse mentira e logo terminasse. É feita uma orientação de que para a criança é importante saber que todos partilham de sua vivência, que é verdadeiro o que ela sente e que não está tudo bem, mas tudo está sendo feito para que fique melhor. A mãe fica mais aliviada, o pai mantém o medo. Ela é a única filha do casal e há um histórico de três abortos anteriores.

No primeiro contato com a criança, percebo, também, a dificuldade de comunicação. O único meio de expressão possível, para ela, são os olhos e é através deles que começamos a criar um código: abrir e fechar os olhos como forma de resposta. E as conversas iniciais são sobre o que está acontecendo agora, o que sabemos ou imaginamos que ela está sentindo, o que lhe aconteceu, o que é a UTI, quem são as pessoas que a examinam...

Os pais são introduzidos no tratamento e fazem um relatório para a equipe sobre a criança (como ela é, as coisas de que gosta), sugerindo as atividades que acham possíveis dentro da UTI. Em uma reunião com a equipe, esse relatório é lido e julga-se importante criar algumas modificações na rotina. A introdução dos brinquedos favoritos levanta objeções pelo risco de contaminação. A entrada dos pais por um período maior e várias vezes ao dia surge como persecutória e provoca ansiedades que aparecem como dúvida se eles "vão ter estrutura" para ficar mais tempo na UTI. É discutida a importância de a criança saber o que se passa com ela e de criarem condições para que ela comece a discriminar tempo e espaço – uma das dificuldades quando se está internado na UTI. Um dos médicos propõe a diminuição da luz à noite. Surge a proposta de que os pais entrem para o banho noturno. Improvisa-se com um lençol um toldo para a cama, que é estendido na hora de dormir. Com a mãe, estabelecem-se algumas atividades, entre elas, ler histórias para a menina. Desenvolve-se um processo muito criativo na maneira de lidar com os cuidados e vão se estabelecendo novas vias de comunicação.

Duas semanas depois, a criança começa a apresentar movimentos e surge a possibilidade de desligar o respirador; fazer o seu "desmame". É feita uma tentativa e a menina se assusta; não consegue respirar sozinha. Essas mudanças são acompanhadas por um momento crítico na organização da equipe. O que estava silenciado ganha movimentação: os pais se queixam de que cada um dá uma orientação e de que, dependendo do período, as condutas são diferentes. Surgem acusações mútuas entre os membros da equipe sobre os procedimentos tomados, e brigas anteriores pela coordenação são reativadas. Esse processo se repete a cada necessidade de intervenção com a criança e sempre de forma velada. É preciso fazer um grande esforço para que as reuniões se mantenham e isso possa ser analisado. Monta-se, então, um esquema para o desligamento gradativo do aparelho e começa-se a trabalhar com a criança seu medo de respirar sozinha. Ela sai do aparelho e, aos poucos, expande sua movimentação até poder sair da cama e sentar-se em uma cadeira. E começa a falar!

Com o tempo, a equipe faz outra queixa: a criança é muito agitada, mal-educada, não coopera com o tratamento: eles não a aguentam. Deixou de ser "paciente". Aproxima-se a alta e essa talvez seja a maneira que a equipe encontrou para se desligar dela, depois de tanto tempo de investimento. Ela ainda tem sequelas graves que necessitam de um longo processo de reabilitação. Os pais esperavam que ela saísse andando, ela quer ir para casa, andar de bicicleta e brincar. Muitas de suas birras têm a ver com isso. Escolhe-se um serviço de reabilitação e uma parte da equipe, junto com os pais, faz os contatos iniciais para o encaminhamento. Dois meses após a internação, a criança recebe alta.

Essa criança mobilizou na UTI uma série de alterações – houve uma concentração no seu atendimento, outros pais reclamaram por não poder entrar tanto na UTI e certas cisões internas ficaram mais explícitas. Alguns perceberam a necessidade de um trabalho maior com as famílias e fizeram propostas nesse sentido, outros reconheceram a necessidade de um trabalho interno com a equipe. A maioria acentuou que aquele tinha sido um caso especial e não havia condições de repeti-lo. É como se algo que atendeu às necessidades da própria instituição não pudesse ser incorporado por ela e devesse continuar sendo visto como exceção, como desvio.

No entanto, outras situações parecem apontar para a possibilidade de mudanças, se considerarmos uma passagem maior do tempo e os efeitos "silenciosos" que certas ações podem produzir: Em um primeiro momento, a supervisora de enfermagem faz um pedido para que se trabalhe uma situação crítica no centro cirúrgico. Após o diagnóstico, o grupo sugere uma mudança na rotina e novas divisões das tarefas. Proponho que se continuem as reuniões. Isso não acontece. Três anos depois, é a equipe do centro cirúrgico que retoma o pedido e o faz de forma diferente: querem melhorar a dinâmica da equipe.

Há ainda outras dificuldades que precisam ser mais bem elaboradas. Uma delas diz respeito à manutenção de grupos de discussão dentro do hospital; eles acabam, com raras exceções, se desorganizando. É como se isso confirmasse a queixa de grande parte dos profissionais: tudo começa com entusiasmo e nada termina... Há uma atração do instituído, difícil de movimentar. Há um efeito das mudanças constantes nos cargos de coordenação e da descontinuidade nos projetos de saúde que precisariam de maior investimento e de qualificação dos serviços.

Outra dificuldade refere-se ao desvio das finalidades da própria instituição. O hospital foi projetado para o atendimento de emergências; seria uma das portas de entrada do sistema de saúde, devendo fazer parte de uma proposta mais complexa de regionalização, integração e hierarquização de serviços. A população, por falta de esclarecimento ou, na maior parte das vezes, pela ausência de outros serviços, acaba procurando o hospital como pronto-socorro, ambulatório, hospital de especialidades... e o hospital desvia-se de sua proposta, tentando adaptar-se a essa demanda, mas criando grande insatisfação pela impossibilidade de responder a ela adequadamente. Institui-se, assim, a perversidade do sistema com excesso de leitos ocupados, macas espalhadas pelos corredores, longo tempo de internação, resposta inadequada às queixas da população (que as modifica e retorna na semana seguinte, aumentando as filas de atendimento) e condições insatisfatórias de trabalho. Assim, a instituição que fora projetada para criar melhores condições de saúde se desvirtua e passa a ser instrumento de manutenção da doença de uma população marcadamente desfavorecida.

4.

A criança, sua doença e o hospital como espaço terapêutico[1]

Era uma vez, muitos e muitos anos atrás... No tempo em que havia reis e rainhas e os pequenos príncipes e princesas tinham de enfrentar muitas vicissitudes para crescer e aceder a um lugar de reconhecimento... É assim que em geral começam os contos de fadas. O início é muito semelhante, mas, em cada um deles, há uma forma singular de lidar com as fantasias mais primárias de desamparo, de insuficiência e dos perigos e riscos que marcam a passagem da infância para a idade adulta.

Essas mesmas vicissitudes podem ser encontradas em outros contextos que não o de conto de fadas: no difícil reconhecimento da "infância" como um lugar subjetivo, na dificuldade da psicanálise com crianças ser reconhecida como pertinente ao campo oficial da psicanálise, na estranheza de um psicanalista dentro do hospital geral.

---

1 Apresentado em encontro realizado pelo Departamento de Psicanálise com Crianças do Instituto Sedes Sapientiae, em junho de 2009.

A entrada de um psicanalista no hospital geral é atravessada por um duplo conflito: de um lado, o de não se ver reconhecido pelos seus pares mais ortodoxos, já que perverte as normas do dito *setting* analítico e, por outro, o de se confrontar com um território já dominado por normas muito definidas de tratamento e de cura. Castel (1978, p. 78) referiu-se à entrada da psicanálise nas instituições com uma metáfora bastante significativa: "é como a entrada de um elefante numa loja de cristais" – perigo para o elefante que se vê contido em seus movimentos e perigo para os donos da loja, que vivem a ameaça de se estilhaçarem seus cristais dispostos em uma ordem tão bem estabelecida!

Oswaldo di Loreto (2004), ao apresentar seu livro "autobiográfico", em que discorre sobre o percurso como terapeuta em um hospital geral e em outras instituições, assim se define:

> Gostaria muito de emprestar de Freud o título, mas não me senti à vontade para fazê-lo. Não sou psicanalista oficial, de "carreira"; sou analista adotado. Adotei a Teoria psicanalítica. Ela é minha Teoria psicológica. Como a adoção não me torna um analista, torna-me o que sou – psiquiatra oficial; psicanalista clandestino – decidi-me pelo título: clínico (p. 3).

É com esse lugar de clandestino que se defronta aquele que se embrenha na difícil tarefa de se tornar cidadão de uma terra já oficialmente demarcada.

Di Loreto também menciona algumas das dificuldades que marcaram o início pioneiro do Setor de Higiene Mental e Psiquiatria Infantil, serviço que organizou, junto com Dulce Marcondes, na década de 1950, no Hospital das Clínicas, em São Paulo, a partir de um pedido do professor de pediatria, Dr. Pedro de Alcântara. Esse nome "higiene mental" devia-se, segundo seu relato, a uma tentativa de não criar conflitos com o poder oficial da psiquiatria, mas não se pode deixar de reconhecer o sentido de higienização que persiste, em certa medida, até hoje. É muito frequente que os pedidos de interconsulta dirigidos aos profissionais "psi" tenham como objetivo implícito, quando não explícito, a abolição dos "aspectos emocionais" que "atrapalham" os procedimentos médicos.

Outro aspecto da "higienização", no serviço iniciado no HC, era o seu isolamento; o atendimento era ambulatorial – não estava disponível para as crianças internadas na enfermaria de pediatria. Sua ampliação exigiu, como diz Di Loreto (2004), uma tarefa de "catequese":

> Dulce e eu percorremos os dez andares do HC, clínica por clínica, aproveitando as suas reuniões gerais e contando, a nosso favor logicamente, tudo o que sabíamos e nos foi perguntado. Tirante algumas ironias – obrigatórias quando se fala da mente – fomos recebidos com simpatia, interesse e, principalmente, com curiosidade. Éramos bichos raros de uma espécie nova (p. 82).

A partir da década de 1970, essa experiência, iniciada por ele, inseriu-se dentro das enfermarias e tornou-se modelo de formação para muitos analistas.

Do ponto de vista histórico, é importante assinalar que o termo "higiene mental" estava associado intimamente ao conceito de eugenia. Costa (1989) analisa essa proximidade em seu livro *A história da psiquiatria no Brasil.*

A Liga Brasileira de Higiene Mental foi fundada no Rio de Janeiro, em 1923, com o objetivo inicial de melhorar a assistência aos doentes mentais por intermédio da renovação dos quadros profissionais e dos estabelecimentos psiquiátricos. Seus programas visavam à higiene psíquica individual e à prevenção das doenças mentais. Apenas cinco anos depois, tal ideia de higiene se expandiu para os meios escolar, profissional e social e justificou suas práticas, apoiando-se nos progressos teóricos da eugenia. Em 1934, com forte influência da psiquiatria alemã, a eugenia tornou-se o principal objetivo dessas práticas, recebendo apoio e reconhecimento do Estado Novo. Mas houve também um grupo de higienistas que se opuseram a esse princípio eugênico e lutaram pela humanização dos hospitais e contra os preconceitos raciais, entre eles Ulysses Pernambucano, em Recife, que foi quem iniciou a primeira experiência de atendimento comunitário, com equipes multiprofissionais.

Outro fato histórico é que o surgimento institucional da psicanálise no Brasil se deu apenas no final da década de 1940 (a Sociedade de Psicanálise de São Paulo foi fundada em 1949). Experiências anteriores de introdução da psicanálise deram-se pela divulgação da produção teórica ligada à pedagogia, ao direito, à pediatria e, também, às primeiras propostas de educação e tratamento de crianças nas instituições públicas via clínicas de orientação infantil[2]. A partir da década de 1970, criaram-se serviços alternativos às práticas asilares vigentes, e foram marcados por um movimento de contestação à situação política ditatorial da época e com influência dos efeitos, também contestatórios, da revolta de maio de 1968 na França, do início da antipsiquiatria na Inglaterra e na Itália, dos movimentos comunitários americanos da década de 1960 e das práticas sociais na Argentina. Iniciaram-se também outras ofertas de formação para analistas – fora do âmbito da sociedade oficial – e sua ação extrapolou o espaço dos consultórios privados. A psicanálise foi incorporada no discurso social e fundamentou as novas práticas de saúde mental em vários dispositivos institucionais. A ideia de humanização e inclusão sobrepôs-se à de higiene e eugenia.

Na qualidade de psicanalistas em uma instituição hospitalar, somos convocados a uma dupla inserção: não se trata apenas de escutar a criança e sua doença, mas também de lidar com formas muito rotineiras e estereotipadas presentes

---

2 Uma descrição mais detalhada sobre as "Vias iniciais da psicanálise no Brasil" e sobre a "Psicanálise com crianças em São Paulo" encontra-se no livro *Psicanálise com crianças: perspectivas teórico-clínicas*, organizado por Adela Stoppel de Gueller & Audrey Setton Lopes de Souza (São Paulo: Casa do Psicólogo, 2008).

no discurso médico e no ambiente hospitalar. Angústias próprias da criança hospitalizada, mas também angústias da família e da equipe, que interferem na condução da cura.

Elaborações psíquicas a respeito do adoecer

O adoecimento faz parte da vida e pode ter múltiplos significados. Às vezes, é a manifestação do acaso sobre o corpo – os diferentes tipos de acidentes e de invasões externas ou internas a que um organismo pode ser submetido. Outras, é uma forma de elaborar um momento difícil da vida para o qual ainda não se conseguiu compreensão suficiente – as amigdalites infantis, por exemplo, tão frequentes quando se dá o nascimento de um irmãozinho. Às vezes, são, claramente, resultado de um mecanismo psíquico de defesa contra o medo e as exigências da vida – ter dor de barriga, febre, dor de cabeça etc. antes de um exame ou de uma situação de competitividade.

No entanto, seja qual for o determinante de uma doença (nem sempre ele pode ser identificado), ela demanda, sempre, um trabalho psíquico que tenta dar conta do desamparo e da fragilidade a que o sujeito fica exposto nesses momentos de sua vida.

Quando há necessidade de uma internação hospitalar, esse processo de elaboração psíquica torna-se mais complexo não somente em função dos procedimentos médicos necessários, mas também pelos efeitos da relação que se estabelece entre a equipe e o sujeito doente. No caso relatado a seguir, a violência do acidente sofrido pela criança e seu terror diante dessa situação imprevista e desconhecida põem em evidência as angústias, as sutilezas e a complexidade presentes em uma internação hospitalar.

Ney, um menino de oito anos, fora internado na UTI de pediatria após um atropelamento. Chegou ao hospital em estado muito grave – com o abdome aberto e com dificuldade respiratória. Na UTI, passou por várias intervenções de urgência e teve de ficar imobilizado porque, com as mãos soltas, tentava retirar todo objeto estranho que se ligava a seu corpo: os curativos, a sonda, o respirador. Não falava, embora, às vezes, movimentasse os lábios. Era muito difícil entender o que queria expressar; os maxilares ficavam cerrados, o corpo enrijecido e os olhos muito atentos, parecendo expressar o medo que o dominava. Não conseguia dormir e acompanhava tudo o que os profissionais faziam a seu redor, como se quisesse controlá-los e dominar tudo o que sofria passivamente; era sua forma de tornar-se ativo no processo e lutar para sobreviver. Fui chamada dois dias após a internação porque os médicos se preocuparam com a rigidez corporal e com a dificuldade de dormir apresentada pelo menino. Quando chego perto de seu leito, ele está cercado pela equipe. Também me assusto, penso que esperam de mim um milagre e que não sei o que fazer. Aproximo-me, pego a mão do menino que está dura e fria e apresento a ele as pessoas que o cercam. Explico-lhe por que está ali e o que lhe aconteceu. Digo-lhe que todos estão preocupados por ele não dormir; que eu imagino que ele esteja com medo e precisando tomar conta de tudo o que lhe acontece; porém, todos estão ali para cuidar dele e, portanto, ele podia descansar... Logo depois, ele adormece. De fato, as palavras têm um efeito milagroso – verdade que nunca deixa de nos surpreender em nosso percurso como analistas. Algum tempo depois, estou atendendo esse menino na UTI e uma criança ao lado chora desesperada, embora a enfermeira tente acalmá-la. Quando a criança diminui a agitação, ele me olha e diz: "Sabe, eu também fiquei muito assustado quando cheguei aqui". Então conversamos sobre sua chegada e sua permanência na UTI. Durante um mês, o acompanhamento foi diário, junto com o pessoal da enfermagem, que muitas vezes precisava cuidar dele no momento em que eu estava na UTI. Conversávamos sobre o que acontecia e o porquê dos cuidados que deviam ser tomados.

Já havia criado um vínculo muito intenso com ele quando precisei sair de férias. Tive receio de que minha saída representasse mais uma ruptura. A presença dos outros profissionais e até sua fala de que ficaria bem cuidado, facilitaram minha saída.

Na volta das férias, observei que Ney estava muito melhor. Já se sentava na cama e ganhara mobilidade. Conseguia ligar-se com o que acontecia não mais para controlar o ambiente externo, mas para participar da realidade da UTI.

Internamente, ele vivia um processo semelhante – conseguia saber o que se passava em seu corpo e o que era necessário fazer quando se sentia incomodado com algum sintoma: pedia para ser aspirado, pedia comida, pedia para mudar de roupa... O desconhecido se tornava conhecido e não o assustava tanto. Conseguia brincar, o que também revelava sua evolução. Ganhara muitos brinquedos e insistia em me mostrar o que estava quebrado, sugerindo que eu os consertasse – tem consciência de que é possível a recuperação. Sente falta da família e pede que eu escreva para ele os nomes dos pais, irmão, tios... Pergunta-me se sei como foi atropelado e conta sua história. Quando menciona a morte de um tio, pede que eu pare de escrever e interrompe a fala. Talvez tenha ligado a sua história com a morte e isso lhe é difícil.

Em outros encontros, Ney faz um contato muito rápido e logo se distancia. Quando isso se tornava mais evidente, os outros profissionais me contavam as novidades. Percebi que ele não precisava falar; todos falavam por ele!

Três meses depois, surgiu a possibilidade de Ney ser transferido para outro hospital, onde poderia ter o atendimento específico de que necessitava. Nada lhe foi dito diretamente no início, mas, depois, a proposta se efetivou. Ele foi para esse hospital, porém não pôde ficar e retornou. Ney mostrou, pelos brinquedos, como viveu a separação – pegava os objetos e os mudava constantemente de um lugar para o outro e depois fazia que retornassem para o mesmo lugar. Repetia incessantemente e com angústia esse jogo.

Certo dia, foi internada uma criança que se agitava e chorava muito. A mãe entrou na UTI chorando e tentando acalmar o filho. Ney observou a cena e, quando a mãe da criança saiu, comentou com tristeza: "Quando entrei aqui e minha mãe vinha me ver, eu queria muito ir embora com ela e não queria que ela saísse". Com a cena da outra criança, ele reviveu essa experiência, mas já com uma compreensão diferente. A equipe tentou facilitar a presença da família de Ney na UTI, mas havia muitas dificuldades: a mãe era uma pessoa doente, com dificuldades de locomoção e a situação econômica era muito precária.

Mais tarde, definiu-se a ida de Ney para a enfermaria de pediatria. Essa passagem marcou para a equipe da UTI um impasse revelador da intensidade da transferência estabelecida com a criança, da dificuldade em se desligar dela e da projeção que se fazia dos afetos implícitos nesse processo, via uma desconfiança quanto à continuidade do tratamento na enfermaria da pediatria. Surgiram falas de temor por risco de contaminação e de anulação de tudo que havia sido feito para possibilitar o processo de cura. Tornou-se, então, necessário estabelecer uma estratégia de passagem – tanto para a equipe quanto para a criança.

Em sua primeira visita à pediatria – em um processo interessante de despedida da equipe da UTI que o acompanha nessa passagem –, acontece uma situação de emergência em um dos leitos. O médico rapidamente isola o leito e continuamos como se nada tivesse acontecido. Ao final da visita, na volta à UTI, ele me pergunta: "quando eu for para lá também vou ser operado?". Conquistou um espaço para perguntar e para dizer que percebe o que acontece à sua volta; penso que ele também apreendera a ideia de riscos presente na equipe da UTI.

Em outro dia, durante minha visita, pega a caixa de papelão que contém seus brinquedos, a maior parte trazidos pela equipe que trata dele, escolhe uma carteira e arruma nela o dinheiro que também ganhara durante os sete meses de internação. Olha-me e diz que está arrumando suas coisas para quando for viajar. Ele prepara-se para sair da UTI. De fato, nessa mesma semana, ele é transferido para a pediatria de onde, algum tempo depois, vai para casa.

Se em alguns casos, como este, certas manifestações psíquicas puderam ser tão intensamente evidenciadas e acompanhadas, em outras elas ocorrem de maneira subliminar. Situações como as vividas por Ney ajudam-nos a "desvendar", no silêncio de outras manifestações, sofrimentos semelhantes e sensibilidade para lidar com o que se passa no processo de adoecimento.

Na história do movimento psicanalítico, Dolto, Winnicott, Maud Mannoni, Arminda Aberastury, Ginette Raimbault, entre outros, deixaram-nos várias contribuições sobre as aproximações possíveis entre a psicanálise e a medicina. Legado que nos instrumenta, como analistas, a ocupar um lugar legítimo dentro das instituições hospitalares.

Mannoni (1971) assim se refere a esse lugar:

> [...] a realidade da doença não é em nenhum momento subestimada pela psicanálise... Para a criança, são as palavras pronunciadas pelo seu grupo a respeito da doença que vão adquirir importância. São essas palavras ou a ausência delas que vão criar nela a dimensão da experiência vivida. É também a verbalização duma situação dolorosa que pode permitir-lhe dar um sentido ao que vive. Qualquer que seja o estado real de deficiência ou de perturbação da criança, o psicanalista procura entender a palavra que permanece condensada numa angústia ou cercada numa enfermidade corporal (p. 65).

Se há disponibilidade para essa escuta, a criança a apreende e, em geral, é capaz de responder de imediato ao que lhe é oferecido. O caso de Iiro, relatado por Winnicott (1984), é um exemplo claro dessa afirmação. Winnicott visitava um hospital infantil na Finlândia e a equipe lhe pediu que descrevesse seu trabalho. Ele se dispôs a apresentá-lo por meio do atendimento a um paciente que eles próprios já conhecessem. Foi escolhida uma criança da ortopedia portadora de sindactilismo – um problema congênito que demandava atenção permanente e que apresentava, também, uma série de sintomas bastante vagos – dores de cabeça, confusões, dores abdominais. Iiro tinha na época nove anos e nove meses.

Winnicott apresentou ao menino o jogo de rabiscos e fez o primeiro traço. Ele respondeu imediatamente – é o pé de um pato. Tornou-se evidente que ele desejava falar sobre sua incapacidade. No decorrer dos desenhos, há uma aproximação progressiva dos processos de negação de sua deformidade e da idealização das cirurgias sucessivas a que se submetia, como uma maneira de garantir o amor de sua mãe. Após essa entrevista com o menino, a mãe solicita também um atendimento, e Winnicott é sensível ao conluio que se formara entre mãe e criança com relação à insistência nas cirurgias corretivas. A partir dessa intervenção, a equipe e a mãe mudam sua conduta e uma atitude mais realista foi adotada com relação à correção das mãos e dos pés de Iiro.

Termino com um relato de Françoise Dolto (2005). Ele nos fala do lugar da transferência, da importância de reconhecer na criança um sujeito, não importando a idade que ela tenha, e das ressonâncias de uma presença significativa do analista: "Num sábado, eu me achava na casa de amigos. De repente levantei-me: 'Esqueci de dizer 'até logo' a Michel! Volto dentro de uma hora...'" (p. 156). Ela deixa a todos curiosos com essa saída e retorna ao hospital onde trabalhava. Michel era uma criança de 18 meses que estava na seção de radiologia, quando, na sexta-feira, Dolto deixou o hospital ao meio-dia. Ela prometera a si mesma que se despediria dele antes de sair, mas fora embora sem o fazer. Ao chegar ao hospital, a vigilante lhe disse que o menino estava pior desde que saíra da radioterapia. Aproxima-se do leito de Michel, que está triste, prostrado com ar indiferente, e lhe diz:

> Veja só! Sua senhorita Marette é muito má. Esta manhã esqueci de ir dizer a você "até logo" quando você estava na radioterapia... Parece que você não tomou o lanche. Ele não está bom? Escute-me, penso em você... e agora o doutor vai passar e eu não venho, mas estarei de volta na segunda, de manhã. Amanhã é domingo, é um dia que não venho, mas o doutor está aí e, além disso, sua mamãe e seu papai virão ver você, e você também tem seus colegas. Até segunda (*Idem, Ibidem*).

Na segunda de manhã, a vigilante lhe disse que, após sua saída, Michel melhorou, conseguiu comer e tudo ficou bem.

Winnicott foi, muitas vezes, criticado e acusado de não ser psicanalista. A isso respondia dizendo que não importava se o que fazia era ou não psicanálise; o importante era fazer o que o paciente precisava. Dolto e Mannoni, por sua ousadia transgressiva, foram chamadas de bruxas por seus pares, mas nós sabemos que há de haver bruxas para que se faça um bom conto de fadas.

5.

Os diferentes discursos na instituição hospitalar[1]

Segundo Foucault (1980), a medicina moderna fixou sua data de nascimento nos últimos anos do século XVIII e início do século XIX, junto com o aparecimento da anatomia patológica. É a partir desse momento que os médicos passam a organizar um discurso sobre a manifestação da doença no corpo humano, um discurso capaz de incluir o que durante séculos permaneceu abaixo do limiar do visível e do enunciável.

> O que o médico observa é o que pode se inscrever num certo campo de saber, com exclusão de qualquer outra coisa, é isso que pode constituir uma teoria, pelo menos um diagnóstico, que tenha uma coerência. O resto não tem existência para ele (Clavreul, 1983, p. 82).

---

1 Apresentado no encontro comemorativo do cinquentenário da realização da primeira hemodiálise no Brasil, realizado pelo Hospital das Clínicas da Faculdade de Medicina da Universidade de São Paulo, em maio de 1999 e publicado na revista *Percurso* (ano XII, n. 23, pp. 35-42, 1999).

Esse período histórico coincide com o desenvolvimento do capitalismo, que terá como um de seus efeitos a socialização do corpo como força de trabalho e de produção. Essas duas dimensões – do corpo político e do corpo biológico – se articularão no discurso médico; a preocupação com as doenças e com a saúde gerando atos médicos capazes de restaurar as forças produtivas, de garantir a circulação adequada das mercadorias e de sustentar a administração e organização dos primeiros núcleos urbanos.

> O poder político da medicina consiste em distribuir os indivíduos uns ao lado dos outros, isolá-los, individualizá-los, vigiá-los um a um, constatar o estado de saúde de cada um, ver se está vivo ou morto e fixar, assim, a sociedade em um espaço esquadrinhado, dividido, inspecionado, percorrido por um olhar permanente e controlado por um registro, tanto quanto possível completo, de todos os fenômenos (Foucault, 1982, p. 89).

É também do final do século XVIII a invenção do hospital como instrumento terapêutico e a constatação de que os hospitais não curavam tão bem como deveriam. Os espaços hospitalares, antes de serem espaços de cura, eram espaços de acomodação – albergues para determinadas classes sociais (pobres, miseráveis, velhos, órfãos) ou para portadores de certas doenças (leprosos, portadores de doenças venéreas, loucos, tuberculosos). Esses locais funcionavam como espaços de assistência e de exclusão, e neles o médico só entrou tardiamente, e com o objetivo de manter algumas condições sanitárias para que o mal não se espalhasse pelas cidades[2].

A vigilância aplicada aos corpos será expandida ao corpo dessas instituições; estuda-se o percurso, o deslocamento, o movimento no interior do hospital, a distribuição dos leitos, as taxas de mortalidade e de cura, particularmente as trajetórias espaciais seguidas pela roupa branca, lençol, roupa velha, pano utilizado para tratar ferimentos etc. Investiga-se quem os transporta e onde são transportados, lavados e distribuídos. Essas trajetórias devem explicar os fatos patológicos próprios do hospital, e tudo o que produz efeitos patológicos deve ser corrigido.

É nesse contexto que o hospital se define como espaço de cura e que o médico passa a residir no seu interior, podendo ser chamado a qualquer hora para verificar o que se passa. O aspecto terapêutico surge associado à característica disciplinar – controle sobre a circulação dos pacientes e sobre a rotina a que devem se submeter. Regulamentam-se o espaço físico que cada um deve ocupar e as condições em que deve ser mantido.

Tal ideia de assepsia e disciplina já estava presente na medicina antiga. Ela é evidenciada na descrição que Hipócrates faz a respeito da figura do médico:

---

2 Os aspectos aqui referidos ao hospital como espaço de cura e à entrada de outros profissionais nesse trabalho encontram-se desenvolvidos em meu texto: "O hospital: um espaço terapêutico?" (Souza, 1992).

> A regra do médico deve ser a de ter uma boa cor e estar bem nutrido, de acordo com o que a sua natureza comporta, pois o vulgo imagina que aqueles cujo corpo não está assim em bom estado não poderiam cuidar convenientemente dos outros. Depois a pessoa do médico deverá ser de grande limpeza. Postura decente, perfume agradável cujo odor não tenha nada de suspeito. Pois, em geral, tudo isto apraz ao doente. Quanto à moral, o homem sábio não apenas será discreto, mas também observará uma grande regularidade em sua vida. Isto faz o maior bem à reputação... Quanto ao exterior, ele terá a fisionomia refletida sem austeridade, de outro modo pareceria arrogante e duro... Os doentes se submetem ao médico e este, a qualquer hora, está em contato com mulheres, com jovens, com objetos preciosos. É preciso, em relação a tudo isto, conservar as mãos puras. Assim deve ser o médico quanto ao corpo e à alma (Hipócrates, 1934 *apud* Clavreul, 1983, p. 88-89).

Disciplina, portanto, presente no olhar com relação ao doente e na própria forma de existir – discurso que pretende aprisionar tanto o médico quanto aquele que adoece; prescrições a serem seguidas tanto por um quanto por outro.

Na segunda metade de século XIX, na Inglaterra, com a promulgação da Lei dos Pobres, a medicina assume progressivamente outro poder – proteger as classes mais ricas dos perigos insalubres advindos dos modos de vida das classes mais pobres; oferta de serviços médicos disciplinadores em lugar de outras possíveis transformações sociais.

Essa expansão do discurso médico sobre a vida das populações gerou e ainda gera uma série de resistências. No entanto, a medicalização tornou-se um fato no fim do século XX. A dor, as mazelas inerentes à pobreza ou ao sofrimento próprio do existir são, cada vez mais, objeto de novas catalogações e intervenções médicas; o discurso médico não se limitando a um espaço específico – os hospitais, os diversos serviços de saúde – mas antes difundindo-se no espaço social e internalizando-se na alma de cada um de seus habitantes.

No hospital que temos hoje, o discurso hegemônico é ainda o do médico; é ele quem confere identidade à instituição. Se outras disciplinas são chamadas a atuar no espaço hospitalar, elas se inscrevem no registro ditado pelo saber médico. É preciso manter a ordem, impedir as perturbações e o risco das contaminações. Os outros profissionais podem atuar, desde que tratem de "purificar" o doente daquilo que impede o médico de exercer adequadamente sua função. Se um paciente chora, se deprime, fala muito, precisa de um psicólogo – o chamado ao discurso "psi" como uma maneira de efetivar a assepsia do psiquismo e assim manter o que é próprio do hospital, o corpo orgânico em condições de ser manipulado; se o paciente tem dificuldades econômicas, não tem onde morar quando sair do hospital, precisa de um assistente social; se provoca atritos porque não tem o que fazer, precisa de um terapeuta ocupacional. A hierarquia deve ser mantida e a possibilidade de circulação do poder torna-se uma ameaça, uma vez que o seu questionamento pode "colocar em xeque" toda a organização da instituição.

No entanto, a entrada de outros discursos, seja o do sujeito que tem um corpo doente, seja o de outros profissionais, cria alguns impasses nesse discurso hegemônico. É no palco desses impasses que surge a possibilidade de um grupo de trabalho, da construção de novas representações sobre os lugares de cada um e da abertura para algumas mudanças dentro da instituição. Afinal, se a história das instituições é sempre reveladora da história do discurso dominante, ela não deixa de ser também a história das tentativas de resistência a esse discurso.

O sofrimento e as contradições

Como participantes da instituição, somos também confrontados com os efeitos do discurso que nela predomina. Somos arrastados pela linguagem da "tribo" e sofremos quando não conseguimos que a singularidade de nossa fala se faça reconhecer.

> Sofremos pelo fato institucional em si mesmo, inevitavelmente: devido a contratos, pactos, comunidade e acordos inconscientes ou não, que nos unem reciprocamente numa relação assimétrica, desigual, na qual a violência

> necessariamente é exercida, na qual se experimenta necessariamente a distância entre a exigência (a restrição pulsional, o sacrifício dos interesses do Eu, os entraves para o pensar) e os benefícios esperados. Sofremos com o excesso da instituição, sofremos também com a sua falha, com o seu fracasso para garantir os termos dos contratos e dos pactos, para tornar possível a realização da tarefa primária que motiva o lugar dos sujeitos no seu interior (Kaës, 1989, p. 32).

Todas as instituições são como "focos de incêndio", já que se oferecem como palco de todas essas contradições. A experiência no trabalho institucional nos confirma a análise feita por Bleger (1989):

> [...] qualquer organização tem tendência a manter a mesma estrutura do problema que tenta enfrentar e em função do qual foi criada. Assim o hospital, enquanto organização, acaba tendo as mesmas características que os próprios doentes: isolamento, privação sensorial, assujeitamentos, déficit de comunicações – a instituição sofre daquilo que pretende tratar (p. 49).

É assim que, muitas vezes, querendo curar, mantemos a doença. Exemplos do cotidiano confirmam essa análise:

- A enfermeira, seguindo ordens médicas, acorda o doente que dorme tranquilamente para lhe administrar o remédio prescrito para dormir.
- Uma equipe escolhida para elaborar um projeto de melhor distribuição do espaço físico acotovela-se em uma sala minúscula e descobre, depois de várias reuniões, que há uma sala maior e vazia ao lado daquela onde trabalhava.
- Uma comissão designada para entrevistar todos os setores e analisar a política da instituição apresenta-se várias vezes para fazer esse trabalho, levando sempre o mesmo gravador que não funciona na hora devida.
- Um grupo de trabalho com residentes faz uma crítica bastante razoável à forma de organização da residência – o excesso de trabalho, a dificuldade em acordar o plantonista responsável à noite para discutir dúvidas no atendimento, o desgaste provocado pelos plantões seguidos, a rigidez e o autoritarismo dos residentes mais adiantados etc. Assim que surge a possibilidade de provocar alguma mudança nos lugares até então estereotipados, ninguém se dispõe a fazê-lo. Reproduzem a situação criticada, ocupando agora os lugares que identificavam como espaços de poder. A crítica mantém-se em um lugar oficioso e perde seu valor, já que passam a ver o sofrimento como um elemento essencial de sua formação. É assim, dizem

eles, que vão aprendendo a ser médicos responsáveis e a ganhar autonomia. Talvez haja neste submetimento à Ordem Médica uma compreensão possível do que reproduzirão com seus pacientes futuros, colocando-os, também, em um lugar de passividade e de submetimento.

Se os desenvolvimentos atuais no campo da medicina têm propiciado uma elucidação cada vez maior de certas doenças, por outro lado, esse discurso científico tem deixado sistematicamente de lado o lugar de sujeito desejante naqueles que transitam pelo espaço institucional (e, como vimos nos exemplos dados, isto não se refere apenas aos pacientes, como se costuma pensar). Disse-me uma vez um médico, durante uma interconsulta: "Se um paciente está em coma, sei como tratá-lo, se começa a falar já não sei o que fazer com sua história". Outro, acordado à noite porque o paciente da UTI entrara em delírio e gritava, solicitando com urgência vários produtos do supermercado, ordena à enfermeira que o acordou que anote toda a lista que de manhã cedo ele compraria os produtos pedidos. Se, de um lado, temos uma demanda de não fala, de outro, temos um "levar ao pé da letra" aquilo que é dito. Nas duas situações, há um pedido de que a ordem seja mantida e de que o médico não seja perturbado.

Se fazemos tais afirmações com relação ao médico, não é porque isso deva ser personalizado em tal ou qual figura ou porque o médico em si deva ser culpabilizado. Muitas vezes, são outros profissionais que encarnam o discurso médico de uma maneira muito mais radical que os próprios médicos; é próprio do discurso apresentar-se sem um autor específico, podendo, assim, ser apropriado por todos os que vivem na instituição.

Todo discurso é constituído com base em um distanciamento do fato e traz em si, por um lado, a impossibilidade de abarcar os fenômenos da realidade como uma totalidade e, por outro, a possibilidade, pela distância, de escapar à identificação maciça e poder intervir nessa realidade. É assim que em certas situações trágicas se faz necessária a intervenção de outros discursos. Exemplo disso foi vivido por mim em uma circunstância já anteriormente relatada em outro contexto[3], quando fui chamada a atender uma situação extremamente trágica – a de uma mãe que tentara matar seus filhos e, em seguida, tentara o suicídio. Diante de história tão terrível, vi-me imediatamente remetida ao mito de Medeia. Recorro à literatura, à mitologia, a outro discurso, ali onde a realidade ameaça nos tirar o terreno dos pés.

É desse modo, também, que podemos entender a abertura da instituição médica para outras disciplinas. Ali onde o discurso médico fracassa, abrem-se outras possibilidades, não para sustentá-lo, mas para que surjam novas contingências, novos fluxos, novas construções...

---

3 Esse atendimento está descrito e analisado em "O hospital: um espaço terapêutico?" (Souza, 1992).

As reuniões de equipe e as discussões clínicas

As reuniões de equipe têm, por um lado, uma finalidade objetiva e operativa: discutir os casos, propor encaminhamentos, estabelecer condutas. Por outro lado, tornam-se espaço de contenção do sofrimento inerente ao trabalho, das rivalidades, das angústias depressivas e persecutórias sempre presentes nas relações de uns com os outros. Constituem-se, em geral, como um lugar onde seria possível tratar daquilo que não pôde ser elaborado na vivência institucional.

Nesse movimento de colocar em cena a fala de cada um, pretende-se criar um dispositivo de trabalho e de jogo, uma área transicional comum em que seja possível a presença das diferenças, das proximidades e dos afastamentos de modo tal que a tarefa se torne, de fato, operativa, criativa e significativa para todos. Isto, evidentemente, permanece muitas vezes no plano ideal, sendo ele próprio – o ideal – uma das causas de nosso sofrimento institucional.

Roussillon (1989) relata uma experiência de trabalho grupal em que os objetivos inicialmente definidos como tarefa não conseguem ser realizados. Esse relato, embora referente a uma instituição educacional, se aproxima, a meu ver, de algumas de nossas próprias experiências no trabalho hospitalar. É pela negatividade de seu ideal que podemos, mais claramente, perceber as diferentes funções que essas reuniões tentam cumprir dentro das instituições.

Trata-se de uma reunião dita de "síntese" dentro de uma determinada instituição educacional. O objetivo oficial dessa reunião é colocar em comum as informações necessárias relativas às crianças (comportamentos observados, resultados escolares, encontro com os pais, quociente intelectual etc.). Essa reunião tornou-se, na linguagem dos membros da instituição, "a reunião": ainda que existam outras, a participação de todos, que é desejada, é coisa frequente. Mas nessa reunião "não acontece absolutamente nada", as pessoas "se aborrecem", "não chegam a dizer o que têm a dizer", "a palavra não serve para nada". A apatia sucede os períodos de tensão agressiva durante os quais qualquer detalhe, qualquer afirmação está sujeita a desconfiança, a controvérsias infindas...

Na medida em que "a reunião" se mostra improdutiva, por mais de uma vez acaba surgindo um consenso para suprimi-la. Seu clima alternativamente agressivo e apático, com efeito, pesava muito, sobretudo para os educadores e para os pedagogos (grupos numericamente dominantes no estabelecimento). Nos quinze dias subsequentes a essa supressão, o número de atos delinquenciais e violentos aumenta brutalmente: as crianças quebram as vidraças, fogem em grupos, colocam fogo na casa, se agridem mutuamente. Muitos dentre os próprios educadores cometem atos violentos em relação às crianças (socos, gestos ou palavras "sádicas" etc.). A emoção se torna tão viva que uma "reunião", "para falar do que está acontecendo" acaba sendo marcada. Essa

> reunião 'não dá em nada', seu clima é muito agressivo e paranoide. Entretanto, como essa reunião é transferida de semana em semana, os atos violentos e delituosos regridem e voltam ao número habitual. Esse ciclo, sob formas diferentes, reproduz-se por vários anos, a ponto de se tornar um verdadeiro *traço cultural* da instituição em questão" (p. 136). Tornou-se o seu "depósito de lixo" (p. 136, grifos do autor).

Experiências semelhantes a essa provocam nas equipes de trabalho um movimento bastante ambivalente com relação aos espaços coletivos de discussão: por um lado, uma rejeição em função do sofrimento; por outro, uma persistência insistente na ligação, pelo reconhecimento de sua finalidade e pela expectativa idealizada de uma transformação possível.

Às vezes, essa "depositação do lixo" não é feita no espaço coletivo, mas antes em uma figura escolhida inconscientemente para isso. Temos, então, o "bode expiatório" que pode ser o enfermeiro-chefe ou o bedel dos colégios, ou o chefe da administração, ou a secretária do diretor etc. Roussillon demarca que, em algumas instituições de tratamento, esse lugar é, muitas vezes, reservado para os psicólogos, uma vez que eles se encontram à margem das hierarquias, mas, ao mesmo tempo, próximos delas.

O que se passa nos lugares extraoficiais tem, também, um lugar importante na vida institucional. Algumas vezes, eles são os espaços potenciais onde algo muito difícil de elaborar começa a ser dito, podendo, depois, ser levado para a reunião oficial; outras vezes, são apenas o lugar da intriga, da sabotagem dos projetos. Temos, então, um discurso oficial, que marca a ideologia institucional, e outro, "oficioso", que nem sempre trabalha a favor do primeiro.

Além disso, a prática institucional nos revela que muitas das brigas e sofrimentos que atravessam os encontros das equipes são, em verdade, deslocamentos, tentativas de não enfrentamento das dificuldades inerentes ao próprio objeto de trabalho. Às vezes, constituem-se como uma pré-tarefa, uma tentativa de viabilizar, pelo escoamento da angústia, aquilo com que se comprometeram em sua escolha profissional.

O lugar do médico

Sabemos que o médico não é um observador isento da doença ou do indivíduo doente. Sua ação ocorre dentro de um campo transferencial onde os mecanismos defensivos e identificatórios se fazem presentes, podendo facilitar ou dificultar sua tarefa.

Sabemos, também, que quando um paciente procura um médico ou um hospital leva consigo, além dos aspectos conscientes do "estar doente", as representações culturais sobre sua enfermidade e as fantasias acerca do adoecimento e da cura. Instala-se, em um primeiro momento, um movimento regressivo de dependência e de idealização. Essa projeção das forças curativas pode ser entendida como um meio de se defender de seus próprios temores de ser atacado por isso que o faz sofrer. Cada doente tem sempre uma doença singular, e a relação que se estabelece com a equipe que o trata tem tonalidades muito específicas, do mesmo modo que sabemos que um mesmo remédio não provoca efeito igual em pacientes diferentes.

A medicina, fundamentada em um saber sobre o corpo orgânico, vê-se, assim, confrontada com um corpo que extrapola esse registro. Se o discurso médico tenta separar o sujeito que sofre de sua doença, o discurso psicanalítico nos mostra que isso causa um grande prejuízo ao processo de cura. Há, inclusive, certas situações em que a doença se torna uma solução para o sujeito – ela lhe oferece uma existência até então irreconhecível pelo psiquismo. Assim, nem sempre o desejo de cura é tão intenso quanto se pretende acreditar.

Se não há possibilidade de um aprofundamento nas relações por causa do excesso de pacientes, da pouca disponibilidade de tempo, da falta de condições ambientais adequadas, instala-se um sintoma – o sistema de rodízio se implementa cada vez mais, o paciente torna-se anônimo e o médico também. Há um ditado popular que diz: "Se você tem um médico, tem médico, se tem dois médicos, tem meio médico. E, se tem três médicos, não tem médico".

A medicalização da sociedade

Como já dissemos, a medicina industrializada, implementada a partir do século XIX, não cessou de se desenvolver. Surgem continuamente no mercado novas tecnologias, novos medicamentos, novas ofertas de consumo de serviços, transformando nossa cultura em uma cultura medicalizada. Medicalizada também, é necessário que se reconheça, em decorrência do aumento de sobrevida da população e das situações de risco a que se expõe a vida nos grandes centros urbanos, onde está localizada a maior parte dos serviços de saúde. Embora é sabido que a saúde não depende unicamente dos atos médicos, nossa organização social acabou se sustentando neles.

Neste modelo, como nos diz Sanvito (1998), o doente é visto como um objeto, o médico como um mecânico, a doença como um defeito e o hospital como uma oficina de consertos. Se uma pergunta é dirigida ao doente, isto é feito no sentido de se obter uma resposta vazia ou, de uma forma mais otimista, no sentido de se obter uma resposta social, como quando dizemos "Como vai?" e não esperamos nada mais do que "Tudo bem, obrigado". Se o doente se põe a falar é de uma perda de tempo que se trata e de uma espera para que as palavras que interessam, aquelas que dizem respeito ao sintoma, possam surgir, anulando-se o que não faz parte desse saber.

Na Grécia cristã, os pagãos deviam ser *convertidos* ao cristianismo. Com a mudança na hegemonia do saber do campo religioso para o campo científico, o termo permaneceu, revelando, nesse resto, algo do registro antigo – a conversão, a passividade, a obediência ao discurso oficial. Tomemos, por exemplo, a alta incidência dos partos cesariana entre nós. Não é essa uma situação de silenciamento do sujeito justamente no momento em que o ato criativo é evidenciado? Não podemos ver aí uma apropriação indevida, pelo médico, do "dar à luz"? Penso que essa ideia do silenciamento não é banal; ele tenta impedir o surgimento do grito, da fala, da quebra de um discurso que pretende abolir ao máximo a possibilidade de imprevistos, de riscos.

O discurso social enfatiza a amenização imediata da dor, do desconforto, da angústia, do mal-estar. Assim, o estilo de vida, a transformação das condições econômicas e sociais são sempre relegadas a um segundo plano, já que demandariam ações mais custosas e de longo prazo sem que se fizessem sentir resultados imediatos (o que seria insuportável). Cultura do gozo, do prazer imediato, do brilho narcísico, em que não importa a que custo, desde que se viva "isso" agora. Pensemos, por exemplo, no que aconteceu com o Viagra, medicamento lançado como uma fórmula milagrosa para a cura da impotência sexual. Imediatamente, formaram-se filas para a sua aquisição, surgiram histórias de rompimento de relações que há muito tempo vinham se sustentando em uma certa complementaridade com o sintoma, efeitos colaterais graves provocados pelo uso inadequado do medicamento. Produziram-se não somente ereções, mas muitas elações com efeitos depressivos posteriores. Aqui, o discurso médico e o discurso social revelaram claramente o seu íntimo enlace.

Tratar do corpo em seu aspecto unicamente orgânico é também uma forma, não devidamente acentuada nos estudos feitos sobre o tema, de neutralizar a potencialidade sexual desse corpo, da libido que o marca e o faz desejante ao olhar do outro. Provoca-se com esse gesto uma abertura para a difusão das pulsões – se o erótico não pode ser reconhecido, deixa-se o terreno aberto para Tânatos. Nos atos e nos discursos infiltram-se as intrusões, a violência, a manipulação do corpo como se se tratasse de um corpo de borracha, inerte, impregnado de formol, desvitalizado.

A questão do olhar

Todo doente perscruta o olhar do médico à procura de sinais sobre aquilo que ele vê em seu corpo, em seus exames. Os menores gestos, as expressões mais sutis são imediatamente interpretadas. Da mesma maneira ele está atento a tudo que se passa a sua volta no ambiente hospitalar.

Acompanhei uma criança que ficara muito tempo na UTI em uma visita à pediatria, para onde seria removida. Quando entramos na enfermaria, um médico estava realizando uma intervenção de urgência em uma das crianças internadas. Quando nos viu entrando, fechou a cortina sobre o leito de seu paciente. Tudo se passou como se nada estivesse acontecendo. Quando voltávamos para a UTI, a criança me perguntou: "Quando eu subir, o médico também vai me operar?".

Uma jovem foi internada no pronto-socorro, vítima de asfixia por um incêndio que ela própria provocara em sua casa. Ficou vários dias sem conseguir se lembrar do que acontecera e sem poder dizer quem era. Em uma das entrevistas, ela me pede um espelho – queria poder reconhecer-se. Foi interessante esse pedido, pois o espelho poderia, de fato, devolver-lhe a imagem e ajudá-la no processo de restituição de sua identidade. Só então me dei conta de que não havia espelhos no pronto-socorro! Conseguido o espelho, ela o examinou por muito tempo, como faz uma criança pequena, tentando encontrar aquilo que ele refletia. Passamos, depois, a andar pelo hospital. Em um desses passeios, ela reconheceu, em uma sala, uma máquina de escrever antiga – era como a que havia na casa de sua infância... Foi assim que, lentamente, perscrutando sua imagem no espelho e os sinais do ambiente que a cercava, a lembrança de sua história voltou a habitá-la.

> O olhar do paciente sobre as pessoas que o cercam participa de um dar a ver que nada tem de apaziguador. O paciente avalia, naquele que o observa, a distância que doravante os separa. Esse poder de separação exercido pelo olho carrega em si sua função mortal. O sujeito,

> daí por diante, sabe-se só no mundo dos saudáveis que o cerca. Conheci pessoas idosas que, no fim da vida, tinham aceito com uma estranha serenidade o fato de ter uma visão totalmente deficiente, recusando mesmo que se tentasse melhorá-la (adaptando lentes de aumento aos óculos); não viam mais nada, concentradas que estavam no "mundo interior". Sua maneira de agarrar-se ainda à vida era recusar o que pudesse matá-las, estancando o poder maléfico relacionado com aquilo que surgia do olho que as olhava [...] Olhar que nestas circunstâncias não têm nada de organizador (Mannoni, 1995, p. 121-122).

O doente: um sujeito que fala

Piera Aulagnier (1979) chamou de violência primária a enunciação que uma mãe faz a respeito do que se passa com o seu bebê – é ela quem interpreta, segundo seu próprio código, como manifestações de prazer ou de dor, aquilo que ele experimenta no corpo. Se em um primeiro momento tal interpretação é necessária e constituinte, em um segundo momento torna-se um abuso que ela, então, denomina violência secundária.

Como já assinalamos, há um primeiro instante em que o doente se submete necessariamente à interpretação que o médico faz a respeito de seu sofrimento. Porém, esse estado de dependência inicial nem sempre precisa ser mantido, e o doente pode começar a interpretar, por conta própria, o que se passa com ele e a participar das decisões que se fizerem necessárias, readquirindo seu lugar de sujeito. Insistir em continuar a falar por ele é reproduzir a violência secundária e transformar o poder inicial necessário em um abuso de poder.

Faz parte também da função materna a separação do Eu da criança de seu sofrimento no corpo, assinalando-lhe que isso não é fruto de sua criação, liberando-a, assim, de um lugar de ataque e culpabilização – se chora, é porque está com frio, é porque tem fome etc. Trago-lhes essa referência para pensarmos em muitas situações de adoecimento em que a culpabilização se faz presente. Talvez, de certa maneira, ela esteja sempre presente. A medicina traz uma herança do poder divino, já que faz implicitamente a promessa de salvar, dar a vida. Quem adoece não deixa de se perguntar: "Por que eu?". Ou, de uma forma mais indireta: "Será que se eu fizer tal coisa, a doença desaparece?". Ou de fazer promessas, voltar-se para a religião... Medicina e Religião – Doença e Castigo não são assim termos tão distantes. Fiquei surpresa, certa vez, quando ouvi um médico anunciar a doença grave de uma mãe para sua filha, dizendo-lhe: "Você não tem culpa, sua mãe não tem culpa!". Ele demonstrava, assim, muita sensibilidade para um importante fator presente no adoecimento.

Em um dos hospitais em que trabalhei, foi decidido que se expandiria a proposta de familiar acompanhante, vigente na pediatria, para uma das outras enfermarias. Foi escolhida a da ortopedia, já que os pacientes ficavam imobilizados e muito isolados. Fizemos, então, uma pesquisa com eles, tentando avaliar como receberiam a proposta. Surpreendeu-nos que eles próprios a rejeitassem. Valorizavam-na, mas não queriam incomodar seus familiares; já se sentiam bastante culpados por não estarem ativos e ajudando a família, o que era um fato compreensível, mas, além disso, o mais surpreendente era que quase todos revelavam um grande temor de causar um incômodo ao hospital, criar ruídos, perturbar a rotina... A "docilização" necessária dos corpos tornava-se evidente em suas respostas.

Maud Mannoni (1995) relata que, quando do adoecimento de seu marido, Octave Mannoni, a escolha que ele fazia dos especialistas que o atenderiam era anunciada logo após o primeiro encontro. Se ele lhe pedia que acompanhasse o visitante até a porta e lhe desse de presente um de seus livros em francês ou em japonês, isto queria dizer: "ele me toma por um idiota, livre-se dele por mim".

Ela também nos conta que, quando uma de suas amigas adoeceu e foi hospitalizada, ela a visitava e levava para os profissionais que a atendiam vários volumes de seus livros. Era para que eles soubessem algo da história daquela pessoa de quem cuidavam. Acreditava, ainda, que essa tarefa deveria ser feita com qualquer doente hospitalizado – se não há livros para apresentar, há sempre uma série de histórias de vida a conhecer.

Heródoto, em um de seus relatos históricos, refere-se à forma pela qual os doentes eram tratados na Babilônia. Não deixa de chamar a atenção o fato de ser absolutamente proibido passar perto de um doente sem lhe dirigir a palavra:

> Como não existem médicos na Babilônia, todos os doentes são levados para a praça pública. Os passantes se aproximam, discutem com o doente, dão conselhos caso já tenham tido a mesma doença ou se um de seus amigos a teve. Passar perto de um doente sem interrogá-lo ou perguntar o que tem é absolutamente proibido (Clavreul, 1983, p. 241).

Este é um discurso que não deveria ficar desconhecido. *O que persiste até o fim da vida é a sensibilidade do sujeito aos efeitos de uma fala significativa. É na implicação com essa fala que reside a ética de nosso trabalho.*

6.

A BANALIZAÇÃO DA VIOLÊNCIA: EFEITOS SOBRE O PSIQUISMO[1]

Aceitar que a violência possa ser naturalizada é uma tentativa de diluir o terror que ela provoca, de se submeter aos seus efeitos, e de não se implicar com as possibilidades, mesmo pequenas, de sua transformação.

Cenas do cotidiano

Tomemos algumas chamadas de um dos jornais de domingo (30 de abril de 2000): "*Violência no trânsito*"; "*Bolsa contra o trabalho de crianças sofre corte*": "*Mortalidade infantil cresce em áreas pobres*"; "*Hoje é o 25º aniversário do fim da Guerra do Vietnã*"; "*Para o social há pouco dinheiro, mas para a corrupção há muito*"; "*Se este povo entrar na fazenda errada, vai ter confronto*"; "*Certamente correrá sangue*"; "*As duas faces*

---

1 Publicado originalmente na revista *Percurso* (ano XIII, n. 25, pp. 68-74, 2000).

de Elián"; "Riocentro deve terminar sem culpados"; "Chacina de estudantes"; "Em São Paulo, um carro some a cada cinco minutos"; "Impunidade é estímulo para o crime"; "Acidentes no trânsito mataram quase 100 mil em 99"; "A barbárie se manifesta de várias formas"[2]. A forma utilizada pelos meios de comunicação para apresentar as notícias é também uma manifestação dessa barbárie – uma série de informações, de imagens, tudo muito acelerado, repetido e contíguo, em que o pensamento, a capacidade de apreensão e de reflexão sobre os acontecimentos ficam impossibilitados. No mundo do consumo, há que consumir. Mesmo que o produto oferecido seja a violência. Instalação contínua de um apelo ao esvaziamento do lugar de sujeito que possa se implicar com a realidade em que vive.

No meio dessas notícias uma me causou um terror especial. Vale a pena destacá-la e pensar sobre ela:

> J. P. foi assaltada duas vezes na mesma semana. Ela conta: "Fazia só uma semana que eu havia sido roubada. Por isso eu não tinha nada, estava só com o boletim de ocorrência do assalto anterior dentro da bolsa. Só que eles não me deixavam explicar." Quando viram o boletim, os bandidos ameaçaram matá-la. "Escapei, apontando outra vítima para eles[3]."

---

[2] As chamadas encontraram-se distribuídas nos vários cadernos da *Folha de S.Paulo*, de 30/4/2000.

[3] *Folha de S.Paulo*, 30/4/2000. Especial Veículos, p. 13.

Que a violência aterrorize e que diante de uma cena assim todos pareçam dizer: "já que não é comigo não vou me meter", que a solidariedade desapareça por um risco de se expor a própria vida, a isso já nos acostumamos! *Mas, que seja necessário, para nos salvarmos, delatar outra vítima é extremamente inquietante.*

A esse respeito lembro uma citação de Hannah Arendt (ela se remete a outro contexto, mas talvez tenha a função de alerta para nós):

> Observa-se frequentemente que a eficiência do terror depende quase que completamente do grau de atomização social. Toda forma de oposição organizada deve desaparecer antes que a força total do terror possa enfraquecer. Esta atomização – uma palavra excessivamente pálida e acadêmica para o horror que encerra – é sustentada e intensificada através da ubiquidade do informante, o qual pode literalmente estar onipresente, pois não se trata mais de apenas um agente profissional a soldo da polícia, mas potencialmente de qualquer pessoa com quem se entre em contato (Arendt, 1973 *apud* Costa, 1984, p. 50-51).

Outro modo de olhar para a questão da violência é identificar, em nosso cotidiano mais próximo, como ela se manifesta nos pequenos gestos. Por serem tão do dia a dia e por parecerem tão insignificantes diante da magnitude das manchetes, não se dá tanta atenção. Penso, por exemplo, nas discriminações, exclusões e desrespeitos mais comezinhos – transformar as empregadas em escravas disfarçadas deixando, por exemplo, as roupas jogadas, os jornais espalhados para que elas os guardem. Filhos que reagem aos pedidos paternos com muito pouco caso ou como se fossem absurdos. Violência do casal que não suporta as mínimas diferenças e não consegue negociar ou ao menos escutar as divergências. Violência com os filhos que são deixados ao relento das ruas ou, em situações econômicas mais favoráveis, aos acasos da televisão moderna – os jogos eletrônicos e computadores. Descuido com o que faz parte do coletivo na casa.

Às vezes, a violência manifesta-se pelo silêncio. Silêncio, que, utilizado inicialmente como recurso temporário de evitação ao confronto, logo se transforma em arreio que emudece e imobiliza o corpo. Outras vezes, ao contrário, a violência está na impossibilidade de silenciar, de abdicar da ânsia de tudo dizer – não importando as consequências que isso tenha. O lugar para os afetos, as amizades, o respeito mútuo, a confiança, está cada vez mais restrito.

Saindo de casa: violência no descuido com as calçadas; inexistência de rampas, de guias rebaixadas, de respeito mínimo às normas de convivência, cidadania, zoneamento urbano, empregos informais sem direitos trabalhistas, sem previsões de acidentes e de amparo à velhice... Também aqui a lista seria imensa.

Diante de um assalto na rua onde moro, meu vizinho comentou que não deixaria mais seu carro na rua. Também restringiria sua passagem por determinados lugares da cidade. Em suma, trancafiar-se-ia mais em sua própria casa, colocaria trancas e grades, diminuiria o contato com o mundo, se possível eliminaria os que o ameaçassem. Certamente, tornar-se-ia um pouco mais paranoico com relação a qualquer tentativa de aproximação.

Elias Canetti, em *Massa e poder*, faz uma enunciação que me pareceu bastante precisa para a análise desses fatos:

> Não há nada que o homem tema mais que o contato com o desconhecido. Quer ver o que vai tocá-lo, quer poder reconhecê-lo ou, em todo caso, classificá-lo. O homem sempre se esquiva do contato insólito. À noite, e na obscuridade em geral, o assombro de um contato inesperado pode se intensificar em pânico. Mesmo as roupas não são suficientes para garantir a segurança; elas são tão fáceis de serem rasgadas, é tão fácil penetrar até a carne nua, lisa e sem defesas da vítima. Todas as defesas que os homens criaram ao seu redor são ditadas por essa fobia do contato. Ele se tranca em fortalezas onde ninguém pode entrar, e somente nelas se sente um pouco seguro. O medo que sente do ladrão não provém apenas das intenções deste, é também o medo de seu aparecimento súbito e inesperado no escuro. A mão deformada em garra é sempre o símbolo utilizado dessa angústia. *O contato inofensivo se interpreta aqui como ataque perigoso, e é*

> *este último sentido que acaba prevalecendo* (Canetti, 1983 *apud* Landa, 1999, p. 9, grifos meus).

Tomei exemplos dramáticos e cenas do cotidiano não para equiparar acontecimentos que são de magnitude e tragédia diferentes, mas por acreditar que a indiferenciação e a banalização das cenas de violência fazem que cada vez mais as tomemos por fatos naturais e que, com certa apatia, nos curvemos a elas. "Que assim seja. Amém".

Riscos da banalização

Aceitar que a violência possa ser banalizada e naturalizada é uma tentativa de diluir seu impacto, seu terror; de se evadir de seus efeitos, de não se implicar com a existência de suas manifestações e com as possibilidades, por menores que sejam, de sua transformação.

> Esta banalização da violência é, talvez, um dos aliados mais fortes de sua perpetuação. Resignado à ideia, inculcada pela repetição do jargão de que somos "instintivamente violentos", o homem curva-se ao destino e acaba por admitir a existência da violência, como admite a certeza da morte. A virulência deste hábito mental é tão daninha e potente que, quem quer que se insurja

> contra este preconceito, arrisca-se a ser estigmatizado de "idealista", "otimista ingênuo" ou "bobo alegre" (Costa, 1984, p. 34).

O risco de amordaçamento, de inércia e de cisões cada vez mais intensas é terrivelmente nefasto para a manutenção vital do psiquismo. Lembro-me de uma publicidade feita pela Abrinq, televisionada algum tempo atrás, em que, diante de alguém que pedia ajuda no trânsito, os vidros se fechavam, o rosto se desviava, surgiam reações de medo, os carros aceleravam... Sofrimento por parte de quem pedia e angústia, medo e culpa por parte de quem era abordado. Ouvi de um paciente psicótico, muito tempo atrás, o relato de suas alucinações e, ao final, uma pergunta: "Como se pode dormir com um barulho desses?". Eu tenho me perguntado a mesma coisa. A referência à psicose talvez não seja gratuita. Certos fatos não irrompem como se fossem alucinações? Como se não estivessem acontecendo? Não se faz um intenso esforço para neutralizá-los, cindi-los da percepção?

A questão que se coloca, então, para nós psicanalistas é: podemos falar de uma banalização da violência? Que efeitos isso produz no psiquismo humano? Há aspectos da cultura que abrem as portas para essa manifestação? Será que não há uma tendência a individualizar e patologizar algo que é da ordem da cultura como se fosse mais fácil medicar o indivíduo que transformar seu ambiente? (Isto até pode ser verdadeiro, mas não deixa de ser uma grande violência e um desvio imoral da questão que aqui nos interessa.) É possível criar um corpo de conhecimentos a este respeito?

Freud, em seu artigo "Pulsões e seus destinos" (1914), nos diz que inicialmente o mundo se apresenta para a criança sem diferenciação, mas logo ganha matizes diferentes, dependendo das qualidades de prazer implicadas nas experiências. Introjeta os objetos que são prazerosos e afasta de si aquilo que se constitui motivo de desprazer, mesmo o que provém de seu próprio interior. O mundo exterior fica assim dividido em uma parte prazerosa que se incorpora e um resto que é estranho e hostil. O sentido primitivo do ódio é o da relação contra o mundo exterior, alheio ao ego. "Sentimos repulsa ao objeto desprazeroso e o odiamos. Este ódio pode intensificar-se até a tendência à agressão contra o objeto e o propósito de aniquilá-lo" (p. 131). E Freud conclui:

> O ego odeia, perturba e persegue com propósitos destrutivos a todos os objetos que chega a supor como fonte de sensações de desprazer, constituindo uma privação da satisfação sexual ou da satisfação de necessidades de conservação. *Pode-se, inclusive, afirmar que o verdadeiro protótipo da relação de ódio não procede da vida sexual, mas da luta do ego por sua conservação e manutenção* (p. 132).

Assim, embora nesse momento do pensamento freudiano não haja nenhuma atribuição específica a uma pulsão destrutiva, a ideia da agressividade e da violência em direção aos objetos do mundo já está sendo teorizada. *Outro aspecto importante que vale a pena ressaltar é que a verdadeira oposição ao amor não é o ódio, mas a indiferença. Isto pode nos ajudar a pensar no sentido e nos efeitos da exclusão indiferente que atinge grande parte de nossa sociedade e, também, nos custos da nossa própria indiferença às cenas de violência.* Indiferença e exclusão alimentam-se mutuamente, mantendo a impossibilidade de laços sociais e a dificuldade de construção de um outro discurso.

Em "Considerações da atualidade sobre a guerra e a morte", Freud (1915) reafirma a ideia de que as guerras podem ser uma possibilidade "enquanto os povos viverem em diferentes condições de existência, o valor individual de cada vida for tão diferente e o ódio resultante dessas condições desfavoráveis continue tão poderoso" (p. 278). Ou seja, nessas condições, vale a pena reafirmar o valor das pulsões de autoconservação e da importância do reconhecimento que a cultura pode ou não oferecer para uma grande parte de seus cidadãos (podemos chamá-los assim?). Porém, ele não supunha que as guerras pudessem ocorrer em nações desenvolvidas. Destas se esperava que pudessem resolver suas diferenças e seus conflitos de interesse de outra maneira. Ou seja, quando as condições de existência fossem mais favoráveis, não se esperava que a ideia de estrangeiro – estranho – fosse equiparada imediatamente à ideia de inimigo e o ódio se transformasse em ações de violência. Em suma, supunha-se que não se reproduziriam nas interações humanas posteriores aquilo que é da ordem da constituição inaugural dos sujeitos, conforme fora assinalado no texto acerca das pulsões e seus destinos[4].

Sua teorização sobre o narcisismo é da mesma época. Ela nos revela a necessidade de que condições mínimas de investimento libidinal sejam feitas sobre o corpo da criança para que ela crie um projeto de vida possível e se reconheça como parte da cultura. Entretanto, marca também o risco (que todos continuamos mantendo pela vida afora) de que os sujeitos se encurralem no sofrimento atroz daquilo que Freud, mais tarde, enunciou como sendo o "narcisismo das pequenas diferenças" – qualquer sinal de diferença, de risco de não satisfação, de não reconhecimento pode nos reconduzir à experiência do desamparo primordial e aos becos sombrios e tenebrosos da violência contra o outro que nos ameaça.

O de fora é o outro, o diferente, o estranho, o virtualmente inimigo, o depositário de nosso ódio. "Da estranheza ao temor, da curiosidade ao medo, do amor ao ódio, o rosto do estrangeiro nos força a manifestar a maneira secreta que temos de encarar o mundo, de nos desfigurarmos todos, até nas comunidades mais familiares, mais fechadas" (Kristeva, 1994, p. 11).

---

4 Outra forma de se avaliar o grau de violência de uma cultura é o tratamento dado à morte: como se lida com os corpos, como eles são eliminados, o destino que lhes é dado.

Em 1919, Freud já descrevera no texto "O sinistro" a situação do estranho familiar, mostrando-nos que o estranho está mais próximo que supúnhamos. Habita nosso próprio interior e, frequentemente, se revela de forma inquietante. A psicanálise propõe o reconhecimento desse estranho em nós mesmos; como efeito de nossa própria constituição – sujeitos divididos em uma parte a que nunca temos acesso e originalmente marcados pelos enigmas do outro sem o qual não sobreviveríamos. Se isso for possível, talvez não haja necessidade do ataque; pela identificação com o outro, se estabeleceriam relações mais solidárias e menos paranoicas.

Avancemos, porém, um pouco mais. Sem desconsiderar o valor do que a psicanálise pode nos trazer em termos de compreensão ou tentativa de compreensão do que na constituição do sujeito se revela como terrorífico e gerador de violência, não há por que infantilizar a cultura ou tomar a violência, uma vez mais, como algo da ordem natural das coisas. Afinal, o que Freud pretendia era que, revelando o inferno das almas, o homem pudesse ter mais acesso a sua dominação e transformação.

O desamparo: um risco sempre presente

Pressupondo situações mais ou menos favoráveis, pode-se dizer que todos, quando nascem, vivem sensações de desamparo e de angústia. Sabe-se, também, que a sobrevivência do ser humano depende absolutamente da presença e dos cuidados de outro e que sua saúde psíquica está intimamente vinculada às trocas amorosas efetuadas no início da vida. Passados esses momentos iniciais de extrema dependência, o ser humano vai, cada vez mais, caminhando para a independência. A passagem dos amores do começo da vida para outros amores não se faz sem sofrimento. E, em verdade, o sujeito somente abdica desses lugares porque a cultura lhe oferece algo em troca – um lugar no mundo dos homens. Uma possibilidade de criar projetos de vida, o direito de pertencer a um grupo, de ter condições dignas de sobrevivência, de ter realização no trabalho ou de poder fazer do trabalho um meio para ganhar dinheiro e realizar outros sonhos. Se esse acordo que é implícito falhou, ou se tornou insuficiente, corre-se o risco da reinstauração da Lei de Talião – olho por olho, dente por dente – ou das apatias, do desafeto, do sofrimento doentio que exacerba aquilo que é próprio da dor de existir.

Nossa cultura tem sido sistematicamente nomeada como Era da Imagem, da Incerteza, Cultura do Espetáculo, Cultura do Narcisismo. Seus efeitos revelam-se pela exposição inelutável dos homens ao desamparo e colocam por terra a ilusão do sujeito moderno de que haveria um lugar passível de certezas e garantias. Em um mundo que nos demanda ser assertivos, produtivos, felizes, vitoriosos, que não favorece dispositivos para elaboração psíquica da dor e do sofrimento, em que o individualismo cada vez se torna mais visível, o risco fantasmagórico da morte e da solidão faz-se sempre presente.

Winnicott, psicanalista que enfatizou a importância da provisão ambiental satisfatória e se manifestou, muitas vezes, sobre os efeitos das falhas ambientais, apontava dois riscos possíveis e não excludentes para as crianças que sofriam privações precoces. Uma direção era representada pelo roubo e a outra pela destrutividade. Durante certo tempo, essas manifestações podem surgir e representar uma forma de solicitar uma mudança no ambiente. *Elas só acontecem se e enquanto a criança tiver esperança.* Esperança não apenas de ver suas necessidades atendidas, mas, também, de poder contar com o outro, de poder ser amada, de poder construir projetos de vida. Depois de algum tempo, se não há respostas favoráveis, a esperança desaparece e a situação se cronifica, tornando o seu manejo muito mais difícil[5].

Suas ideias sobre aquilo que chamou de "a capacidade de se preocupar" também podem nos ajudar a entender o tema da violência. Para ele, a *preocupação* é um aspecto importante da vida social e indica o fato de o indivíduo se importar ou valorizar e tanto sentir como aceitar responsabilidades. A capacidade de se preocupar é uma

[5] Uma análise mais desenvolvida encontra-se em Winnicott (1987).

conquista resultante tanto dos cuidados ambientais quanto dos processos internos da criança. Em sua concepção, o impulso agressivo-destrutivo pertence a um tipo primitivo de relação objetal em que amar envolve destruição. A experiência simultânea do amor e do ódio torna possível a suportabilidade da ambivalência, com o enriquecimento e refinamento que levam ao surgimento da preocupação. Os seres humanos só podem aceitar os aspectos destrutivos de suas tentativas amorosas precoces se encontrarem, no ambiente, condições favoráveis que possibilitem, também, o reconhecimento e a valorização de suas contribuições. Privados da possibilidade de trabalho e de desenvolvimento de suas habilidades, ficam à mercê da atuação dessas forças destrutivas.

Freud (1927) também chamava a atenção para aspectos semelhantes dessa questão. De certo modo, ele retoma o que já afirmara no texto sobre a guerra.

> É de supor que as classes abandonadas invejarão os privilégios das classes favorecidas e farão todo o possível para libertar-se do aumento especial de privação que pesa sobre elas. Caso não o consigam, surgirá na civilização correspondente um descontentamento duradouro que poderá conduzir a rebeliões perigosas. Mas quando uma civilização não consegue evitar que a satisfação de um certo número de seus participantes tenha como premissa a opressão de outros, talvez da

> maioria – e assim sucede em todas as civilizações atuais –, é compreensível que os oprimidos desenvolvam uma intensa hostilidade contra a civilização que eles mesmos sustentam com o seu trabalho, mas de cujos bens participam muito pouco [...] Não é demais dizer que uma cultura que deixa insatisfeito um núcleo tão considerável de seus participantes e os incita à rebelião não pode durar muito tempo e nem tampouco o merece (p. 12).

Nosso intenso culto contemporâneo aos ideais narcísicos agrava ainda mais essas exclusões. Evoluímos, temos mais expectativa de vida (em algumas regiões do país), mas também nos tornamos sucata muito rapidamente. Como preconiza a cultura do narcisismo, os lugares de reconhecimento são para os mais jovens, mais brilhantes, mais belos: mais, mais, mais. A pergunta que insidiosamente nos tortura é: "*Diz-me, espelho meu, existe alguém mais... do que eu*". Sua contraface – a intolerância ao menor sinal de desvalia, de exclusão e de sofrimento – revela-se nas depressões, nos sofrimentos do corpo, nas cenas crescentes de violência e na busca compulsiva de saídas imediatistas que nos ajudem a suportar melhor esse mal-estar ou a conviver com ele. Os imperativos narcísicos são sempre cruéis. Seja feliz! Tenha sucesso! Goze! *TUDO aqui e agora ou NADA para sempre.*

Tem-se, então, um vasto campo para o uso de drogas, para os antidepressivos revigorantes, para as promessas religiosas, para os manuais de autoajuda, para as ginásticas compulsivas que prometem um bem-estar físico e a produção de endorfina, responsável por uma sensação perene de euforia. Busca desenfreada de alguma sensação que nos garanta que não somos inexistentes – mesmo que seja pela afirmação violenta de nossa força sobre o corpo e a vida do outro. Quando nada mais resta que faça sentido, quando os laços sociais se tornam tão fragilizados, o próprio corpo ou o corpo do outro pode, da mesma maneira, ser sucateado.

Assim, se neste momento histórico enfatizamos demais o lugar do outro como o estranho-inimigo, não o fazemos só em função de uma trágica realidade social, mas, também, em função de um discurso que marca nossa subjetividade e que privilegia o lugar individual narcísico em detrimento da alteridade. Se o próprio Freud, em vários momentos de sua obra revelou essa possibilidade, também destacou o lugar do outro como auxiliar, como constituinte, como modelo. Ao risco da reclusão autista, dos atos extremamente violentos, da paranoia, dos laços perversos com o outro seria possível opor outras formas de laços sociais? Será que o "outro poder celestial", o Eros eterno, terá força suficiente para se afirmar e dominar a luta contra Tânatos, seu inimigo igualmente imortal? Será que podemos sonhar com isso? Ou só nos restam pesadelos?

O túnel

Akira Kurosawa assim contou um de seus sonhos[6]:

O homem caminha e está para entrar num túnel quando de dentro dele surge um cachorro que o ameaça. Amedrontado, percorre o túnel e, ao sair, é surpreendido pela presença de um recruta. "Comandante, fui realmente morto em combate?" "Não acredito que tenha sido morto. Fui para casa. Comi os bolinhos de arroz de minha mãe." O comandante, surpreso e assustado, explica-lhe que ele fora ferido, tivera um sonho – com a casa dos pais, mas depois morrera em seus braços. O recruta aponta para a casa dos pais dizendo que eles o esperam. "Eu acredito, mas meus pais não acreditam que morri. Continuam esperando por mim." O Comandante se compadece, mas sabe que só sob suas ordens ele pode se retirar. Ordena-lhe, então, que volte para o lugar de onde viera.
Vai seguir seu caminho quando surgem novos passos atrás dele. É todo o terceiro batalhão que se apresenta. "Terceiro batalhão retornando sem baixas". Todos vocês foram mortos em combate. Mandei-os para a morte. Eu poderia responsabilizar a estupidez da guerra. Mas não posso desculpar a minha negligência e incompetência... Sinto

6 Quarto episódio de seu filme *Sonhos* (1990).

> sua amargura e sofrimento. São chamados de heróis, mas morreram como cães.

Na guerra, no combate, não há lugar para sofrimento... Os fantasmas só desaparecem quando o comandante se reapropria de sua função: "*Terceiro Pelotão! Meia-volta, volver!*". Mas o cão raivoso (que era como ele havia descrito a morte de seu pelotão) continua a atormentá-lo.

Questão crucial apontada por Kurosawa: como pode um soldado, um comandante, sobreviver à morte de seus parceiros, já que os fantasmas dos que morreram dificilmente o deixarão sossegar? Como pode um filho morrer se seus pais ainda estão vivos e o esperam? A morte das crianças e dos jovens traz, além da dor que lhe é inerente, algo mais, também inaceitável: os filhos não morrem antes dos pais! É toda a possibilidade de esperança e de futuro que fica ameaçada.

Como sobrevivemos nós a um cotidiano tão ameaçador para a vida? Que custo isso nos traz? Esses que morrem nas ruas, nas chacinas, nos assaltos, não são nossos parceiros de guerra?

Zygouris (1998), em um belo texto acerca do *estrangeiro*, nos alerta que o genocídio não ocorre entre os animais; ele é específico dos humanos, pois somente é cometido quando apoiado em um discurso.

Oxalá o nosso deixe de banalizar a violência!

7.

O MAL-ESTAR COTIDIANO: VIOLÊNCIA E DESAMPARO[1]

No início de 2006, realizou-se um evento organizado pelo Departamento de Psicanálise do Sedes em parceria com o Sesc Vila Mariana, cujo objetivo era discutir a violência. Desse encontro, quero resgatar duas questões e, a partir delas, desenvolver um pouco mais o tema que nos diz respeito no encontro de hoje.

A primeira questão decorreu de uma surpresa em relação à escolha do que seria dramatizado naquele encontro: um grupo de teatro se dispôs a fazer uma dramatização de algumas das cenas relatadas pelo público. Surgiram várias sugestões apoiadas em depoimentos pessoais: cenas de segregação racial, de invasões pelo telemarketing, de sequestro, de maus-tratos pelos profissionais de saúde, de encontros com mendigos no centro da cidade, de discriminação nas

---

1 Texto apresentado no evento "A violência nossa de cada dia", organizado pelo Curso de Psicopatologia Contemporânea do Departamento de Psicanálise do Instituto Sedes Sapientiae, no Sesc Vila Mariana, em novembro de 2006.

exigências de visto do consulado americano, de indiferença à beleza de certas experiências e de dificuldades na relação mãe-filha. Surpreendi-me com a opção, significativamente majoritária, escolhida pelo púbico: dificuldades na relação mãe-filha!

Tentando entender minha surpresa, uma primeira análise se impôs: há uma evitação das cenas públicas; o palco do privado tem prioridade sobre a vida da polis. Quando o registro dos acontecimentos se torna demasiado assustador, a maioria das pessoas foge para a confiança reasseguradora da vida cotidiana com suas demandas urgentes e constantes. A isso se soma a falta de confiança no Estado e no espaço público.

E, logo em seguida, à medida que a cena foi sendo dramatizada, outra hipótese, mas que, devo reconhecer, demorou certo tempo a se configurar: a violência surge em quaisquer situações – seja na cena privada ou na cena pública –; ela surge sempre que não haja reconhecimento da alteridade e do desejo do outro. Violência do não reconhecimento que elicia respostas também violentas; seja para se fazer reconhecer a qualquer custo, seja por um ato de vingança pela exclusão sofrida.

Assistimos recentemente em São Paulo à refilmagem da peça de Shakespeare, *O mercador de Veneza*. Nela, um usurário judeu, vilmente ultrajado pelos cristãos, exige como pagamento de um empréstimo uma libra de carne, caso a dívida não seja saldada na data acordada. Ele quer a carne de seu devedor. Devedor que é o representante-responsável por sua exclusão da sociedade. Uma libra de carne que implicaria, então, a morte desse inimigo. Uma vingança, já que não pode obter de outra forma o respeito e o reconhecimento que desejava:

> Sou judeu e sou humano, diz ele,
> Não têm os judeus afetos, paixões,
> Não são vulneráveis aos mesmos agravos que os cristãos,
> Atingidos pelas mesmas doenças, não sentem frio ou calor?...
> Se vocês nos espetam, nós não sangramos?

Psicologicamente, diz Hannah Arendt (2004), "a situação de não ser desejado – uma situação embaraçosa, tipicamente social –, de não ter lugar no mundo é mais difícil de suportar que a franca perseguição" (p. 261). Ser invisível aos olhos dos outros, aproxima-nos da angústia de não existência, do aniquilamento.

Uma libra de carne pode ser uma boa metáfora para os ataques cotidianos contra o corpo daqueles que habitam os espaços da cidade. Ausência de lei, embates de corpo a corpo, autoafirmações a qualquer custo, desigualdades, exclusões, desaparecimento da responsabilidade e da ética. Violência e desamparo são temas frequentes em nossa contemporaneidade.

Uma parcela considerável de nossa satisfação de estar no mundo adviria, ainda segundo Hannah Arendt, do compromisso com a comunidade na qual vivemos e do reconhecimento da superioridade do cuidado com o mundo e com o bem-estar coletivo em relação aos caprichos e interesses individuais. Afirmação radical, embora ela reconheça que, nos últimos anos, houve um decréscimo no espaço reservado à vida pública. O cultivo desse espaço público demanda um esforço contínuo; é um ato político – *polis* – que articula responsabilidade e singularidade – *persona*.

Lembremos que a palavra *política* deriva do grego *polis* (a cidade, o espaço coletivo, o lugar da fala pública) – e *pessoa* vem de *persona* que deriva do latim – *per sonar, per soar* –, e refere-se à máscara do ator, uma máscara que era criada e determinada para cada peça específica. Nela havia uma abertura larga no lugar da boca pela qual soava a voz individual e sem disfarce do ator. É significativo que, em sua origem, essa palavra – pessoa –, esteja associada ao som singular emitido no espaço público. Esse som singularizado opõe-se à alienação da ecolalia, ao anonimato da homogeneidade e da massificação.

A exclusão do espaço social, o abuso da força, a coerção e o impedimento da palavra são indicadores importantes para reconhecer as marcas da violência. A violência poderia, então, ser pensada como um fracasso da palavra, como um esvaziamento dos vínculos e dos laços sociais.

Um relato feito por Heródoto sobre o tratamento dos doentes na Babilônia antiga (atual Iraque) é exemplar: ali, conta ele, não existiam médicos e, então, todos os doentes eram levados para a praça pública. Os passantes se aproximavam, discutiam com o doente e davam conselhos se eles ou algum conhecido já tivessem sofrido a mesma doença. Passar perto de um doente, dizia Heródoto, sem interrogá-lo ou perguntar o que tinha era absolutamente proibido. O que se presenciava no espaço público dizia respeito a todos.

Transpor esse exemplo de solidariedade e fraternidade para nossos tempos soa como utopia, mas não nos abstém da implicação com o que presenciamos – mesmo que desviemos o olhar; a ausência de uma ação eficaz, ali onde ela deveria ter acontecido, não deixa de criar sintomas. A indiferença pode se expressar pela apatia e por uma série de manifestações no corpo. Um analisando relatou-me uma cena de assassinato no parque do Ibirapuera. Ele acabara de ouvir a notícia. Em seu relato, foi tentando entender por que o crime acontecera: "dizem que era um empresário com negócios escusos... que foi um ato de traição, que estava envolvido com drogas... que já cometera várias contravenções." Porém, nada parecia tranquilizá-lo; acabou por concluir: "a gente vai tentando justificar o que aconteceu só para poder pensar que isso não acontecerá com qualquer um, que não acontecerá com a gente". E, dessa forma, ele se implica com o que acaba de relatar..

Podemos não ter respostas para a violência, mas o ato de partilhar perplexidades, de poder falar sobre, pode desfazer pré-julgamentos arraigados e criar novas possibilidades de pensamento, de julgamento e de ação.

A afirmação já tão desgastada de que o "O Brasil é um país do futuro" pode ser experienciada não como afirmação de que este é um lugar onde é possível estabelecer projetos, mas antes como um convite à procrastinação, à inércia, à espera de que algo de fora venha nos surpreender. É difícil, nos tempos de hoje, encontrar uma representação da sociedade capaz de valorizar ou de engendrar um projeto de transformação social ao qual se possa aderir ou pelo qual se queira lutar. Os dados econômicos, a distribuição de renda, as condições de moradia de grande parcela da sociedade, a precariedade dos serviços ditos sociais indica que o Brasil é um país injusto. Por que não se produzem no país grandes atos de repúdio a este estado de coisas?[2]

Santos (2006), cientista político carioca, tentou responder a essa pergunta em seu livro *Horizonte do Desejo*. Segundo ele, não se trata de um processo de alienação, mas, antes, de uma bem elaborada estratégia de sobrevivência em um contexto de constitucionalidade precária; ou seja, há um cálculo antecipado de que os custos de participação em uma revolta seriam muito superiores às expectativas de ganhos. O Estado Social brasileiro é percebido

---

[2] Nota para esta publicação: foram surpreendentes as manifestações que tiveram início em junho de 2013. Apesar da polêmica que se seguiu e da discussão sobre a violência que elas suscitaram – muito mais por parte do poder repressor que por parte dos manifestantes –, tiveram um efeito político fundamental: puseram em evidência a revolta e retiraram muitos jovens da apatia. Restaurou-se a possibilidade da alegria e da vida no espaço público.

> [...] como de desamparo, fruto de décadas de negligência, e isso responde em parte pelo comportamento relativamente inercial da população em face das carências. Possivelmente, o temor de recaída ou simplesmente piora é bem maior do que o que se espera obter arriscando organização e demandas. O custo do fracasso consiste em desemprego prolongado, afastamento do processo produtivo, violência institucional e marginalização. A desigualdade brasileira tem o amparo da indiferença (p. 131).

Esse é o quadro brasileiro – uma população majoritariamente pobre, sem disponibilidade para os custos de organizar ações coletivas e para absorver os custos de eventuais fracassos; pouco consciente de seus direitos. No outro polo desse mapa social, uma violência aviltante nos atos do "colarinho branco", na inércia burocrática dos serviços públicos, nas práticas arbitrárias da polícia, na corrupção que se dissemina no governo e se expande para o tecido social. Não espanta que o grau de confiabilidade institucional esteja muito aquém do desejável e que se libere o caminho para a Lei de Talião: olho por olho, dente por dente. Na cidade de São Paulo, em novembro de 2003, um levantamento do Instituto Futuro Brasil, tendo como base 5.000 entrevistas, apontava que um em cada cinco habitantes fora vítima de crime violento nos últimos doze meses e apenas 1/3 das vítimas procurara a polícia. Os entrevistados referiam descrença nos trabalhos policial e judicial e, mais surpreendente ainda, descrença no princípio de que todo crime deve ser punido. Quanto mais debilitada a crença na legalidade e desvalorizado o espaço público, mais o sujeito tenderá a não reconhecer outras regras de comportamento que não sejam as de seu interesse particular.

Em estudo anterior, feito em 2001 pelo Consórcio Ibero-Americano de Empresas de Investigações de Mercado e Assessoramento, para determinar o grau de confiança nas instituições, o Brasil já havia sido apontado como o país com índice de confiança institucional mais baixo. As instituições menos confiáveis foram os partidos políticos, o Congresso e a Justiça. As mais confiáveis foram a Igreja, a Educação e, outra surpresa: os noticiários da televisão (Abramo, 2002). Estamos, portanto, diante de um quadro de patologia das instituições; elas desvirtuaram seus objetivos iniciais e passam a atuar simplesmente para manter a sobrevivência. O conformismo adaptativo de seus agentes enlaça-se com a apatia daqueles que poderiam reivindicar um outro tipo de ação.

Essa indiferença não é uma característica apenas dos países pobres; ela se manifesta, também, em países desenvolvidos, só que nesse caso, a avaliação dos ganhos é que lhe dá sustentação. É o que se mostra, explicitamente, em *Match point*, filme de Woody Allen; ao final do filme, o desejo nada tem a dizer, a vida é apenas um golpe de sorte.

Onde fica, então, o lugar do sujeito? Está acuado, escondido atrás das cercas eletrificadas, com medo do contato, perseguido pela chegada de qualquer estranho, refratário à participação nos destinos da *polis*. A violência tornou-se espetáculo e invadiu todos os espaços a ponto de caracterizarmos nossa época como "cultura da violência". Mas os tempos modernos não inventaram a experiência do horror; sistematizaram-na de maneira progressivamente expansiva. Para isso, contaram com o crescente desenvolvimento científico e tecnológico e com a diminuição das distâncias e dos tempos. O emprego de armas biológicas, por exemplo, não é um fato novo; o que é novo é a sua possibilidade de abrangência e a rápida potência de seus efeitos.

O processo recente da globalização não conseguiu subverter as desigualdades e as exclusões; pelo contrário, há uma reprodução da dominação e uma manutenção "necessária" da marginalidade – uma parcela significativa das populações subdesenvolvidas perdeu sua função social e sua possibilidade de trabalho.

O homem moderno está permanentemente confrontado com sua condição de desamparo, insuficiência e vulnerabilidade. Essa característica de desmontagem acelerada, sem perspectivas de permanência, é o traço privilegiado por Bauman (2001) para caracterizar o que nomeia de "modernidade líquida". A modernidade é fluida – tal como os líquidos – e caracteriza-se pela incapacidade de "manter a forma". Paradoxalmente, "manter a forma" tornou-se uma das grandes obsessões dos tempos atuais.

Tentando suprir as carências inevitáveis, o sujeito se entrega ao consumo compulsivo de objetos na tentativa de encontrar um lugar de reconhecimento e de realização mágica. Ou procura lenitivos em práticas grupais que adquirem estatuto de seitas: grupos religiosos, de meditação, de exercícios físicos, de recuo para a natureza... Grupos que prometem criar uma "irmandade" capaz de abolir as paixões malignas (rivalidades, invejas, ressentimentos, medos e ódios), mas que logo se deixam contaminar por aquilo que esperavam evitar. Ou, ainda, deixa-se submergir na depressão ou na apatia.

A conquista da autonomia, da responsabilidade pelo próprio destino, não se constitui sem angústia. Birman (2003) assinalou a necessária transformação da angústia real, angústia que atravessa o sujeito moderno em sua condição de desamparo, em angústia de desejo, angústia que o convoca ao trabalho de domínio e ligação das intensidades pulsionais. A posição masoquista – a vitimização – seria uma tentativa de evitar a angústia real; uma tentativa de repulsa do sujeito ao desamparo. Outro destino para o desamparo, que se vincula estreitamente ao masoquismo, é o da figuração perversa: "o que se interpuser a mim e a minhas vontades, eu elimino".

De fato, a existência do outro, necessária para nossa constituição e sobrevivência psíquica tem-se tornado cada vez mais uma ameaça. O desamparo fica maior por não sabermos bem quem é o inimigo; o assalto pode vir de qualquer um, a qualquer momento.

No início deste capítulo fiz referência a duas questões que ficaram pendentes no encontro de março. A primeira foi a surpresa com o tema escolhido para a dramatização. A segunda foi a defesa de uma violência necessária – tema levantado em alguns momentos daquele encontro, mas que permaneceu sem discussão. Afirmar que há uma violência necessária não pode nos levar à ideia de que ela possa ser simplesmente atuada. No entanto, há situações em que a violência se torna necessária como forma de garantir certos equilíbrios e reassegurar a sobrevivência em situações dramáticas. Há o risco de que aquilo que seria utilizado como meio se transforme em um fim em si mesmo. Também não há como manter a ideia radical de que seria possível erradicar a violência. Não se trata de negá-la ou atenuá-la, mas, antes, de reconhecê-la e de criar mecanismos possíveis para sua derivação e para sua gestão. Esse é um trabalho constante da cultura, se quisermos que ela sobreviva.

E, já que estamos no campo da cultura, termino com Guimarães Rosa (1980):

> Não devia de estar relembrando isso, contando assim o sombrio das coisas. Lenga-lenga! Não devia de. O senhor é de fora, meu amigo, mas meu estranho. Mas, talvez por isso mesmo. Falar com o estranho assim, que bem ouve e logo se vai embora, é um segundo proveito: Faz do jeito que eu falasse mais mesmo comigo. Mire, veja: o que é ruim, dentro da gente, a gente perverte sempre por arredar mais de si. Para isso é que o muito se fala? (p. 48).

Sim, é para isso que o muito se fala; é para isso que ainda há muito que falar.

8.

O MAL-ESTAR NO TRABALHO: DO EXCESSO AO VAZIO[1]

Passando pela praça da Igreja de Moema, lugar onde se cruzam diferentes habitantes desse bairro outrora residencial[2], uma placa, na parte superior de uma antiga loja, chama a atenção:

> Após 34 anos de trabalho, os proprietários venderam a loja e agora merecem desfrutar a vida. Ela era considerada por muitas pessoas como ponto de referência do bairro. Eu sou o filho, darei continuidade... mantendo, assim, parte de nossa tradição. Não poderíamos encerrar nossas

---

1 Texto apresentado no *I Colóquio de Qualidade de Vida, Saúde e Trabalho "Clínica de Gestão"*. (São Paulo, Unifesp, 10/10/2008). Algumas das ideias deste texto estão desenvolvidas em meu livro *Violência* (São Paulo: Casa do Psicólogo, 2005).

2 Nos últimos anos, esse bairro sofreu grandes transformações arquitetônicas com a construção de prédios comerciais, lojas, livrarias, redes de supermercados e ampliação de serviços. Essa transformação vertiginosa do espaço físico da cidade, sem planejamento urbano, tem efeitos negativos, significativos, sobre a qualidade de vida da população.

atividades sem agradecer a todos os nossos clientes, fornecedores e amigos que fizeram parte de nossa história. Muito obrigado!

Esta mensagem surpreende pelo inusitado. Hoje não estamos acostumados a esse tipo de reconhecimento e agradecimento público. Além disso, a tradição e a valorização da continuidade de uma história familiar também não se encontram em alta no mercado de ações; pelo contrário, é o novo que é sempre incensado. Que se criem redes solidárias em função do trabalho – *clientes, fornecedores e amigos* – poderia ainda ser um valor, mas sabemos quanto isso se torna cada vez mais difícil na cultura. No entanto, é a primeira frase que se abre para algumas questões pertinentes ao tema deste capítulo.

Qual o lugar do trabalho na vida? Como ele se configura no mundo de hoje? Quais os efeitos dessas configurações? Do trabalho compulsivo – que faz os sujeitos se tornarem robotizados – à impossibilidade de se incluir no mundo do trabalho – que faz os sujeitos se sentirem fora da comunidade humana, há uma série de sofrimentos que podem ser pensados como efeitos da cultura de nossos tempos. O rompimento dos laços sociais e da tradição confronta-nos, hoje, com um momento de passagem... Que possibilidades se vislumbram para fazer frente a essas transformações?

Se fizermos uma análise mais detalhada da mensagem deixada pelo filho, duas contradições se evidenciam no discurso. Primeira, e mais evidente: há uma dicotomia suposta entre o mundo do trabalho e o mundo do prazer – *só agora, passados tantos anos é que os pais poderão desfrutar a vida* –; e, segunda, o tom da primeira frase não se sustenta no que vem a seguir, pois aí se apontam várias marcas de reconhecimento e, portanto, podemos supor, de realização e prazer decorrentes do trabalho: *ser um ponto de referência, construir laços sociais, fazer história, deixar um legado para a geração seguinte...* Ou, estará nessa contradição, a ambiguidade própria do espaço do trabalho: lugar conflitante onde se atualizam satisfações de diferentes pulsões; onde se passa grande parte da vida, onde se vivem relações ora intensas com os outros – de afeto e de rivalidade – ora de isolamento e de insuficiência, às vezes devastadores.

Em nota de rodapé ao "Mal-estar na cultura", Freud (1930) acentuou o valor libidinal e cultural do trabalho:

> Nenhuma outra técnica de condução da vida liga o indivíduo tão fortemente à realidade como a insistência no trabalho, que ao menos o inclui de forma segura num fragmento da realidade, na comunidade humana. A possibilidade de deslocar sobre o trabalho profissional e sobre os vínculos que a ele se enlaçam uma considerável medida de componentes libidinais, narcisistas, agressivos e até eróticos, lhe confere um caráter indispensável para confirmar e justificar a vida em sociedade (p. 80).

Será ainda o trabalho uma possibilidade de inclusão segura na comunidade humana? Ou melhor, haverá possibilidades seguras de inclusão? Já aqui podemos nos deter sobre um dos impasses característicos de nosso tempo e que vão atravessar todos os dispositivos institucionais: a modernidade está estreitamente ligada à ideia de progresso e à valorização positiva da novidade. Em seu interior, gesta-se a imagem de um sujeito criativo, poético, convocado continuamente para a construção de sua singularidade e para a organização da coletividade, mas também a de um homem burocratizado, alienado, coisificado, impotente e desencantado com o mundo. O mundo da produção e do consumo propõe, de maneira nem sempre explícita, um amalgamento dessas duas vertentes. Desenvolve-se facilmente um imaginário social de que tudo o que permanece é efeito do conservadorismo e do conformismo e de que tanto os objetos quanto os sujeitos poderiam ser facilmente descartáveis. A ultrapassagem é uma palavra de ordem. Afinal, como se tornou conhecido vulgarmente, o dito popular revela esse movimento constante: "A fila anda". Não há tempo para chorar os que ficam pelo caminho ou para amparar os que caminham trôpegos às voltas com as consequências dos atropelamentos sofridos.

Segurança é uma forma antiga e tradicional de estar no mundo. Ela foi substituída pela ideia de *risco*. Esta palavra – risco – derivou de um termo náutico espanhol e significa "correr perigo" ou "ir contra uma rocha". O homem do passado podia submeter-se a mortificações e sacrifícios, pois lhe garantiam reconhecimento, o investiam de uma responsabilidade limitada e previamente definida, e o ligavam aos demais por meio de todo tipo de deveres rotineiros. Não havia a angústia própria da modernidade de dever se inventar cotidianamente e ter de prestar contas, o tempo todo, de sua capacidade produtiva. Nas últimas décadas, a noção de risco radicalizou-se; tornou-se um "jeito de viver", no qual o excesso está sempre presente e vencer os limites, não importando os custos, tornou-se o grande desafio.

No mundo do trabalho, essa necessidade contínua de prestar contas para garantir seu lugar aparece, muitas vezes, com as roupagens das compulsões, tornando-se, aos poucos, o único espaço de uma precária afirmação possível. A tecnologia, com suas inovações contínuas e sua penetração em todos os âmbitos, permite que o trabalho se estenda para além do tempo e espaço contratados; trabalha-se no escritório, na fábrica, nos intervalos de almoço, à noite, nos fins de semana e nas férias. Estamos conectados o tempo todo; a qualquer momento podemos ser encontrados para esclarecer ou resolver um problema. Esquecer o celular ou desligar o computador, ficar desconectado – seja material, seja simbolicamente (manter-se atualizado, reciclar-se permanentemente) – pode ser motivo de ansiedade e dispersão confusional. As queixas tão frequentes de cansaço, apatia, insônia, irritabilidade são efeitos desse modo de existir. Mania e depressão serão as faces reconhecidas pela cultura contemporânea desse mal-estar. E a medicalização ou a exclusão, sua forma de tratamento.

Um relato anedótico aponta para os efeitos dessa transformação do lugar do trabalho – de espaço de reconhecimento e de realização criativa para a robotização alienante e compulsiva. Entre a atividade profissional, escolhida livremente e vivida como uma possibilidade sublimatória e a reprodução em série do mundo robotizado do trabalho – produtor de objetos úteis para a comercialização compulsiva –, é o lugar do sujeito que se coloca em questão. O exemplo na citação a seguir pode ilustrar, como metáfora, o alto custo desse tipo de trabalho (Zaltzman, 1994).

O etnólogo Jean Malaurie, em seu livro *Os últimos reis de Thulé*, relata o encontro comercial de um grupo de esquimós, habitantes do Ártico, com um grupo de americanos, participantes de uma base atômica:

> Um jovem americano pede-me que diga a um esquimó que acaba de fabricar uma figura de marfim: "*Please, tell the Esquimo* para raspar muitos assim para mim. *More*! Que elas sejam iguaizinhas. Mas diga-lhe que deve diminuir o preço à medida que aumenta a quantidade. Darei *five dollars* por cada um, ao invés de *ten*". Traduzo. O esquimó assusta-se.

> — Não é possível! Diga a ele, a este *Qraslounaq*[3] mau que quanto mais parecidas houver mais caro será, pois será mais desagradável refazê-las! (p. 20).

O trabalho, quando desprazeroso, mesmo que realizado automaticamente, como se não tivesse custos, acaba por mimetizar os homens aos objetos fabricados: correm o risco de se verem coisificados.

O homem moderno está permanentemente confrontado com sua condição de desamparo, de insuficiência e de vulnerabilidade. A transformação nas formas de trabalho e de ocupação do tempo, que acompanharam os desdobramentos da Revolução Industrial e a reprodução ampliada do capitalismo, acentuaram esses aspectos e culminaram na produção de "resíduos humanos" (Bauman, 2001) – seres supérfluos e desperdiçados, e na inutilização de formas anteriores de subsistência. O surgimento do individualismo, com o início do Renascimento, libertou gradativamente o homem moderno dos grilhões da autoridade e da tradição, mas, ao retirar-lhe a segurança de um lugar predeterminado, lançou-o na "era de um tormento perpétuo" (Bruckner, 1996, p. 19). Sua impossibilidade em se incluir nos espaços

---

3 A palavra *Qraslounaq* revela o estranhamento que a chegada dos primeiros exploradores provocou nos esquimós. Eles não gostam de ser chamados esquimós e se autodenominam "Inuit", que significa "homens de verdade". *Qraslounaq*, por outro lado, é a palavra usada para designar os estrangeiros e significa "algo entre um homem e o indescritível". Evidentemente, no contexto citado, a palavra tem um sentido depreciativo.

reconhecidos pela cultura, em se destacar, em afirmar o brilho narcísico do eu, em suportar a existência do outro – vivido como rival, inimigo, competidor – torna-o alvo fácil das manifestações sintomáticas do narcisismo na forma de depressões, autoacusações ou revoltas odiosas e violentas. Os ciúmes e as invejas tornaram-se afetos dificilmente suportáveis e sua resolução pode levar, nos casos extremos, à eliminação do outro.

Por outro lado, a alienação no trabalho pode ser entendida como uma tentativa de fuga do desamparo, do conflito, da "esperança louca" de que o risco, a insegurança e o sofrimento psíquico desapareçam. O objeto que poderia ser fonte de prazer e de realização sublimatória se torna objeto de necessidade e, portanto, demandante de uma submissão incondicional dos sujeitos. O risco do desemprego acentua essa sujeição. A não inclusão no mundo do trabalho tem mostrado consequências drásticas – xenofobia, revolta dos jovens marginalizados, depredações, queima de bens materiais – símbolos de uma cultura perversa que não permite o reconhecimento de uma parcela significativa de sua população.

Sabemos que os projetos identificatórios se constroem a partir dos sinais de pertinência e de reconhecimento que o olhar dos pais (marcado por suas histórias e por seu lugar na cultura) e, depois, os olhares dos outros, oferecem a cada sujeito que faz sua entrada no mundo. Os que não conseguem ter acesso aos lugares tidos como privilegiados crescem identificados a um não lugar ou a um lugar de deterioração, de humilhação social – meninos de rua, vagabundos, favelados, desempregados... Nessas condições, a submissão e/ou a violência são respostas possíveis a essa desqualificação; são formas de construir um lugar.

Outra consequência dessas características evidenciadas pela modernidade é que a ideia de história se torna precária e os laços de solidariedade e reconhecimento coletivos liquefazem-se – em conformidade com a feliz imagem proposta por Bauman (2001) de "modernidade líquida". Os lemas são: "cada um por si"; "a vida não pode parar"; "o que importa é vencer"; "viva o momento"; "bom é ser popular"; "seja feliz"...

Não é, então, realmente inusitada a mensagem com que iniciamos este capítulo?

> Após 34 anos de trabalho, os proprietários venderam a loja e agora merecem desfrutar a vida. Ela era considerada por muitas pessoas como ponto de referência do bairro. Eu sou o filho, darei continuidade... mantendo, assim, parte de nossa tradição. Não poderíamos encerrar nossas atividades sem agradecer a todos os nossos clientes, fornecedores e amigos que fizeram parte de nossa história. Muito obrigado!

Curiosamente, não há na placa nenhuma referência aos trabalhadores da loja. Seriam eles inexistentes? Ou é apenas reflexo da sutileza costumeira com que se aniquila aqueles que não têm a posse dos bens que produzem?

9.

Veredas do desamparo[1]

É incrível como o povo, quando se sujeita, de repente cai no esquecimento da franquia tanto e tão profundamente que não lhe é possível acordar para recobrá-la, servindo tão francamente e de tão bom grado que ao considerá-lo, dir-se-ia que não perdeu sua liberdade e sim ganhou sua servidão.
(La Boétie, *Discurso da Servidão Voluntária*)

Encanto e espanto estão na origem das ideias que me levaram à construção deste texto. Encanto com o "discurso" de La Boétie (1982), com a potência de seu questionamento sobre a servidão e com a instigante possibilidade de conversa com a psicanálise. Espanto com cenas de extrema violência – como o sequestro de Natascha Kampusch[2], por exemplo, e

---

[1] Publicado originalmente no livro *Interlocuções sobre o feminino na clínica, na teoria, na cultura*, organizado por Silvia Leonor Alonso, Danielle Melanie Breyton & Helena H. F. M. Albuquerque (São Paulo: Escuta, 2008; pp. 311-321).

[2] Natascha Kampusch foi sequestrada aos dez anos, em 1998, na Áustria, e só conseguiu escapar depois de oito anos de cativeiro. O homem que a sequestrou, Wolfgang Priklopil, cometeu suicídio logo depois da fuga de

certas declarações feitas por ela após o resgate, amplamente divulgadas pela mídia –, em que se vislumbram gestos de cumplicidade e de sujeição ao agressor. As figuras do masoquismo, da identificação com o agressor, da angústia perante o desamparo surgem, então, como resposta imediata a essa presença da servidão.

Mas a servidão não se manifesta apenas nas situações extremas de violência tão facilmente reconhecíveis. Fará sua presença em muitos momentos da experiência humana; momentos em que o espanto, provocado pela emergência da diferença e da alteridade, ameaça o psiquismo com o risco do desamparo. A percepção da diferença entre os sexos, com sua consequente "desautorização da feminilidade" (Freud, 1937) – seja nas mulheres via inveja do pênis, ou nos homens via revolta contra as atitudes de passividade ante outro homem – está no centro da problemática. A possibilidade de travessia pelo trágico do desamparo e a "aceitação da feminilidade" apresentar-se-ão, então, como maneiras possíveis de ultrapassagem do "encanto sedutor" promovido pela servidão. Um fragmento clínico – uma criança que não consegue dormir porque tem medo de ser esquecida –, e algumas observações a respeito de um texto literário – *Ensaio sobre a cegueira* –, são aqui apresentados a partir de outro encanto: a potência liberadora das

Natascha. A jovem esteve presente no velório de seu sequestrador e declarou que ele havia feito parte de sua vida e sua morte era desnecessária. Ela, agora, sentia-se culpada pelo que lhe acontecera.

narrativas e seu movimento de abertura para o trabalho, continuamente necessário, com a inquietude perturbadora das diferenças e com tudo aquilo que faz resistência ao seu reconhecimento.

O manuscrito original do *Discurso da servidão voluntária*, texto escrito por Étienne de La Boétie, foi entregue a Montaigne e não mais encontrado. Razões políticas impediram sua publicação naquele momento, pois o texto é um corajoso ensaio em defesa da liberdade e uma crítica feroz ao poder da tirania e aos que se deixam sujeitar por ela. É bastante instigante a argumentação feita por ele e surpreendente a atualidade da posição que denuncia.

Surpreendente é também a afirmação de Montaigne de que La Boétie tinha apenas 18 anos quando o escreveu, em 1548, ou mesmo 16 anos, como afirmou posteriormente. Essa data, porém, é colocada em questão por Marilena Chaui (1982), que vê nesse artifício de Montaigne uma tentativa de disfarce que permitiria sua publicação: tratar-se-ia apenas de um "divertimento adolescente"! (p. 176)[3]. A primeira edição de que se tem conhecimento surgiu, de forma parcial, em 1574 e três anos depois, em 1577, tem-se o registro da primeira edição completa, porém bastante adulterada. Duas cópias que parecem ter sido feitas a partir do

[3] Marilena Chaui sugere que o texto tenha sido escrito em 1552 ou 1553. La Boétie teria, então, 22 ou 23 anos, já se teria estabelecido como jurista e parlamentar e percorrera, nessas condições, "várias regiões da França por onde rebentavam e se espraiavam revoltas e embriões da guerra civil".

original foram encontradas apenas no século XIX e editadas em 1853, por Z. Payen.

O que La Boétie (1982) se pergunta e tenta entender em seu escrito é

> [...] como pode ser que tantos homens, tantos burgos, tantas cidades, tantas nações suportam às vezes um tirano só que tem apenas o poderio que eles lhe dão, que não tem o poder de prejudicá-los senão enquanto têm vontade de suportá-lo, que não poderia fazer-lhes mal algum senão quando preferem tolerá-lo a contradizê-lo. Coisa extraordinária, por certo; e porém, tão comum que se deve mais lastimar-se do que espantar-se ao ver um milhão de homens servir miseravelmente, com o pescoço sob o jugo, não obrigados por uma força maior, mas de algum modo (ao que parece) encantados e enfeitiçados apenas pelo nome de um, de quem não devem temer o poderio pois ele é só, nem amar as qualidades pois é desumano e feroz para com eles (p. 12).

Logo após lançar essa questão, o autor faz um comentário sobre o valor da amizade, em que aponta para o risco de que um momento inicial que seria de gratidão e de reconhecimento pelas dádivas recebidas possa se transformar em um cativeiro por tempo indefinido, quando se rompem as condições de igualdade e de estima mútua. E retoma sua questão: "Que monstro de vício é esse que ainda não merece o título de covardia, que não encontra um nome feio o bastante, que a natureza nega-se ter feito, e a língua se recusa a nomear?" (p. 13). Que deslizamento é esse, apontado por ele, em que da *servidão voluntária* os homens se entregam ao *desejo de servidão*?

À descrição do fenômeno feita por La Boétie e à sua questão de por que isso acontece, a psicanálise, quatro séculos depois, oferece-nos, em sua conceituação, algumas formas possíveis de resposta. Da servidão à liberdade, como se faz essa conquista? Não poderia ela ser descrita como o trajeto necessário a ser feito por qualquer sujeito?

Pensemos nas origens, quando Freud descreve a instauração do desejo a partir da sedução materna. Nesse primeiro instante, o sujeito é colocado em uma posição passiva diante do poder onipotente do Outro; posição à qual se entrega ou que tenta reverter, mais tarde, pela atividade reativa ou, ainda depois, pelas vias da sublimação.

A seguir, outro cenário vem tornar complexa a passividade inaugural, com o surgimento da sideração diante do Um narcísico e da constituição do esboço inicial de uma possível alteridade. Prazer imediato diante da capacidade de representação, da apreensão de si e do outro, vislumbre das potencialidades que se abrem a partir dessa brecha que instaura a discriminação inicial. Mas, também, risco de fragmentação, terror diante do poder do Outro do qual depende a imagem que precocemente se apreende.

Construções psíquicas que produzirão reverberações no momento de percepção das diferenças sexuais anatômicas, resultando na organização de outra dualidade: fálico – castrado; oscilação entre o "ter e ser tudo" e o "nada ser" colado à ideia daquilo que falta.

E somente depois, diz Freud, em outro momento, que a oscilação vem a ser entre o masculino e o feminino. Identidades sexuais construídas a partir de uma trágica travessia pelas vicissitudes edípicas e onde as diferenças podem sempre resvalar para representações valorativas, fazendo renascer os fantasmas narcísicos.

Atividade-passividade, fálico-castrado, masculino-feminino. Nessas dualidades poderíamos vislumbrar a emergência do campo da servidão, da sujeição do um ao outro, da sideração alienante na idealização de uma imagem totalitária e onisciente. Mas, sabemos, as coisas não são assim tão lineares; não existem essas entidades de forma tão consistente e elas não se apresentam tão díspares no psiquismo. Não há cronologia a seguir, não há atividade e passividade absolutas, não é possível pensar no masculino e no feminino puros. Não há um caminho progressivo positivado. Lembremo-nos dos sonhos, por exemplo, cuja construção depende da possibilidade do caminho regressivo. O que há são diferentes vias de sentido – direções e significações – que apontam para a complexidade que constrói o humano.

Porém, é por outra via que me interessa trabalhar a questão proposta por La Boétie. Nela, outra dualidade – não desvinculada das anteriores – se oferece para análise: o par masoquismo-sadismo. E, se acrescentarmos a essa análise a noção do *desamparo*, teríamos melhores condições para construir uma resposta possível à questão inicial. *Servidão, masoquismo e desamparo* poderiam, então, ser aproximados. O que isto tem a ver com o feminino? E de que feminino se trata?

Já em Freud, como sabemos, o feminino surge como um enigma. Um enigma que não se dissolve na solução inicial encontrada pelas crianças, quando deparam com a angústia da percepção das diferenças, construindo a primazia do falo e identificando-o ao masculino, nem nas equivalências simbólicas apontadas por ele ao indicar o caminho da substituição do pênis pelo desejo de ter um filho, como a via que conduziria à feminilidade. Mas importa aqui essa ideia de substituição simbólica, de deslocamentos possíveis, de necessidade de teorização, pois ela aponta para um trabalho contínuo e intenso de busca de simbolização para algo que pode ser aproximado da ideia de "umbigo do sonho", do irrepresentável, da não figuração.

A feminilidade não se restringe, então, ao outro sexo que se oporia ao fálico-masculino. Tem uma abrangência maior, ao se inscrever como marca de origem e de enigma, colocado tanto para os homens quanto para as mulheres, de que há uma diferença que nunca se diz de modo consistente, mas que insiste e demanda uma tentativa, sempre tangencial, de encontrar palavras que a sustente sem transformá-la em lugar de mais ou menos valia. Isso implica uma travessia pela castração, pelo desamparo – próprio da condição humana – com os riscos que ela comporta: estagnação na servidão, na impotência, nas veredas mórbidas do masoquismo. Ou reconhecimento da fragilidade, da necessidade de laços solidários com o outro e de um trabalho possível de criação[4].

Servidão e desamparo; é disso que nos fala La Boétie (1982) quando afirma: "Eu não o exortaria se recobrar sua liberdade lhe custasse alguma coisa... Mas ainda não desejo nele tamanha audácia, permito-lhe que prefira não sei que segurança de viver miseravelmente a uma duvidosa esperança de viver à sua vontade" (p. 14).

Meu caro Boétie, poderíamos dizer-lhe, sua fala é de fato premonitória – escrita no alvorecer da modernidade, ela aponta para o que no decorrer dos séculos tem se agudizado como questão para a constituição das subjetividades. É de

[4] É interessante destacar que ao final de sua obra, Freud retomou com interesse os temas da feminilidade, do masoquismo e do desamparo. A feminilidade como algo que faria resistência à análise, o masoquismo como a expressão mais significativa da pulsão de morte e o desamparo como condição subjacente ao mal-estar na civilização e às tentativas de sua transformação. Não é por acaso, comenta Birman (2003), pois, "o masoquismo evidencia a repulsa do sujeito ao desamparo, na qual este ocupa a posição de *servidão* face ao outro para evitar a dor e a solidão da experiência da feminilidade" (p. 47). Para ele (*Idem*, 2006), a posição originária do desamparo corresponde ao que Freud, em "Análise terminável e interminável", denominou *feminilidade*, pois nesse registro falta qualquer referência de segurança dada imaginariamente pelo falo. O masoquismo feminino e o masoquismo moral seriam formas fálicas de defesa contra a emergência da feminilidade, que se aproximaria, então, da ideia de masoquismo erógeno (*Idem*, *Ibidem*, p. 311).

fato necessária uma certa audácia para sustentar a ideia evanescente do ser, pois é na aceitação da incerteza das referências, na desilusão necessária de que a propriedade fálica nos permitiria navegar por horizontes seguros, que a miséria da servidão poderá ser ultrapassada e dar lugar à construção sempre contínua e sempre instável de uma centelha de liberdade. "Decidi não mais servir e sereis livres; não pretendo que o empurreis ou sacudais, somente não mais o sustentai, e o vereis como um grande colosso, de quem se subtraiu a base, desmanchar-se com seu próprio peso e rebentar-se" (*Idem*, *Ibidem*, p. 16).

Também isso não é tarefa tão simples. Estabelecido o lugar do Colosso, na mais tenra infância, ele se instalou no psiquismo com tanta fúria que a pobre criança, aterrorizada e com medo do aniquilamento, rendeu-se à sua força. É preciso toda uma vida para retirar-lhe sua base e mesmo após essa retirada ela tende a retornar e a iludir com seu canto de sereia, aquele que pensara ter-se libertado. Até Ulisses, tão bravo guerreiro, pediu a seus marinheiros que o amarrassem ao mastro e tampassem seus ouvidos e olhos para que a essa força pudesse resistir, pois, tendo conhecido o valor da liberdade, tinha de lutar para não se deixar sujeitar e acostumar-se à lassidão do falso ouro prometido. Essas sereias entoavam seu canto sedutor, mas deixavam nas sombras a face terrífica das erínias de uma mãe, capaz de devorar e destruir aqueles que ousassem deixar de servi-la.

Não nasceu o homem, como diz La Boétie, para viver livremente de acordo com sua natureza... Nasceu no desamparo, na dependência absoluta, e a possibilidade de se distanciar dessa marca original demanda um longo trabalho de resistência. O lugar da tirania está sempre à espreita; nas condições menos adversas, ele pode surgir e com violência instalar aos antigos companheiros, na condição de servos "naturais". Mas também se reinstala – e nisso La Boétie é bastante astucioso – pela ilusão. Por ilusão, diz ele, os homens muitas vezes "perdem a liberdade; mas nisso não são enganados por outrem com a frequência com que são iludidos por si mesmos" (1982, p. 20). Ilusão alimentada pela ideia de que há uma força superior que os protegeria do desamparo. Ilusão do Um absoluto, personificado na representação interior do Super Eu, no Supremo Bem, no Supremo Mal, nas Religiões, no Poder, no Saber, nos Bens de Consumo, no Capital, e em tantos outros derivativos fálicos... Ilusão tão necessária que, para não perdê-la, os homens podem dar ao tirano seus bens mais preciosos: sua vida e sua morte. Força do Um que sujeitaria e anularia a possibilidade assinalada por La Boétie: nascemos para sermos todos um. Porém, mais ainda, *todos uns com os outros*, de onde se deduz o valor da alteridade e da linguagem.

Clastres (1982), comentando o texto de La Boétie, ressalta justamente esses aspectos: o valor da solidariedade, da igualdade e da fala. Para isso, retoma um mito dos índios Guarani:

> Seu grande deus Ñamandu surge das trevas e inventa o mundo. Faz com que primeiro advenha a Fala... Confere à humanidade o destino de acolher a fala, de existir nela e de ser seu abrigo... A sociedade é o gozo do bem comum que é a Fala. Instituída *igual* por decisão divina – por natureza! – a sociedade reúne-se em um todo um, isto é, indiviso: então, nele só pode morar *mborayu*, vida da tribo e sua vontade de viver, a solidariedade tribal dos iguais, *mborayu*: a amizade é *una como* a sociedade que ela funda, como os homens dessa sociedade são *todos uns* (p. 123, grifos do autor).

Fragmento clínico: registro de um nome de menina

Acolher a fala, ser seu abrigo e encontrar na construção das narrativas possibilidades de sentido... Criar enlaces... Separações... Suportar a não consistência... Ofício do analisar, tornado possível como lugar de contínuas tentativas... É assim que Graciela, que admira a arte dos trapézios e das cordas suspensas, vai ensaiando, no equilíbrio instável de seus nove anos, novas formas de vencer seus medos, construir seu lugar feminino e dar outro destino ao desamparo e ao risco da servidão. Tem muito medo de dormir sozinha à noite. Separar-se, ficar sozinha trazem para ela o risco do esquecimento. Em seu imaginário, uma ideia de que alguém, de mais valor, poderia ter nascido em seu lugar: um menino para quem já havia sido escolhido um nome.

Após as férias, brinca comigo de fazer placas com seu nome. É como se ela não soubesse se a guardei em mim. Os diferentes detalhes que vai acrescentando às placas me levam a lhe dizer que ela não quer somente ser lembrada pelo nome; quer também deixar marcas nos outros. Na sessão seguinte, ela retoma a brincadeira. Agora já não são placas, são nomes desenhados de diferentes formas, na lousa. Um deles, ela me diz, é um nome escrito-desenhado como se fosse de uma criança pequena e, outro, como se fosse de um adulto. Diferenças que têm a ver com as formas e com a passagem do tempo. Será ela reconhecida em seu corpo de menina-mulher? E apesar das mudanças que se processam nela? Diferenças no humor – alegre, triste, confusa – e nas idades que marcam o crescimento... O primeiro nome é "juntinho", sem separação de letras; o segundo tem autonomia e termina com um tracejado que conduz a uma borboleta que voa – vai para o mundo, depois de toda a transformação silenciosa em seu casulo. Enquanto desenha, diz-me que fez isso na aula de artes e que pensou no que eu lhe dissera: que ela queria saber das marcas que deixava nos outros.

É pelo desenho das várias formas de se escrever um nome que vou pensando que se trata aqui de uma questão que "bordeia" o desamparo no humano e do seu apelo, apesar de todas as vicissitudes que marcam a vida, de ser reconhecido. Em outro momento de sua análise, Graciela me dirá:

"*ter medo de monstros, à noite, como eu tenho, poucas crianças na minha idade o têm, mas o medo do nada é algo que até os adultos têm*". Ser nada para o outro, não ser reconhecido em sua fragilidade, ser inexistente se não se está no registro do fálico-brilhante, instala a tragédia. Solidão absoluta, desolação. A cada vez que é convocada a dar conta de algo, os monstros reaparecem, ela se imobiliza e sua fala rateia. Faz de tudo para que haja, sempre, um adulto presente à noite, instalando, a ele e a ela, no registro da servidão.

Em outro momento da análise, a escrita de uma nova palavra virá acompanhada de uma diminuição de seus medos: "*perfeita*", *essa palavra*, diz ela, *não deveria existir; é impossível o tudo...* Entre o "tudo" e o "nada" ela começa, então, a construir o reconhecimento possível das diferenças e as figurações, sempre mutantes da feminilidade, positivando-se o desamparo.

Mas há outras situações, extremamente violentas, como a que aconteceu com Natascha, a menina austríaca a que nos referimos no início, em que a dominação sádica não permite saídas. A cena só se complementa com tentativas de esvaziamento, de dissolução, de entrega absoluta, de alienação absoluta no desejo do outro: "faça comigo o que quiser, mas não me abandone!". Instala-se uma cumplicidade perversa com o agressor; último reduto de um possível reconhecimento de que resta, no humano, um lugar de sujeito; sujeitado, mas visível – existente[5]. Experiências terríficas de abuso em que o desamparo, agudizado pelo risco iminente da morte, não encontra outras veredas. Imobiliza-se na servidão masoquista. Enclausura-se em uma tentativa desesperada de garantir o cuidado e o amor do outro. Nessas situações, já não importa o registro de um nome próprio, pois a diferença tornou-se secundária.

Todos uns. Sem os outros? Ensaio sobre a cegueira

Nascemos para sermos todos uns – uns *com* os outros, insistiu La Boétie. Disso podemos deduzir que quanto mais frágeis forem os laços entre os homens, quanto mais se romper a possibilidade da amizade e da solidariedade, mais suscetíveis eles estão para a paixão da tirania e da servidão. Desagregação social, domínio de uns sobre os outros, abusos de poder, exclusões e predomínio da crueldade... Terror imaginário da castração, insuportabilidade da fragilidade – recusa do feminino. Não são estes os fantasmas que compõem o pano de fundo do *Ensaio sobre a cegueira*? (Saramago, 2007).

> Um dia normal na cidade. Os carros parados numa esquina esperam o sinal mudar. A luz verde acende-se, mas um

[5] Veja-se o texto em que Freud trabalha em detalhes as figurações do masoquismo e as fantasias que as representam – "Bate-se numa criança" (1919).

> dos carros não se move. Em meio às buzinas enfurecidas e à gente que bate nos vidros, percebe-se o movimento da boca do motorista, formando duas palavras: *Estou cego* [...] (Nestrovski, 2007, orelha, grifo do autor).

Desamparado, no meio da rua, sentindo que o chão lhe fugia debaixo dos pés, tentou conter a aflição que lhe subia pela garganta... A "treva branca" que acomete esse primeiro cego vai se espalhar incontrolavelmente pela cidade e, em breve, uma multidão de cegos precisará aprender a viver de novo, em quarentena (*Idem, Ibidem*).

Desaparecidas as referências até então reconhecidas, confrontados com a fragilidade que não se deixa ocultar por nenhuma vestimenta dissimuladora, os homens perderão, ao longo do romance, suas conquistas civilizatórias. Não faltarão a inutilidade dos colóquios, dos seminários e das mesas-redondas, uns abertos ao público, outros celebrados a portas fechadas. A fome e o medo transformarão uns aos outros em inimigos e o espaço coletivo em patíbulo de execução.

Uma figura de mulher suportará, nessa travessia, o encontro com a destruição, com a miséria despudorada das necessidades e do sofrimento dos corpos, com a exigência compulsiva de gozo pelo abuso do sexo do outro... Será ela que juntará os fragmentos, recolherá os farrapos, guiará um grupo para que ele estabeleça laços entre si e garanta a sobrevivência física e erótica. Sozinha, fará uso também de outra arma – eliminará um grupo de perseguidores e descobrirá que os algozes já não estavam presentes na vigilância do cativeiro. Gestos de coragem e de violência necessários para romper a tirania, para atravessar as fronteiras do enclausuramento e para resgatar uma possível humanidade. Mas, mesmo com as portas abertas[6], nem todos se aventuram a sair:

> Diz-se a um cego: Estás livre, abre-se-lhe a porta que o separava do mundo. Vai, estás livre, tornamos a dizer-lhe, e ele não vai, ficou ali parado no meio da rua, ele e os outros, estão assustados, não sabem para onde ir... (não sabem) aventurar-se, sem mão de guia, nem trela de cão... (Saramago, 2007, p. 211).

Ao final do livro, outro registro de sobrevivência: alguém, um homem, escreve. Constrói, sem poder ler, um relato

> [...] sobre o que sofremos, sobre a nossa vida. Cada um deve falar do que sabe, e aquilo que não souber, pergunta. Eu pergunto-lhe a si, e eu lhe responderei, não sei

[6] Peter Brook (2002), em um sugestivo ensaio sobre a interpretação e o teatro, *A porta aberta*, chama a atenção para o trabalho intenso implicado em qualquer construção: "O verdadeiro processo de construção envolve simultaneamente uma espécie de demolição, que implica a aceitação do medo. Toda demolição cria um espaço perigoso, no qual há menos suportes e menos apoios" (p. 20).

> quando, um dia... Estou de passagem, dissera o escritor, e estes eram os sinais que ia deixando ao passar (*Idem, Ibidem*, p. 278-279).

Não importava para quem em especial; importava que houvesse um sonho de futuro, um desejo de que a narrativa criasse laços e deixasse como legado a ideia de que as referências fálicas são uma falácia e podem sempre ser desconstruídas. E que isso não nos deixa no deserto. Mas, antes, abre a possibilidade de novas construções e de novas perguntas através das quais *uns encontram-se com os outros.*

10.

As múltiplas faces dos vampiros[1]

Lena é uma jovem menina que esteve em análise há cerca de três anos. Em uma das sessões, falou-me com entusiasmo sobre sua nova paixão. Aquilo me surpreendeu, pois ela era bastante lacônica nas manifestações de seus interesses. A bem da verdade, em geral, tudo lhe parecia bastante desinteressante, embora fizesse esforços contínuos para se sentir aceita pelos grupos com quem convivia. Descreveu-me o personagem que se tornou objeto de tal investimento: uma figura pálida que passeia pela cidade acompanhado de sua trupe; que não dorme e evita o contato com os outros a não ser em situações especiais; e que já tem mais de cem anos...

Eu a interrompi surpresa: "Mas ele é um vampiro! Você não tem medo de vampiros?"

Ela riu da ingenuidade de minha pergunta. No universo em que estava mergulhada, aquilo não fazia o menor sentido. Tratava-se da construção de uma fantasia amorosa, da

---

[1] Publicado originalmente no livro *Psicanálise em trabalho*, organizado por Flávio Carvalho Ferraz, Lucía Barbero Fuks & Silvia Leonor Alonso (São Paulo: Escuta, 2012; pp. 249-263).

descoberta da sedução e de algo que logo se tornaria uma mania de leitura – não só entre os mais jovens, mas também entre muitos adultos – a série, escrita por Stephanie Meyer, iniciada com *Crepúsculo* (2008) e seguida por *Lua nova*, *Eclipse* e *Amanhecer*, na qual se desenvolve a história do amor adolescente entre Bela e Edward, um jovem vampiro.

Meu interesse inicial pelos vampiros deveu-se, então, a esse momento em que me surpreendi intensamente impactada pela diferença entre minha experiência infantil com tais seres – revelada de maneira abrupta e desajeitada por minha pergunta – e aquilo que ela me apresentava como encantamento e identificações possíveis. Não que não houvesse registro, em minha lembrança, da sedução exercida por Drácula sobre as mulheres a quem ele despertava em seus passeios noturnos pela cidade, mas a experiência do medo paralisante era muito mais intensa. Será possível pensar que essa diferença aponta para uma mudança mais abrangente? Que, nos últimos anos, o medo, com relação à sexualidade, tenha sido banalizado, desqualificado e substituído por uma visão pasteurizada da sedução, tal como nos é apresentada nas adaptações cinematográficas dessa série? Não se trataria aí de uma tentativa de negação da violência fundamental, inevitável, quando o Eu depara com a existência da alteridade, da sexualidade, das diferenças? Ou de uma tentativa de controle das possibilidades de expressão das neossexualidades ou da sexualidade "perverso-polimorfa" conquistada pela juventude, onde o "ficar", as experiências com ambos os sexos, a iniciação sexual mais precocemente consentida são práticas bastante frequentes? Questão difícil de responder.

Mas não podemos deixar de reconhecer que os vampiros já não se escondem da luz do dia; eles circulam livremente entre nós e com bastante desenvoltura: na literatura, no cinema, nas séries televisivas, na maneira pela qual se estabelecem certos relacionamentos, na política, na vida econômica dos Estados, nos fundamentalismos religiosos. Que denominador comum há nessas múltiplas formas de expressão?

Talvez haja em todos esses campos nomeados a possibilidade de destacar a supremacia da figura do "predador". Seja na figura dos Estados que, de modo tirânico, afastam uma parcela significativa da população de sua dignidade subjetiva. Seja na hegemonia do biopoder que vai ditando normas de cuidados e de preservação e se apossando dos corpos mediante o controle de seus excessos, suas vontades, seus prazeres. Seja na voracidade própria do mundo do consumo, que convoca à compulsão por adquirir e descartar objetos igualando todos os sujeitos a *logotipos do mercado*. Seja na forma pela qual cuidamos das condições climáticas e ambientais para as gerações futuras. E, mesmo quando se trata das relações mais corriqueiras, no cotidiano dos encontros com os outros, reconhecemos essa figura vampiresca, sugadora, imediatista e intolerante. Em nossa intimidade, ela se manifesta no sofrimento do Eu em função das demandas despóticas e exaustivas do superego tirânico. Como entender seu reaparecimento de modo tão insistente?

Voltemos um pouco no tempo.

Quando Foucault (2010) marca a passagem da feitiçaria que se desenvolveu entre o século XV e o início do século XVII para a possessão, fenômeno próprio do fim do século XVII e do início do século XVIII, mostra que, para além da continuidade entre as duas manifestações, no sentido de resistência à infiltração do cristianismo, há diferenças importantes entre elas que repousam em mecanismos bastante distintos.

A feiticeira, diz o autor, é a mulher da periferia, do exterior, da zona rural. Ela é a má cristã com quem o diabo faz um pacto – eu te dou prazeres, poderes, proteção, você me dá sua alma. Entre eles não há intermediação. Na possessão, aparece outra figura – a do padre confessor, com seus poderes sagrados de autoridade, que se desdobrará em muitas outras figuras que rivalizam entre si. A possuída também vai se multifacetar; ela não será uma serva dócil do diabo – o conflito será interno ao seu corpo. Ele é habitado por um estado de guerra, com diferentes forças, tendências, prazeres, estremecimentos e sensações lutando entre si.

> A feitiçaria aparece nos limites exteriores do catolicismo. A possessão aparece no foco interno, onde o catolicismo tenta introduzir seus mecanismos de poder e de controle, onde ele tenta introduzir suas obrigações discursivas: no próprio corpo dos indivíduos [...] Na possessão não

> há pacto, mas uma invasão, uma insidiosa e irresistível penetração do diabo no corpo (Foucault, 2010, p. 179).

Outro aspecto importante da análise da possessão – figura produzida pela invasão insidiosa do confessor no corpo da antiga feiticeira – é que essa invasão tinha como efeito uma série de manifestações corporais que precisavam, em seguida, ser controladas. Uma das formas de controle instituída foi a derivação do poder sobre o corpo, do campo religioso para o campo da medicina.

> Foi na medida em que herdou esse domínio da carne, recortado e organizado pelo poder eclesiástico, foi na medida em que se tornou, a pedido da própria igreja, herdeira ou herdeira parcial, que a medicina pôde começar a se tornar um controle higiênico e com pretensões científicas da sexualidade (Foucault, 2010, p. 191).

Com esse recorte, o que me interessa assinalar é que, acompanhando o pensamento foucaultiano, tais figuras – da feiticeira ou da possuída – são manifestações privilegiadas do que se estabelece, em determinada época, como efeito das relações entre o corpo e os mecanismos de poder que o investem. É por essa vertente, portanto, que poderemos nos interrogar sobre as formas contemporâneas de poder sobre os corpos e quanto se podem reconhecer seus efeitos pelas diferentes figurações que dominam o imaginário cultural de nossos tempos, sendo os vampiros uma manifestação privilegiada desse poder e dos ideais por ele engendrados. Provavelmente, diz José Gil (1994 *apud* Tucherman, 2004),

> [...] o homem só produz monstros por uma única razão: poder pensar a própria humanidade. Seria possível traçar a história das diferentes ideias ou definições que o homem deu de si próprio através das representações da monstruosidade humana que a acompanham (p. 95).

O que está em questão, portanto, é a história política dos corpos.

O monstro político

São muito diversificadas as possíveis origens que moldaram a figura do vampiro como a conhecemos hoje. As referências iniciais ao que poderíamos denominar seus ancestrais – os regressantes, os mortos-vivos, os demônios – datam do período medieval ou tardo-medieval. Nelas, de acordo com Silva (2010), o "vampiro ainda é um ser embrionário, indiscernível e amalgamado às bruxas, aos possuídos pelos demônios" (p. 15). O primeiro registro escrito do termo que daria origem à palavra "vampiro" data de 1047, na forma de *upir*. Essa palavra surgiu em uma obra russa em que um padre, ou um príncipe, era chamado de *upir lichy* – vampiro hediondo – em função de seus desvios de comportamento. Os vampiros sobreviveram na tradição eslava como contraponto à cristianização da região, e o fato de serem refratários à presença dos símbolos cristãos – a cruz, a água-benta, as igrejas – expressa a oposição à tentativa de sua colonização pelo poder religioso que se tentava implantar como hegemônico. À alma imortal do cristianismo, contrapôs-se o "corpo imortal" dos vampiros (Gonçalves, 2006).

No século XV, chama a atenção um manuscrito de 1490 que relata as crueldades de Vlad Tepes, um príncipe romeno que fazia parte da Ordem do Dragão – uma organização secreta de cavaleiros cristãos –, na qual ingressou com o nome de Dracul – filho do Dragão. Foi nesse manuscrito que Bram Stoker (s/d) se inspirou para escrever *Drácula*, obra que se tornou referência para todas as outras produções. Foi nele, também, que Francis Copolla se apoiou para produzir o filme de mesmo nome. Diz o folclore que quando Vlad Tepes se tornou príncipe, em 1456, lutou pela independência da Romênia combatendo ferozmente os turcos, seus inimigos. Ele os empalava e suspendia as estacas até que todo o sangue se esvaísse de seus corpos. Mas, antes de matá-los, ele os convidava para fazer refeições ao ar livre, no meio de mortos ou agonizantes.

Podemos reconhecer nessa figura uma representação precursora daquilo que Foucault, ao analisar a Idade

Moderna, chamará de "monstruosidade moral"? No decorrer do século XVIII, dirá ele, processa-se uma mudança significativa nas estratégias de poder que possibilitam as práticas de normalização e uma nova forma de definir e lidar com as anormalidades; elas não se definirão pela natureza ou pela desordem das espécies, mas antes, pelo comportamento – passa-se do "domínio da alteração somática e natural para o domínio da criminalidade pura e simples" (Foucault, 2010, p. 63). Curiosamente, continua o autor, o primeiro monstro moral a surgir é o criminoso político; é ele quem coloca seus interesses acima das leis que regem a sociedade. "O crime é essencialmente da ordem do abuso de poder. O criminoso é, sempre, de certo modo, um déspota, que faz valer, como despotismo e em seu nível próprio, seu interesse pessoal" (*Idem*, *Ibidem*, p. 79). Luís XVI e Maria Antonieta representarão, no final do século XVIII, o casal monstruoso, ávido do sangue de seu povo e a rainha, mais especificamente – e por ser estrangeira – será apresentada como depravada, libertina e incestuosa. Abuso de poder, antropofagia e depravação sexual serão as marcas desse casal. Do outro lado da moeda, no lado do povo revolucionário, a mesma marca: é o monstro popular que comete todos os abusos e massacres. E Foucault (*Ibidem*, p. 85) sintetiza:

> Essas duas figuras pertencem a uma conjuntura precisa, embora também retomem temas antigos: a depravação dos reis, a libertinagem dos grandes, a violência do povo.

> Tudo isso são velhos temas, mas é interessante o fato de terem sido reativados e reatados no interior dessa primeira figura do monstro (moral)[2].

Tal reativação estaria dada pela reorganização do poder político e por suas novas regras de exercício, mediante mecanismos permanentes e abrangentes de vigilância e controle. A isso estaria relacionada, também, a súbita irrupção, nesse momento histórico, da literatura de terror. Os romances de terror, diz ele, devem ser lidos como romances políticos[3].

Será justamente na Era Moderna, nos séculos XVI e XVII, que a figura do vampiro, na literatura ocidental, tornar-se-á autônoma, ganhando características específicas que a destacam das outras assombrações e que se repetirão nas produções literárias que se seguiram, um texto vampirizando o outro em um ciclo permanente de autorreferência: "um verso antigo será retomado como título de uma novela, o mote de um conto se transforma na

---

2 Em suas aulas de 1975, reproduzidas em *Os anormais*, Foucault afirma que cada época possui seu tipo de monstro. Na Idade Média, ele era representado pelo homem bestial: efeito da mistura do reino humano e animal (homem com cabeça de boi, por exemplo), ou da mistura de dois sexos, ou da vida e da morte (crianças que morrem ao nascer), ou um misto de formas (sem braços ou pernas). No Renascimento, essa figura é representada pelos irmãos siameses e, na Idade Clássica, pelos hermafroditas.

3 Nesse sentido, é que M – *O vampiro de Dusseldorf*, realizado por Fritz Lang, em 1931, na Alemanha, pode ser analisado como prenúncio da ascensão do terror nazista, que logo se seguiu.

cena de um novo melodrama, o estribilho de um poema se tornará a epígrafe de um romance [...]" (Carvalho, 2010, p. 9). Os textos iniciais daquele período tinham um caráter investigativo, tentando determinar a existência real dos vampiros. No século XVIII, a Europa se viu invadida pelo "levante vampírico" do Leste Europeu, amplamente divulgado em boletins e folhetos[4]. No *Dicionário filosófico*, de Voltaire, de 1764, há uma crítica sarcástica a essa disseminação investigativa:

> O quê! É no nosso século XVIII que surgiram os vampiros! [...] Não se falava nada sobre os vampiros em Londres, tampouco em Paris. Admito que nessas duas cidades houve agiotas, negociadores, homens de negócios que sugavam em pleno dia o sangue do povo; mas eles não estavam nem um pouco mortos, ainda que corrompidos. Esses verdadeiros sugadores não habitavam cemitérios, mas palácios muito agradáveis (Voltaire, 1764 *apud* Carvalho, 2010, p. 18).

Será novamente sobre as denúncias de corrupção e de abuso de poder, associadas à perversão contemporânea

---

4 As pesquisas atuais explicam essas mortes atribuídas a vampiros como decorrentes dos vários surtos de peste bubônica que atingiram o leste europeu naquele período. Como a doença se espalhava rapidamente, pode ter gerado a crença de que o morto saíra da tumba para levar com ele os que lhe eram próximos.

do sistema financeiro, do predomínio de uma cultura do lucro a qualquer custo, *materialização do gozo máximo, próprio do discurso capitalista*, que reencontraremos, hoje, uma das faces possíveis dessas figuras vampirescas – a do monstro político. Exemplo disso é, entre nós, a charge de Angeli, intitulada "Ataque dos vampiros", publicada na *Folha de S.Paulo*, em 07/07/2011, quando da queda do ministro dos Transportes, sob denúncias de corrupção[5]. E, em uma escala geográfica mais distante, embora muito próxima pelo impacto instantâneo produzido pelos meios de comunicação, a figuração burlesca de alguns tiranos contemporâneos e o uso extremo da violência, dizimando o povo nas ruas e resistindo à saída de seus lugares de poder. Mas, também, em alguns casos, a violência atuada por parte dos que se rebelaram. Tornou-se inesquecível a cena sangrenta filmada em uma das praças líbias, repleta de homens assassinados com os braços amarrados nas costas.

Analisando o discurso social atual, Jerusalinsky (2011) propõe dois paradigmas centrais:

> [...] um é o paradigma do lucro máximo. Não interessa o que isso venha a provocar, tem que haver um lucro máximo e persistente [...] Em termos psicanalíticos, isso

5 Nela, o ministro-vampiro, segurando uma cabeça ensanguentada, em meio a uma porção de restos humanos jogados em um "mar de lama", dirige-se a seus asseclas dizendo: "Sujou! Agora teremos que arranjar um outro ministério antes do raiar do sol".

> se chama *materialização do gozo máximo:* a obtenção, a *positivação imaginária do objeto faltante* e o *gozo do objeto total* (p. 176, grifos do autor).

Temos aqui a trilha das compulsões atuais, onde a incorporação substitui a elaboração simbólica: via para o consumo dos objetos, dos alimentos – bulimia, das drogas – drogadição, dos outros[6]. Tentando obter reconhecimento irrestrito, todos os méritos possíveis, todos os objetos idealizados, os sujeitos se veem avidamente consumidos por aquilo que queriam consumir.

O outro paradigma tenta escapar a essa sujeição ao objeto, propondo o gozo do martírio da privação. Esse é o discurso fundamentalista

> [...] que torna a crença consistente e não o objeto; o que significa dizer que é um delírio coletivo [...] a condição desse paradigma é que torne as crenças consistentes, que se suponham todas realizáveis, reais. Para dar consistência às crenças é necessário que o sujeito se disponha a se privar do objeto real para, paradoxalmente, tornar real sua crença (*Idem, Ibidem*, p. 177).

---

[6] É usual a seguinte fala dos adolescentes quando se referem aos encontros ocorridos nas baladas: "com quantos você ficou?" ou "quantas você catou?" É frequente, também, que, antes dessas baladas, eles se reúnam em uma das casas para o que chamam de "esquenta" – um início do consumo abusivo do álcool que continuará durante toda a noite.

E, em seguida, tentar converter todos à mesma crença ou eliminar os que se opõem a ela.

O canibalismo

Os vampiros assustam e fascinam. Sua violência incita o gozo da crueldade-sadismo, ou ao gozo da sujeição-masoquismo, figuras próprias de um cenário canibalístico. Entre eles e suas vítimas estabelece-se um laço próximo ao da hipnose e com as mesmas características descritas por Freud (1921), em "Psicologia das massas e análise do eu": a figura do chefe – herdeiro do pai tirânico primitivo, "adquire a representação de uma personalidade muito poderosa e perigosa, ante a qual só se pode adotar uma atitude passivo-masoquista e abdicar da vontade própria, sendo um ato bastante ousado ficar a sós com ele; 'sustentar-lhe o olhar'" (p. 121).

Nesse enlace, o que se revela é a falta de mediação, a ausência de um outro significativo que intercepte os excessos e impeça a devoração do sujeito ou sua tendência à aniquilação do outro.

A dificuldade de conter o transbordamento pulsional e de se defender das invasões externas pode se manifestar por um excesso do agir, por uma dispersão angustiante, por uma impulsividade que estará presente em muitas cenas da violência contemporânea e em vários quadros de sofrimento psíquico. Por outro lado, pode ser positivada como apelo à função de paraexcitação vinda de um outro significativo. Função que, ao indicar ao impulso o caminho regressivo, possa remeter à inscrição de representações e possibilitar sua contenção.

Jeammet (2005), em uma entrevista à revista *Ide*, analisando a problemática da impulsividade adolescente, em um texto denominado "Adolescência: o espelho da sociedade" faz a seguinte afirmação:

> Quanto mais estamos em insegurança interna, mais vamos depender, para assegurar a nossa segurança e o nosso equilíbrio, da resposta do entorno. Esses sujeitos vulneráveis são dependentes do entorno, ambiento-dependentes. A fragilidade dos seus recursos internos, que nada têm a ver com sua capacidade potencial, torna-os muito dependentes daquilo que os circunda (p. 139).

A qualquer possibilidade de separação, antecipam uma experiência de abandono e respondem com um movimento contrário, compulsivo, de agarramento.

A necessidade interminável de uma confirmação de si, o agir compulsivo em busca de reconhecimento tornam visível a insuficiência constituinte do outro significativo. Dois movimentos opostos respondem a esse fracasso: a busca contínua de um encontro sem limites com o outro – o dizer tudo, a busca da simbiose, da indiferenciação, da transparência – ou o isolamento paranoico diante da presença, potencialmente intrusiva, do outro. Retomo Jeammet:

"Quanto mais inseguro, mais tenho vontade de ser o primeiro em tudo, considerado por todos, e além do mais, serei tentado a uma busca sem fim de *performance*, com o que isso tem de estimulante, mas também de vampírico, principalmente para as pessoas mais frágeis" (*Idem*, *Ibidem*, p. 141).

Na ausência de um enlace erótico afirmativo, o desligamento e a destrutividade surgem como alternativas sempre à espreita; tentativas de fuga ao desamparo e à desestabilização provocada pela impossibilidade narcísica de autoengendramento e de plenitude onipotente.

O eu imortal

A imortalidade é uma das características essenciais dos vampiros. Outra é a possibilidade da eterna juventude; eles são impermeáveis à passagem do tempo e acumulam saberes e riquezas que lhes garantem o exercício de sua soberania. Logo, parecem cumprir o ideal narcísico de nossa cultura – o eu autossuficiente, como medida de todas as coisas. Para a manutenção possível dessa imagem colaboram o saber médico e a tecnobiologia com todas as suas promessas de prolongamento da vida e postergação do envelhecimento[7]

[7] Maria Silvia Bolguese (2012), no artigo "O horror ao envelhecimento e o dualismo pulsional", coloca no centro de sua investigação a relação dos sujeitos com as ideias de beleza, juventude, saúde, envelhecimento e morte, mostrando como o discurso em torno da beleza e da saúde se articulou histórica e ideologicamente.

Falta-lhes, porém, um dos atributos necessários a esse ideal: a possibilidade de se reconhecerem nos espelhos, o que denuncia sua irrealidade, sua precariedade.

Se os vampiros podem ser pensados como a materialização imaginária do duplo sinistro, revela-se, por esses atributos, a oscilação angustiante entre a onipotência e o aniquilamento, própria da dinâmica narcísica do sujeito moderno. A prevalência de um dos polos, deixando sempre entrever a possibilidade de irrupção do outro. À figura embelezada e elegante dos atuais vampiros poderíamos sobrepor a imagem decadente e com o corpo disforme dos zumbis, outra das personificações dos mortos-vivos. Ou à figura de Narciso, podemos sobrepor a dos vampiros:

> Quando nos vemos no espelho o que vemos refletido é a imagem de Narciso que está em nós, mas não a do vampiro que nos habita: este sempre escapa, mas escapa como viajante nômade [...] O vampiro que somos torna possível a imagem do Narciso que vemos: mas o vampiro é o que não pode ser contemplado, já que o espelho não reproduz a imagem de vampiro. "Drácula contra Narciso. Drácula contra Édipo" (Souza, 1995 *apud* Tucherman, 2004, p. 19).

Nesta tentativa intimista de preservar sua imagem, o sujeito tem pouco espaço para a alteridade e para a solidariedade. O que se vê, com muita frequência, é a erosão da vida pública, o desterro solitário na multidão anônima que transita pelos não lugares[8], e inúmeras manifestações fratricidas.

Analisando o ideal de igualdade que marca a modernidade e tenta garantir a vigência da fraternidade, Birman (2000) afirma que esta só será possível se o sujeito puder reconhecer que não é autossuficiente. Com efeito, diz ele, "a autossuficiência é uma pretensão com a marca do absurdo, já que supõe um sujeito estritamente autocentrado que, na verdade, se alimenta na sua pretensão pela colocação do outro numa posição abjeta de coisa [...]" (p. 185).

A autossuficiência choca-se com a fragilidade do corpo, com o envelhecimento e com as marcas da morte na vida. Mas sabemos que o que é forcluído retornará como horror no real.

O amor, o sexo e a morte

Hemingway, um dos personagens de *Meia-noite em Paris*, filme de Woody Allen, descreve o amor como o que nos faz esquecer a morte. Se o medo levantado por mim, no início deste capítulo, pode ser pensado como um afeto importante que nos possibilita a evitação da violência e a preservação

---

8 Os "não lugares", segundo Marc Augé, antropólogo francês, são lugares despersonalizados, desumanizados – coletividades de "ninguéns". Para ele, a supermodernidade é produtora de não lugares, por exemplo, os modernos *shoppings*, saguões de grandes hotéis e aeroportos, bancos e supermercados.

da subjetividade, o amor pode ser pensado como o encontro com um outro que possibilite a contenção da angústia presente na ideia da morte. Nas duas imagens, retomo a origem deste escrito: em mim, o medo, naquela jovem adolescente, o despertar do amor. Medo e amor, evitação e busca de enlace – dualidades conflitivas que revelam a precariedade humana e a necessidade de um trabalho constante para sustentar a alteridade. Como diz Haddad (2011):

> Território limite entre nós e o outro, a experiência amorosa é fonte dos conflitos mais humanos, que gravitam entre o amor e o ódio, o domínio e a subjugação, o desejo e a indiferença, a rivalidade e a generosidade. Na medida em que se ama, é impossível não correr os riscos da perda e seus desdobramentos de sofrimento (p. 129).

É impossível, acrescento eu, não se aproximar do medo e da ideia da morte.

É pela intensidade amorosa, pelas paixões, pela proximidade constante com a morte, pela revitalização através dos fluidos do outro, pela manifestação disruptiva da sexualidade, que a representação dos vampiros revela também, nos diferentes momentos da cultura, aquilo que do amor, do sexo e da morte não quer ou não pode ser reconhecido. Uma forma grotesca e sinistra, portanto, potente, de afirmar que "isso" existe. Aparentados com os poderes sedutores e transgressivos das bruxas, dos demônios, das feiticeiras, das possuídas, não é casual que eles apareçam nas sombras, nas frestas; eles são o negativo das tentativas de normalização da vida sexual e amorosa.

Exemplo disso é a descrição que Bram Stoker, em seu *Drácula*, de 1897, nos apresenta das figuras femininas que se tornam vampiras. Ele rompe com o lugar estereotipado da maternidade e do casamento preconizado para as mulheres da rígida sociedade vitoriana; elas se tornam sexualmente ativas e extremamente sedutoras:

> Vem até mim. Meus braços estão famintos de ti. Vem e podemos descansar juntos. [...] Reconheci suas formas arredondadas, seus olhos duros e brilhantes, seus dentes de um branco incomum, sua cor avermelhada e seus lábios voluptuosos. [...] Seu aspecto era realmente encantador e sua beleza tão marcante e voluptuosa que todo meu instinto varonil, cujo primeiro impulso me levaria obviamente a amá-la e protegê-la, fez minha cabeça balançar de emoção (*Idem*, s/d, p. 454).

O mesmo movimento aparece no poema de Goethe (1798), *A noiva de Corinto*, escrito em 1797, e cuja inspiração foi a história da jovem Filinion, que retorna da morte para viver os prazeres que lhe foram negados em vida. A história original data do século II da Era Cristã e foi elaborada, a partir do folclore grego, por Flégon de Trales:

Ardente a cerra, abraço viril,
Intenso a estreita, a inunda:
"Eu desejo aquecê-la do frio,
Mesmo que tu me venhas da tumba!
Um beijo fervente!
Anseio eloquente!
Não te queima uma paixão profunda?"
E selando em êxtase o amor,
Lágrimas ao desejo se mesclam;
Suga-lhe ela à boca o calor,
Presos um ao outro se infundem.
Seu ardor feroz
Anima-a voraz;
Não lhe pulsa o coração, porém! (Goethe, 1798 *apud* Carvalho, 2010, p. 69).

E, também em *Christabel* – poema publicado em 1816, por Samuel Taylor Coleridge (1816 *apud* Costa, 2010, p. 241) – uma jovem é seduzida por Geraldine, personagem vampiresca, descrevendo-se o sutil erotismo de um encontro homoafetivo.

"É certo que pequei", disse Christabel,
"E que o céu seja louvado caso não tenha!"
E hesitante, muito embora docemente,
Ela saudava a dama altiva, tão confusa
Com os pensamentos que lhe assaltavam
Quanto os sonhos vivos que para trás ficavam.

Mas essa condição de negativo, daquilo que atemoriza, que rompe com a norma ou a tradição e, portanto, deve ser temido e excluído não estava presente apenas em relação à sexualidade. O destino vampiresco estava determinado para excomungados, suicidas, pactuantes com o diabo ou criminosos em geral. Hoje, a grande excluída é a morte, embora, paradoxalmente, ela se faça tão presente em nosso cotidiano. Os vampiros, ao mesmo tempo que trazem a morte, são também a possibilidade imaginária de sua negação; se eles precisam de permissão para entrar, é porque ainda resta a ilusão de que podemos controlá-la.

Deixa ela entrar é justamente o nome de um filme sueco, dirigido por Tomas Alfredson (2008) que, ao contrário da domesticação pasteurizada apresentada em *Crepúsculo*, revela, por meio da amizade entre Oskar, um menino reservado e atemorizado pelo *bullying* de seus colegas de escola, e Eli, uma menina vampira de duzentos anos, a intensidade sinistra da passagem por esse "entre lugares" que é a adolescência – tendo que se haver com a solidão, com a estranheza de um corpo que se transforma e com a revivescência das fantasias mais arcaicas de destruição, intrusão, devoração e parasitismo do outro. Mas, também, com o movimento delicado de encontrar parcerias com quem dividir as dores e os prazeres desse percurso, e descobrir uma forma possível de enfrentar o medo e dialetizar o imprevisível da sexualidade, da vida e da morte. O pedido de entrada é, portanto, um pedido de lugar, um pedido de, pelo encontro solidário, sair do vazio da imortalidade e entrar no mundo da humanização.

Apesar de reconhecer a insistência transbordante da violência e a convocação dos discursos atuais à dessubjetivação, como artimanhas para lidar com o desamparo, faço a mesma aposta que Hannah Arendt quando diz que os homens nascem para recomeçar, dar início ao novo e às novas vidas. Deixemos aos vampiros o espaço da literatura, do cinema, das artes – como manifestação sublimatória de nossas angústias, mas continuemos em guerra contra os abusos de poder e a fascinação pelo terror em nossa vida cotidiana, a fim de que o canibalismo ceda sua força ao exercício da solidariedade.

11.

Psicanálise, hoje e amanhã[1]

Qual é, neste início de século, o lugar da psicanálise? Que articulações são possíveis entre o seu desenvolvimento, o seu declínio e as transformações históricas e culturais de nossa época?

Comecemos pela clínica – lugar onde se entretecem e ressignificam os diferentes tempos da vida: presente – passado e futuro.

Marcelo

Marcelo tem sete anos. Há quatro, nós nos encontramos regularmente. Às vezes, conseguimos conversar, brincar, criar. Às vezes, ele se isola em um jogo masturbatório do qual é impossível retirá-lo. Em muitos desses momentos, eu me isolo em uma sonolência insuportável.

---

1 Publicado originalmente na revista *Percurso* (ano X, n. 19, pp. 21-27, 1996).

Nesse dia, do qual quero falar, ele entra na sala, pega uma folha de papel e um lápis, escreve algumas palavras e me mostra a folha. Fico tentando "decifrar" o que ele quis escrever, "desvendar" o significado das letras, "juntar" isso com a história dele – da qual uma parte (que é a nossa própria história) eu imagino conhecer... Vou me angustiando e ele não faz mais nada – insiste em me mostrar o papel... Algum tempo se passou – para mim foi muito... Até que me dou conta de algo fundamental e posso, no mesmo instante, dizer-lhe – agora não mais olhando para o papel, mas para ele: Marcelo, você está escrevendo! Ele sorri, tem uma expressão de júbilo e, agora, solta a folha e se tranquiliza.

Que se passou? Por que me vi às voltas com uma tentativa de deciframento e de compreensão – como se alguma teoria tivesse de ser interposta na situação para que eu não o reconhecesse como sujeito e onde eu, então, não o via; olhava para a folha escrita?

Podemos pensar no uso da teoria como obliterante, como expressão da resistência do analista... Mas, talvez, o mais significativo aqui tenha a ver com o meu impedimento em reconhecê-lo. Algo que se estruturou no campo transferencial como eco de uma história anterior de não reconhecimento. Aquela criança tinha vindo para atendimento por uma suspeita de autismo – não falava, e funcionava somente através do corpo materno.

Quando, um ano depois dessa sessão, interrompeu o tratamento, fez, na última sessão, um reencontro com sua história na análise – reproduziu, com uma sequência surpreendente, os jogos e os brinquedos que mais o ocuparam no trabalho, olhou e mexeu nos objetos da sala que com mais frequência tirava do lugar... Guardamos tudo na caixa e ele se despediu. Estava indo embora e retornou. Acendeu a luz da minha sala – apesar de ser manhã e estar claro – e disse-me sorrindo: "Vou acender a luz para a Laurinda não ficar no escuro!".

Em que escuro eu ficava? Da sua ausência? Dos enigmas que esse tratamento produziu em mim? De um desejo de investigar as questões que ficavam sem resposta – questões sobre o autismo, sobre a psicose, sobre as possibilidades de intervenção da psicanálise... "Luz" para construir, *a posteriori*, um saber que não se sabe – forma de tornar viva e presente a psicanálise e o meu lugar de analista. Foi com isso que ele me deixou...

Uma semana depois, converso com a mãe da criança. Comento com ela o episódio da luz e digo-lhe – não sem certa surpresa para mim mesma – que isso tinha a ver com ela. Ela se emociona, retoma várias situações em que o menino brinca de acender e apagar a luz e fala, então, de uma situação que nunca havia retomado: o pai do menino, seu marido, havia morrido de leucemia, quando ele tinha seis meses. O diagnóstico havia sido feito quando ela estava grávida. Depois do nascimento de Marcelo, o marido teve uma melhora surpreendente – desapareceram vários sintomas físicos e ele passou os dias brincando com o filho pequeno.

A mãe ficou desesperada. Um mês depois de sua morte, ela estava sozinha com o bebê em casa, à noite. Chovia muito e as luzes se apagaram. Ela tomou o bebê no colo, abraçou-se a ele, chorou muito, entrou em pânico e rezou alto para que Deus fizesse a luz voltar.

História impactante, sem dúvida, que não deixa de acrescentar enigmas sobre a pregnância, sobre as inscrições psíquicas e sobre sua repetição na transferência...

Ney

Ney está sentado em sua cama na UTI infantil de um hospital público. Toma a caixa de papelão que contém seus brinquedos, a maior parte trazidos pela equipe que trata dele. Escolhe uma carteira e arruma nela o dinheiro que também ganhara durante os sete meses de internação. Olha-me e diz que está arrumando suas coisas para quando for viajar. Vejo que se prepara para sair da UTI e, de fato, na mesma semana, ele, agora mais resistente para os riscos de infecção, é transferido para a pediatria de onde, algum tempo depois, vai para casa.

O menino chegara ao hospital em estado muito grave. Fora atropelado por um caminhão, estava com o abdome aberto e com dificuldades respiratórias. Fui chamada dois dias depois de sua internação porque os médicos se surpreenderam com sua rigidez corporal e com seus olhos arregalados e assustados – há dois dias não dormia. Quando chego perto de seu leito, ele está cercado pela equipe. Eu também me assusto, penso que esperam de mim um milagre, e que não sei o que fazer. Aproximo-me, pego a mão do menino que está dura e fria e apresento a ele as pessoas que o cercam. Explico-lhe por que está ali e o que lhe aconteceu... Digo-lhe que todos estão preocupados porque ele não dorme; que eu imagino que esteja com medo e tendo de tomar conta de tudo que lhe acontece. Mas todos estão ali para cuidar dele e, portanto, ele podia descansar... Logo depois, ele adormece. De fato, as palavras têm um efeito milagroso – verdade que nunca deixa de nos surpreender continuamente em nosso percurso como analistas.

Algum tempo depois, estou atendendo esse menino, que continua na UTI; uma criança ao lado de seu leito chora desesperada, embora a enfermeira tente acalmá-la. Eu e ele olhamos mudos para a situação – o que me fez ficar ali, quieta, ao lado dele, olhando a cena? Quando a criança diminui a agitação, ele me olha e diz: "Sabe, eu também fiquei muito assustado quando cheguei aqui!". E, então, conversamos sobre sua chegada e sua permanência na UTI. O que me fez ficar quieta, ao seu lado, penso eu, foi a força da transferência que me sustentou no lugar de analista. Embora não houvesse nenhuma parede que me impedisse de ir socorrer a outra criança, não era disso que se tratava; o que se passou era algo que tinha e não tinha a ver com a cena ao lado.

Situações clínicas diferentes... *settings* diferentes... O que eles nos evidenciam é que a psicanálise hoje, como na sua origem, não se define pela uniformidade do *setting*. Seus pilares são a existência do inconsciente – suas manifestações nos sonhos, sintomas, atos falhos, nas repetições – o reconhecimento da sexualidade infantil, da repressão, da resistência, da transferência e da possibilidade da cura pela palavra.

A *preocupação com o futuro*

Em um texto de 1926 – "A questão da análise leiga" – Freud afirma:

> [...] a psicanálise se desenvolveu pouco a pouco, lutando longo tempo para construir cada peça, e a modificamos continuamente no estrito contato com a observação: até que, por fim, ganhou uma forma que parece servir aos nossos propósitos [...] Não posso garantir que essa forma seja a definitiva (p. 179).

E, em 1925, termina sua "Autobiografia" dizendo:

> A palavra psicanálise acabou adquirindo vários sentidos. Originariamente dava somente o nome a um método terapêutico especial, mas, agora, passou a ser também o

> nome de uma ciência, a ciência do Inconsciente. Esta ciência não é, em geral, capaz de resolver certos problemas sozinha, mas parece destinada a oferecer contribuições importantíssimas aos mais diversos campos do saber. [...] Assim, pois, voltando um olhar retrospectivo sobre a obra de minha vida, posso dizer que fui o iniciador de muitas coisas e o instigador de muitas outras, das quais disporá o futuro. Não posso, porém, predizer se isso será muito ou pouco (p. 66).

Dez anos depois, acrescentou um parágrafo final: "Tenho o direito de formular a esperança de ter aberto o caminho para um importante progresso em nosso conhecimento" (*Idem, Ibidem*, p. 66). E, no posfácio: "Não há dúvida de que a psicanálise sobreviverá, pois tem demonstrado capacidade para viver e desenvolver-se como um campo do saber e como terapia" (*Idem, Ibidem*, p. 69).

Preocupação com o futuro? Sem dúvida, essa é uma questão para Freud. Em "Futuro de uma ilusão" (1927), ele nos diz:

> O homem, em geral, vive como que ingenuamente o seu presente, sem poder dar o devido valor ao conteúdo de sua época; é preciso ganhar distância, isto é, que o presente se transforme em passado, para que se possa ter um ponto de partida para julgar o futuro [...] Quanto menos se conhece do passado e do presente tanto menos seguro será fazer uma avaliação do futuro (p. 5).

Esta é também a questão que nos toca neste momento. Assim, e tomando como referência a indicação dada por Freud, parece-me pertinente retomar alguns aspectos do momento histórico em que surgiu a psicanálise e analisar algumas vicissitudes do seu desenvolvimento para que possamos, talvez, supor algo sobre o seu futuro.

Várias questões me nortearam neste ponto de partida: há lugar, hoje, para o conhecimento próprio do campo psicanalítico? Qual a especificidade desse saber, visto que ele se infiltrou em outras áreas, como a psicologia, a psiquiatria, a medicina, a arte, a literatura, o cinema... Que uso fizeram essas áreas deste saber? Interessa-me, também, que deslindemos outra vertente do tema – não mais a pergunta sobre o futuro ou a morte da psicanálise, mas sim sobre o futuro ou a morte dos psicanalistas, pensando aqui nos dispositivos clínicos e sociais em que se desenvolve a sua ação – instituições de formação, instituições assistenciais, consultórios privados... Sobre cada um deles haveria muito a ser analisado.

Em geral, essas perguntas surgem em um contexto ligado à análise das transformações históricas deste início de século e a certas características que, embora não sendo historiadores, podemos detectar: abolição de fronteiras territoriais (vejam que é uma das questões que levantei com relação ao saber próprio da psicanálise quando se dá a sua apropriação por outros territórios), guerras violentas pela manutenção de uma especificidade étnica, religiosa e cultural; fome, miséria e desemprego atingindo uma grande parcela da população mundial. Na França, no dia primeiro de maio de 1996 – Dia do Trabalho – houve uma manifestação significativa endossando as propostas de Le Pen, representante da extrema-direita no país, que defende a expulsão dos estrangeiros, já que eles tirariam as possibilidades de emprego dos franceses. Em São Paulo, estima-se um índice de 15% de desempregados... Sem falar das chacinas e de outras formas de extrema violência.

Do outro lado da moeda, como dois polos radicais, há áreas de intenso desenvolvimento e alta concentração de renda. No campo das ciências, uma especialização cada vez maior, o predomínio da linguagem informatizada, a rapidez das comunicações, a tentativa de acirramento contínuo do consumo... Talvez a característica mais marcante deste início de século e que mais angustia o homem tenha a ver com a velocidade do tempo. Rapidez que se desfaz, por uma precariedade que lhe é inerente – um modelo logo sendo substituído por outro, uma tecnologia cada vez mais avançada que torna sucata o antes construído – a própria vida correndo o risco de ser assim entendida; ao lado de estatísticas que comprovam a longevidade cada vez maior do ser humano, uma ideia subjetiva de que o tempo passa muito rápido e de que o homem logo depara com a morte.

Vi, há algum tempo, uma faixa de propaganda que me surpreendeu: "A vida é reciclável: doe seus olhos". Mensagem contundente e angustiante – não pude deixar de pensar no projeto do lixo reciclável, na parcialização do corpo, na velocidade da perda da subjetividade – Vive-se/morre-se/retiram-se os olhos... Vive-se/morre-se/retiram-se os olhos... isto podendo ser repetido indefinidamente, como em uma linha de montagem automatizada.

Ou esta outra, presente nos *outdoors* da cidade: "Um dia todos os corpos serão iguais. Aproveite enquanto o seu é diferente". Na imagem, um rapaz, não sei se melancólico ou assustado, e uma série de ossos e caveiras avisando-nos que este será logo o nosso destino, e que, portanto, é preciso aproveitar o pouco tempo que nos resta. Demorei para poder me dar conta do que se pretendia vender com esta propaganda, já que a mensagem de precariedade e de morte me atingiu com mais intensidade. Freud já havia destacado que, para o doloroso enigma da morte, não há nenhum bálsamo nem é possível que ele venha a ser descoberto... Diante dessa inevitabilidade e dessa submersão no desamparo, a sobrevivência narcísica tem sido insistentemente buscada.

Mas, vejam vocês, eu havia introduzido a questão sobre os tempos da origem da psicanálise, e vi-me rapidamente remetida para o momento atual. Paradoxo da temporalidade quando pensada a partir da ressignificação, ou eco de várias falas de Freud (1930) que nos surpreendem pela atualidade de sua análise? Selecionei algumas delas:

> Parece estabelecido que não nos sentimos bem dentro de nossa cultura atual; porém é difícil formar um juízo sobre épocas anteriores para saber se os seres humanos se

> sentiram mais felizes, em que medida, e se suas condições de cultura tiveram parte nisso (p. 88) [...]. Como último traço de uma cultura, porém sem dúvida não o menos importante, apreciaremos o modo como se organizaram os vínculos recíprocos entre os seres humanos; os vínculos sociais que eles estabeleceram como vizinhos, como dispensadores de ajuda, como objeto sexual de outra pessoa, como membros de uma família ou de um Estado. A convivência humana só se torna possível quando aglutina uma maioria mais forte e coesa que os indivíduos isolados (p. 93). [...] Mas o ser humano tem também uma boa dose de agressividade. Em consequência disto, o outro não é para ele somente um possível auxiliar e objeto sexual, mas também uma tentação para satisfazer nele sua agressão, explorar sua força de trabalho sem o ressarcir, usá-lo sexualmente sem seu consentimento, despojá-lo de seu patrimônio, humilhá-lo, infligir-lhe dor, manipulá-lo e assassiná-lo. Em circunstâncias propícias, essa força se exterioriza e desmascara os seres humanos como bestas selvagens que nem sequer respeitam os membros de sua própria espécie (p. 108). [...] Na cultura de nossos dias, aquele que se esforça por manter e fazer valer os princípios éticos põe-se em desvantagem diante daqueles que os ignoram (p. 138).

Ou, então, esta citação de W. Erb (1893), autor contemporâneo de Freud:

> Tudo se faz depressa e em estado de agitação: a noite se aproveita para viajar, o dia para os negócios; mesmo as viagens de lazer são causas de fadiga para o sistema nervoso... lutas políticas, religiosas, sociais impõem ao espírito um esforço cada vez maior, roubando tempo ao sono e ao descanso. A vida nas grandes cidades tornou-se cada vez mais refinada e desagradável... nas produções culturais e na literatura se incitam os valores mais cruéis e o desprezo pelos princípios éticos e por todos os ideais (p. 165).

Como vocês veem, essas falas ressoam em nós de maneira muito familiar. Será, então, que podemos pensar que, independentemente do momento cultural, o homem enquanto sujeito está sempre atravessado por um mal-estar que lhe é inevitável? A isto, Freud nos responde de modo afirmativo.

Uma breve análise sobre a modernidade pode nos ajudar a situar melhor essa questão. Para Löwy (1992), poucos conceitos são tão ambíguos e polissêmicos quanto este. Entretanto, o dicionário nos dá uma indicação interessante: moderno é o que se "beneficia dos progressos recentes da técnica e da ciência". O conceito de modernidade estaria, portanto, estreitamente ligado ao de progresso, isto é, à valorização positiva da novidade. Desde o século XVIII, o progresso por excelência é aquele que se manifesta na novidade industrial, técnica e científica – assim como nas transformações sociais, políticas e culturais correspondentes: urbanização, racionalização, democratização, secularização etc.

A ideia de sujeito presente nessa concepção é a do sujeito criativo – "os indivíduos são chamados a se tornar 'sistemas autopoiéticos', em contínua recriação e a proceder sem trégua para a reorganização coletiva da desordem do mundo e de sua própria vida" (Le Rider, 1993, p. 501).

Löwy assinala que um dos críticos mais radicais desse conceito da modernidade é Walter Benjamin, para quem o progresso está marcado por catástrofes – a exploração mortífera da natureza, o aperfeiçoamento das tecnologias de guerra que provocam massacres contínuos e irracionalidade fascista. Max Weber aponta também para as contradições e os limites da modernidade, mostrando que a busca de calculabilidade e de eficácia acarreta a burocratização, a alienação, a coisificação das atividades humanas, e o desencanto com o mundo (1920 *apud* Löwy, 1992).

Segundo Le Rider (1993), Viena, berço onde Freud construiu a psicanálise, foi palco, a partir da segunda metade do século XIX, de uma série de mudanças políticas, culturais e sociais que conduziram ao período da chamada "modernidade vienense". De 1890 a 1910, estendendo-se até 1938, Viena transformou-se em influência tentando ultrapassar o conservadorismo que a afastava de outras grandes capitais europeias, como Paris, Londres, Berlim... Os pensadores austríacos voltaram-se para a análise da interioridade, cultivando o individual e a subjetividade. Viena do fim do século tem também um interesse na pós-modernidade – a crítica ao progresso guiado pelo racionalismo científico e a denúncia da crise de identidade do homem moderno – e nesse sentido se aproxima do momento que vivemos.

A experiência contemporânea pós-moderna nos faz testemunhas dos efeitos desse progresso, e a ideia de sujeito como um ser criativo fica talvez secundarizada, em função da pregnância de um mal-estar mais intenso; a ideia de sujeito encontra-se submetida a um processo de destituição, de esvaziamento. Uma crise de identidade que leva o sujeito a se refugiar na ilusão da primeira saída encontrada – os remédios miraculosos, as religiões, o consumismo, as terapias rápidas – ou a buscar uma valorização na tradição, retomando a cultura dos pequenos agrupamentos. Torna-se, assim, mais conservador que criativo.

A psicanálise, que se desenvolveu como campo de conhecimento no seio da modernidade, tem acompanhado em seu apogeu e em seu declínio o destino da própria modernidade. Nos Estados Unidos, seu declínio torna-se visível a partir da década de 1960; na França, a partir da década de 1980; e no Brasil, a partir da década de 1990.

Otto Kernberg, psicanalista que ocupa lugar de destaque na psicanálise americana, em uma entrevista à revista *Percurso*, em março de 1995, descreve a crise da psicanálise nos Estados Unidos como um efeito produzido desde a década de 1960 com a incorporação da psiquiatria pela medicina e pelo desenvolvimento de outras práticas terapêuticas de resolução mais imediata. Ele ressalta, também, que nos países onde a psicanálise tem se preocupado com suas aplicações sociais e com suas relações com o meio ambiente, ela tem tido mais força que em países onde vem se mantendo mais fechada. Não podemos nos esquecer de que nos Estados Unidos houve um desenvolvimento maciço da psicologia do ego, com todas as críticas feitas por Lacan a esse desvio, já que ele descaracteriza o que é mais próprio da psicanálise e remete a um tratamento ortopédico e adaptativo.

Outra vertente para pensarmos o destino da psicanálise é o de sua institucionalização. Quando Freud retoma, em "História do Movimento Psicanalítico", a origem da Associação Psicanalítica de Viena – composta por um grupo de discípulos que se reunia sistematicamente em sua casa, desde 1902, com o propósito de aprender, exercer e difundir a psicanálise – destaca dois maus presságios que terminaram por afastá-lo desse grupo:

1. Não conseguiu criar entre seus membros uma harmonia amistosa que deveria reinar entre homens empenhados em uma mesma e difícil tarefa.
2. Não pôde evitar as disputas pela prioridade a que levaram tais condições de trabalho.

E se em vários textos ele destaca, no que se refere à questão da formação, a troca possível e desejável a ser feita nas associações psicanalíticas, não deixa de vislumbrar os riscos das desavenças, da burocratização, da rigidez e do autoritarismo dessas instituições, sendo ele mesmo, algumas vezes, o pomo da discórdia de várias lutas fratricidas. Quando em 1920 se constituiu, por proposta de Ferenczi, a Associação Psicanalítica Internacional e Freud indicou Jung para a presidência, deu-se imediatamente um mal-estar entre o grupo de Viena e o grupo de Zurique. Apenas quatro meses depois, Freud escrevia a Jung lastimando a prematuridade deste passo.

O movimento institucional expandiu-se e não deixou de apresentar as contradições já presentes na sua origem – sendo atravessado por vários riscos: o desejo de saber transformando-se em desejo de poder, e o desejo de poder em abuso de poder; o desejo de conhecer em ânsia de se fazer conhecer, o desejo de criação e de invenção em valorização defensiva da reprodução do mesmo – tentativa vã de encontrar certezas em um ofício em que a indeterminação e as incertezas estão sempre presentes. No entanto, estas transformações não têm mão única; em certos momentos e em determinadas condições, talvez seja possível invertê-las.

Outra questão a ser analisada é a da incorporação ou da substituição da psicanálise pela medicina e pela psiquiatria. A psicanálise nasceu marcando uma ruptura com o saber médico da época e Freud (1926) deixou claro que ela se constituiu como campo próprio – "De forma alguma consideramos desejável que a psicanálise seja fagocitada pela medicina e termine por encontrar seu depósito definitivo no manual de psiquiatria dentro do capítulo 'Terapia', junto a procedimentos como sugestão hipnótica e a autossugestão [...] Merece um melhor destino e confiamos que o terá" (p. 232). Aqui suas expectativas não se confirmaram. No entanto, parece-me muito pertinente a afirmação de Valabrega (1983) a esse respeito:

> É possível que, em sua forma (relativamente) "pura" – o ouro puro, segundo a metáfora freudiana – o exercício da psicanálise desapareça, seja por decreto de um poder legal, seja através da integração em algum sistema médico-social; aliás, tais exemplos já existem efetivamente em certos países. Alguns chegam a pensar que essa evolução é inevitável. No entanto, como o inconsciente não pode ser suprimido por um governo, nem anexado a uma nomenclatura, o mais provável é que as flutuações da história levem a psicanálise a retornar periodicamente à situação marginal, ao isolamento, à quase clandestinidade das suas origens. O que não seria forçosamente prejudicial ao seu futuro, mas antes a faria renascer, também periodicamente, da sua degradação e dos seus vestígios (p. 11).

O esvaziamento dos consultórios: as butiques e os botecos

Retomarei, agora, aquilo que em uma imagem pouco benevolente, anunciei como a morte dos psicanalistas. O que se passa com nossa prática? A queixa dos consultórios vazios não pode deixar de se fazer ouvir. Difícil não ver também o aumento considerável de sofrimento psíquico.

Nessa análise, há que considerar, por um lado aspectos estruturais e econômicos – a crise gradativamente crescente do lugar do profissional liberal no mercado de trabalho (situação que atinge também outras áreas) e sua incorporação em grupos institucionalizados altamente competitivos. Na psicanálise, essa incorporação revela-se não tanto por clínicas de tratamento, como na medicina, mas antes, por instituições de formação. Isto gera certa "especialização" do mercado – uma ponta que se dirige a uma clientela elitizada e rica e, outra, que se dirige aos menos privilegiados e pobres – temos "as butiques e os botecos", nomeações bastante sugestivas utilizadas por Guilhon Albuquerque (1977) ao analisar o destino dos trabalhadores liberais. A inserção nas instituições públicas – lugar possível de atuação e que teve seu florescimento no final da década de 1980, com a implantação de novas práticas de atendimento em Saúde Mental – está também em crise – aliás, como todo o serviço público, com raríssimas exceções. O Projeto PAS, no município de São Paulo, teve consequências altamente destrutivas e negativas, tanto para os profissionais quanto para o reconhecimento possível de uma história que vinha sendo construída com muito investimento a partir dos anos 1970. Isto sem considerarmos a arbitrariedade jurídica de sua implantação.

Aos que ainda não iniciaram sua prática clínica ou estão no início dela, resta, às vezes, o caminho da postergação – a manutenção prolongada dos cursos de formação e de especialização – o estudo teórico vindo velar as dificuldades com a prática clínica – lugar radicalmente necessário para se construir a função analítica.

Outro aspecto da diminuição na procura pela clínica psicanalítica talvez tenha a ver com a construção e com a prática da própria psicanálise. A clínica inicial era a das neuroses; foi a partir da clínica com as histéricas que Freud desenvolveu seu campo de saber. Hoje, percebe-se uma mudança nessa demanda – há um aumento das problemáticas narcísicas, das psicoses, dos sofrimentos corporais, das depressões crônicas – sofrimentos que remetem a um excesso pulsional que necessita da presença de outro que torne possível sua inscrição.

E que requerem, muitas vezes, a criação de uma modalidade diferente de trabalho. Embora Freud tenha teorizado sobre as psicoses, ele sempre afirmou a impossibilidade terapêutica da psicanálise nesse campo, já que, segundo ele, não era possível a transferência. No entanto, tanto no campo das psicoses como de outras manifestações do sofrimento psíquico, há muito a ser desenvolvido; e ao contrário do que Freud afirmava com relação às psicoses, o analista tem, fundamentalmente, como eixo do trabalho clínico, as indicações dadas pela transferência. Como diz Mannoni (1982): "Foi necessário quase um quarto de século para que os analistas aceitassem a ideia (defendida por um Ferenczi) de que a pretensa ausência de transferência do psicótico cobria apenas, na realidade, a rejeição do analista (ou do médico) de penetrar no mundo do outro, seu paciente" (p. 14).

Se a situação atual levou a uma busca desesperada de proteção, o futuro da psicanálise estará na possibilidade de marcar a sua diferença contrapondo-se às ilusões de cura e de salvação. Em um mundo onde o narcisismo sofreu tamanha expansão, um campo ficou vazio – o campo da palavra dirigida a um outro e o reencontro dessa palavra dentro de nós como parte daquilo que nos constitui – campo que, com todas as resistências, é ainda, o lugar por excelência da psicanálise.

12.

A EXPERIÊNCIA DO SONHAR, O PRAZER DE EXISTIR[1]

Acontece com os livros e mesmo com os sonhos ou a transferência: para que eles se façam é preciso que haja uma circunstância que os desencadeie.
(J.-B. Pontalis, *A força de atração*)

Inicio este capítulo com um breve recorte do livro *O conto da ilha desconhecida*, de Saramago (1999). Ele me interessou por sua ressonância, como metáfora, daquilo que concerne ao nosso ofício de psicanalistas e, também, por se constituir como um sonho – um sonho relatado no conto e um sonho no sentido em que o usamos na linguagem comum. Ter um sonho é ter um projeto, um ideal, uma expectativa de que algo possa vir a acontecer. Mas, sabemos nós, é mais que isso: é realizar

1 Publicado originalmente no livro *A clínica conta histórias*, organizado por Lucía Barbero Fuks & Flávio Carvalho Ferraz (São Paulo, Escuta, 2000; pp. 17-32).

um desejo inconsciente, é realizar um desejo infantil, é uma *tentativa* de realização de um desejo.

> E o homem fez saber ao Rei que dali não sairia enquanto não visse seu pedido atendido – queria um barco para encontrar uma ilha desconhecida.
> "Não há ilhas desconhecidas", disse o Rei, "pois as ilhas já estão todas conhecidas e de ilhas conhecidas sei *Eu*."
> "A ti Rei", diz o homem, "só te interessam as ilhas conhecidas."
> "Também me interessam as desconhecidas quando deixem de o ser."
> "Talvez esta não se deixe conhecer."
> Tanto insistiu que o Rei atendeu o seu pedido (p. 32).

Conseguido o barco, saiu à procura da tripulação. Disseram-lhe, novamente, que não havia ilhas desconhecidas e que, mesmo que as houvesse, não iriam eles tirar-se do sossego dos seus lares e da boa vida dos barcos de carreira para se meterem em aventuras oceânicas à procura de um impossível.

> "Quero encontrar a ilha desconhecida; quero saber quem sou eu quando nela estiver."
> "Não o sabes", disse-lhe a mulher que o acompanhava desde que saíra pela "Porta das Decisões" e resolvera ser lavadora de barcos e não mais lavadora do palácio e atendente na "Porta das Petições". E continuou:

> "Não o sabes, se não sais de ti, não chegas a saber quem és."
> À noite, despediram-se e foram cada um para seu lado.
> "Que tenhas sonhos felizes", disse o homem do barco à mulher da limpeza. E foi ele quem passou a noite toda a sonhar. Sonhou que sua caravela ia no mar alto, com as três velas triangulares gloriosamente enfunadas, abrindo caminho sobre as ondas, enquanto ele manejava a roda do leme e a tripulação descansava à sombra.

Desde que a viagem à ilha desconhecida começou que não se vê o homem comer, deve ser porque está a sonhar, apenas a sonhar, e se no sonho lhe apetecesse um pedaço de pão ou uma maçã, seria um puro invento, nada mais.

Acordou abraçado à mulher da limpeza e ela a ele, confundidos os corpos. Depois, mal o sol acabou de nascer, o homem e a mulher foram pintar na proa do barco, de um lado e do outro, em letras brancas, o nome que ainda faltava dar à caravela. Pela hora do meio-dia, com a maré, a Ilha Desconhecida fez-se enfim ao mar, à procura de si mesma[2].

A interpretação dos sonhos: *uma terra desconhecida*

Quando, em novembro de 1899, depois de mais de quatro anos de trabalho, o livro "A interpretação dos sonhos" foi,

2 O recorte apresentado é uma adaptação pessoal do texto de Saramago.

finalmente, impresso e apresentado ao público (com a data de sua publicação alterada para que aparecesse como uma obra do novo século), abriu-se o caminho para a realização daquele que era o desejo de Freud, enunciado a Fliess na carta de 12 de junho de 1900: "Você acha que, algum dia, será possível ler numa placa de mármore nesta casa, 'Aqui, no dia 24 de julho de 1895, o segredo do sonho se revelou ao Dr. Sigm. Freud?'" (p. 418).

Freud (1900) sempre considerou "A interpretação dos sonhos" sua obra mais importante. Na advertência à primeira edição, ele destaca o valor paradigmático dos sonhos: "Quem não souber explicar a origem das imagens oníricas se esforçará em vão por compreender as fobias, as ideias obsessivas e delirantes e ainda, quando for o caso, por exercer sobre elas uma influência terapêutica" (p. 17). No prólogo da segunda edição, põe em destaque o valor subjetivo deste texto:

É que para mim o livro possui outro significado, subjetivo, que só depois de terminá-lo pude compreender. Percebi que era parte de minha autoanálise, que era minha reação frente à morte de meu pai, vale dizer, frente ao acontecimento mais significativo e à perda mais terrível na vida de um homem (*Idem*, *Ibdem* 1900).

E, em 1931:

> Este livro [...] contém ainda, de acordo com minha avaliação atual, o mais valioso dos descobrimentos que tive a sorte de fazer. Um *insight* como este não nos cabe na sorte senão uma só vez na vida (*Idem*, *Ibidem*, p. 27).

Por um lado, referências à morte e ao trabalho de luto; por outro, júbilo pela descoberta, pelo ato criativo, pela possibilidade de imortalidade, pela vida. Temas que permanecem como campo de investigação em qualquer análise – terreno aberto à batalha entre a vida e a morte; entre a compulsão e a repetição que aniquila e Eros que faz da força pulsional um potencial de transformação.

Se na clínica e na teoria sabemos que essas duas vias estão sempre presentes, não podemos deixar de reconhecer os momentos em que elas têm intensidades diferentes, colocando-nos impasses com relação às modalidades de condução da cura.

Lugar dos sonhos na cura

Os sonhos desde sempre inquietaram os homens. Porém, foi somente a partir de Freud que se desvendou uma possibilidade de interpretação com valor universal. Junto com essa descoberta está a de um modelo do aparelho psíquico com suas leis próprias de funcionamento – construção, portanto, intimamente ligada ao que Freud descreveu como o "trabalho do sonho". Esse modelo de aparelho psíquico construído por Freud não é apenas um aparelho de sonhar, mas também de memorizar, de pensar, de fantasiar, de falar – e aí está o fundamento de toda sua teoria.

Segundo Lorentzen (1995), até o início da década de 1930, os sonhos ocuparam um lugar central na teoria e na clínica como *via régia de acesso ao inconsciente.* Porém, a partir daí, as publicações psicanalíticas deixaram de lhe dar um lugar de destaque. Hoje, passado um século da descoberta freudiana, como escutamos os sonhos? Como os compreendemos? De um lugar supervalorizado, passaram os sonhos a um lugar subvalorizado? Para alguns analistas, os sonhos continuam ocupando um lugar especial na cura. Para outros, passaram a ser escutados como outras associações quaisquer, naquilo que parece ser um respeito à regra fundamental. Afinal, se o inconsciente está ali onde não está, não haveria por que privilegiar um lugar especial para sua moradia.

Para além dessas questões, o que, neste momento, vem me interessando, mais especificamente, refere-se à capacidade ou à incapacidade de o sujeito se constituir como sonhador. Em meu trabalho como analista, deparei com uma redescoberta: os sonhos revelam a existência no aparelho psíquico de um espaço próprio que nem sempre se constitui.

A capacidade de sonhar revela-nos mudanças importantes no psiquismo, mais visíveis quando se trata de situações bastante extremas – como as depressões graves, as melancolias, os estados de mania, certos sofrimentos do corpo. Torna-se a evidência de um trabalho importante de ligação das pulsões, de revelação de sua força e do seu trajeto. Presença de vida na análise em situações em que a estase da libido ou sua outra face – a compulsão – submergem de forma mortífera o psiquismo. É o que nos revelam, por exemplo, certas experiências que temos na clínica, em que, depois de algum tempo de falta de lembranças, de poucas associações, de ausência de sonhos, o paciente se descobre sonhando e o vemos ganhando vida ao contar seus sonhos. Descoberta de via dupla em que, por um lado, se descobre com uma produção que lhe é própria e, por outro, o fato de ter para quem contá-la imprime, nessa possibilidade, a vida. É dessa maneira que alguns analisandos marcam, nesses instantes, a sua verdadeira entrada na análise.

No entanto, há outras situações em que os sonhos parecem não estar a serviço desse trabalho de ligação e ocupam outro lugar na cura. Penso, por exemplo, nos pacientes que enchem compulsivamente o espaço da sessão com relatos sucessivos de sonhos, em uma tentativa de preencher um vazio que não se pode suportar. É verdade que, nessas condições, o sonho acontece e faz presença na análise, o que já me parece significativo; porém, permanece absolutamente dissociado como experiência do sonhar. A esse respeito, o fragmento clínico descrito por Pontalis (1991b) de um paciente que não vivencia nada, e a quem ele chama de paciente-máquina – uma máquina de sonhar – é bastante explícito:

> Tratava-se de um paciente que, aparentemente, jogava o jogo da associação livre, um pouco metodicamente demais, sem dúvida, mas, enfim, nunca lhe faltavam sonhos e ideias, e eu nunca ficava desprovido de interpretações!

Estávamos, creio eu, nos limites do que Winnicott chama de *Psychoanalytical game*, um jogo do qual cada um pode tirar proveito, mas a análise, não! Esse analisando modelo, portanto – esse filho modelo –, trazia-me inúmeros sonhos, um punhado de charadas que ele procurava e me oferecia para decifrar, supondo-me, erroneamente, mais hábil que ele na arte de decodificação. Durante uma sessão, fomos interrompidos por diversos telefonemas que tive de atender. Fazia algum tempo que não me sentia muito presente com esse paciente, sentia-me mais presente em sua ausência de si, mais em comunicação, se posso me expressar assim, com o que estava ausente do que com o que ele dizia. No fundo, ele era para mim como um daqueles interlocutores telefônicos que me ligavam de muito longe, e de quem eu não conseguia entender nenhuma palavra, nada, a não ser um reiterado "não desligue". E, de repente, esse homem, sempre tão dócil, manifestou pela primeira vez um desejo, certamente num modo bastante moderado, mas, para ele, muito vivo. Disse-me, sem elevar o tom: "O senhor deveria ter uma secretária eletrônica". E, provavelmente porque estivesse, na ocasião, sem me dar conta disso, impregnado de Winnicott, retruquei prontamente: "É provável que isso seja o que você desejaria, que eu fosse uma secretária eletrônica, mas certamente não é disso que você precisa". Tive a sensação, sem realmente tê-lo formulado a mim mesmo, de que o que o paciente me pedia era que eu fosse apenas uma máquina de interpretar, tal como

> ele era, na falta de coisa melhor, uma máquina de sonhar, de associar, de mentalizar. Mas o que lhe faltava era poder reconhecer que ele precisava de alguém, alguém que existisse só para ele. E isso ele não se sentia no direito de pedir, certo que estava de não obter resposta. Nenhuma resposta *nele* (p. 122-123, grifo do autor).

Entendo este *nele*, sublinhado por Pontalis, como uma referência à impossibilidade ou possibilidade, internalizada pelo sujeito, de reconhecimento de sua própria vida psíquica. Podemos referi-lo também à experiência de sonhar; o sonho como uma possibilidade de confirmação de que "isso" tem existência na vida psíquica – o que é uma conquista.

O sonho: seu aspecto regressivo-criativo

Todo sonho é, de certo modo, uma busca da experiência alucinatória primitiva; uma tentativa de reencontro com o objeto imaginariamente capaz de suprir todas as necessidades. Pontalis (1978a) assinala a radicalidade desse aspecto regressivo do sonho ao afirmar que "sonhar é, em primeiro lugar, tratar de manter a união impossível com a mãe, preservar uma totalidade indivisa, *mover-se num espaço de antes do tempo*" (p. 27).

Essa marca psíquica de ligação primordial com a mãe está também contida naquilo que Freud nomeou como o "umbigo do sonho". Ponto regressivo absoluto, reduto não das interpretações últimas, mas antes dos próprios limites da linguagem.

> Tentar atingir esse ponto derradeiro, ponto absoluto onde a palavra (e, portanto, a interpretação) volta-se sobre si mesma, corresponderia, segundo Foucault, a algo parecido com a experiência da loucura. Loucura da linguagem ou o silêncio da palavra (Garcia-Roza, 1991, p. 73).

Ora, se podemos supor que todo sonho é uma tentativa de encontro e desvendamento do corpo materno, com todos os riscos possíveis presentes nessa tentativa de elucidação, como assinalam Pontalis e Foucault, eu acrescentaria outro aspecto a essa hipótese. É justamente por este aspecto regressivo dos sonhos que se poderiam entender os atos criativos, produzidos na vida de vigília, a partir da experiência sonhada.

Este aspecto do sonho que nomeamos como ponto regressivo absoluto é também um ponto de abertura. Pode ser um lugar de silêncio, de aniquilação e dissolução do sujeito ou, então, um lugar a partir do qual se geram muitas imagens, palavras e representações – um espaço de criação e de constituição do sujeito. Assim, todo sonho é revelador da capacidade criativa do sujeito, não apenas pela forma que é dada à sua construção, mas, fundamentalmente, por se constituir como uma das vias possíveis de separação daquilo que está enigmaticamente contido no corpo materno. Como diz Pontalis (1978a), "o que posso ver, o que posso representar-me, é o que posso manter a distância" (p. 36). É a exigência de figurabilidade no trabalho do sonho o que pode evitar a aniquilação, a dissolução do sujeito. É esta possibilidade de distanciamento que liberta o sujeito para seus atos criativos.

Nesse sentido, *os pesadelos poderiam ser entendidos como um fracasso desta capacidade criativa; como um sonho que não chegou a se constituir.* Perigo do qual se é despertado com um grito porque há um risco para a vida. Foi com um sonho que Bergman iniciou seu filme *Morangos silvestres* – sonho de morte, de despedaçamento, de silêncio das palavras e da parada do tempo. Sonho de angústia – pesadelo – no qual Eros vence a disputa acordando o sonhador para a vida.

A experiência do sonhar: fragmentos da clínica

> Não é raro que, antes de ter de deixar uma vida que se desejaria prosseguir, o sujeito faça surgir o sonho de uma realização de todos os desejos, satisfação mágica, que tem lugar num universo de ameaças permanentes (a evolução inexorável da doença) (Mannoni, 1995, p. 16).

"Sonhei com minha mãe", diz-me uma senhora portadora de uma doença física grave, logo depois de saber seu diagnóstico. Conta-me o sonho e fica em silêncio. Um silêncio que me emudece também, já que me remete imediatamente à ideia da morte – dada pelo seu estado físico que acaba de ser enunciado e pela menção à mãe morta, a quem ela se refere agora.

Lembro-me também de um sonho que eu própria tive, há muito tempo. Sonhara com a mãe de uma amiga minha que estivera muito doente e morrera. A ideia da morte insistia em minhas associações. Lembrei-me de que meu analista na época me dissera, entre outras coisas, que esse era um sonho generoso, já que a mãe doente ali aparecia rejuvenescida e cheia de vida.

Digo a ela, então, depois de nosso silêncio conjunto, que esse sonho que me contava era um bom sonho. Ela sorri e se anima: "Fiquei muito feliz com ele. Minha mãe aparecia jovem, vestida da forma como costumava ficar quando estava em casa cuidando de mim". E, pela primeira vez, conta-me, em detalhes, como sua mãe cuidava dela. Eu lhe digo que, no sonho, podia se reencontrar com uma mãe que cuidava dela, agora que tanto precisava disso.

Outra paciente inicia sua sessão da seguinte maneira: "Fiquei tão feliz; tive um sonho". Faz uma breve pausa e continua: "No meu quarto há, no peitoril da janela, um vaso com uma flor da qual eu gosto muito. Sonhei que dessa flor saía um ramo do qual nascia outra flor. Fiquei feliz porque é como se fosse possível, agora, fazer outro caminho".

Sua frase inicial insiste em minha escuta. Ressoa como pano de fundo para a sessão. Como uma tela sobre a qual se imprimem as imagens que ela agora me descreve, feito criança que brinca com tinta sobre uma superfície branca. Reconheço aí, para além das significações a que as associações possam nos conduzir, o *prazer da experiência de sonhar.*

Ela se enclausurara em seu quarto como uma forma de ganhar distância de um pai marcado desde a sua infância pela loucura e, aos poucos, enclausurara também a fala, pelo temor de que, ao falar, pudesse ela própria denunciar a loucura em si. Temor da hereditariedade, revelado pela pergunta a qual ela chegara à análise: "A loucura é hereditária?". Pergunta que remete à própria história de seu pai, cujo pai morrera com o mesmo tipo de loucura.

Não é, então, sem sentido, que ela possa sonhar que de uma planta matriz nasça outra que segue um caminho diferente. Estrato superficial do sonho poder-se-ia dizer, mas leitura necessária nesse momento da análise, já que a partir daí ela se põe a falar da loucura que a assombra e se surpreende com essa possibilidade de fala. Tinha a fantasia de que nunca falaria disso; de que a porta desse quarto nunca se abriria.

Em outro momento ela dirá: "Muitas coisas me aparecem no sonho. As minhas fantasias aparecem nele. Estou achando bom isso. No sonho me aproximo de coisas que eu nunca pensei".

Há muito tempo, atendi, em uma instituição pública, um senhor portador de epilepsia. Suas crises eram frequentes e ele só saía acompanhado. Certa vez, iniciou nosso encontro dizendo-me estar muito ansioso e preocupado com o risco de ter outra crise, pois, na noite anterior, sonhara que ela estava acontecendo. Para minha própria surpresa, respondi--lhe de imediato, dizendo que se havia sonhado com a crise, ele não a teria; já a tinha tido no sonho. Ele também ficou surpreso com a possibilidade de que isso fosse, de fato, uma verdade. E assim o foi. As crises diminuíram e ele começou a vir sozinho. Temos aqui uma incógnita. Foi a possibilidade de sonhar que deu novos rumos à força pulsional presente na crise ou foi o aspecto sugestivo da transferência que provocou essa mudança?

Em outro momento, contou-me um episódio pelo qual passara à noite. Era tão surpreendente seu relato que me pareceu delirante. Pensei no episódio que me descrevia como se fosse um sonho, fazendo, então, uma aproximação entre sonho e delírio. Era eu agora que, por meio dessa aproximação, me tranquilizava; como se, na sessão, eu sonhasse aquilo que ele me contava.

A ideia de *espaço-sonho*, desenvolvida por Khan (1984) pode nos ajudar a pensar sobre esse relato clínico. Ele diz:

> É geralmente aceito que a incapacidade de sonhar e/ou a incapacidade de conter o sonho sonhado leva o paciente à atuação. O que sugiro é que é a incapacidade de um paciente usar o espaço-sonho para concretizar a experiência do processo onírico que leva à atuação de sonhos no espaço social. Sugiro também que devemos considerar a compulsão que o paciente tem para sonhar e relatar os sonhos na análise como um tipo especial de

> atuação, que encobre a falta de espaço-sonho na sua realidade psíquica interna (p. 379).

Sua ideia de espaço-sonho é equivalente à de espaço transicional proposta por Winnicott e é, também, bastante esclarecedora a respeito daquilo que justamente tento explicitar neste texto sobre a constituição do sujeito sonhador.

Vicissitudes do sonhar: uma ideia possível de diagnóstico?

Ao rever a literatura sobre a manifestação das doenças mentais nos sonhos, Freud (1900) assinalava o interesse em se estudar, no futuro, não só a psicologia dos sonhos, mas também a sua psicopatologia.

Em 1915, no "Complemento metapsicológico à teoria dos sonhos", atribuirá ao narcisismo a capacidade "diagnóstica" dos sonhos:

> No sonho, padecimentos corporais incipientes são percebidos muitas vezes antes e com maior nitidez que no estado de vigília e todas as sensações corporais atuais se apresentam aumentadas. Este aumento é de natureza hipocondríaca e tem por premissa que todo investimento psíquico foi retirado do mundo exterior e recaiu sobre o próprio ego permitindo, assim, o conhecimento antecipado

> das alterações corporais que ainda passarão inadvertidas, por algum tempo, durante o estado de vigília (p. 222).

Em 1921, escrevendo "Sobre alguns mecanismos neuróticos nos ciúmes, na paranoia e na homossexualidade", marcou uma diferença significativa nos sonhos de dois pacientes paranoicos. Em um deles, o delírio se fazia presente na vida de vigília e seus sonhos eram totalmente isentos de ideias paranoides. No outro, ao contrário, havia uma grande produção de sonhos de perseguição que podiam ser considerados precursores ou formações substitutivas de ideias delirantes persecutórias. Era pelos sonhos desse último paciente que se podia, ao lado de outras evidências da análise, confirmar a paranoia.

Outros analistas, depois dele, têm investigado esta possível característica diagnóstica nos sonhos. Kristeva (1989) afirma:

> Certos sonhos nos comunicam o momento a-representativo da representação que é o indício da pulsão de morte. Os sonhos das pessoas fronteiriças, das personalidades esquizoides ou sob experiência psicodélica, em geral, são "pinturas abstratas" ou cascatas de sons, emaranhados de linhas e de tecidos, nas quais o analista decifra a dissociação – ou uma não integração – da unidade psíquica e somática (p. 32).

Ela insiste que esses indícios podem ser a última marca da pulsão de morte: "O trabalho da morte, no grau zero do psiquismo, é localizável precisamente na dissociação da própria forma, quando a forma se de-forma, se abstrai, se des-figura, vaza: últimos liminares do deslocamento e do gozo indescritíveis [...]" (*Idem*, *Ibidem*, p. 32-33).

Khan (1984) e Pontalis (1978) assinalam que não é no conteúdo do sonho, mas na forma de sua utilização, em certos momentos da análise, que se revela a patologia do sujeito. McDougall (1991) e Sami-Ali (1995), ao se referirem aos pacientes psicossomáticos, destacam que há neles uma repressão que proíbe o acesso à vida dos sonhos. O corpo ficaria assim como único reduto da expressão do que foi sufocado ou não pôde ser experienciado.

E se retomarmos a ideia de Freud de que o sonho é o guardião do sono, podemos supor que as pessoas que sofrem de insônia têm de velar constantemente por si, para se assegurarem de que estão fora de perigo. Perigo da incapacidade do ego de dominar as moções reprimidas e perigo da solidão infinita a que o dormir pode conduzir se não tiver um sonho que vele por ele. Não é de se estranhar, diz Zygouris (1995), que

> [...] nos estados depressivos a insônia seja frequente: o sentimento de abandono está sempre presente, seja ele atual ou passado, e o amor de si, bem infeliz. E o conselho, inútil, que se dá aos insones, de não se irritar com a espera, é bem severo, pois, de fato, está se dizendo: não espere por ninguém (p. 119).

O sonho e o mundo: a criação e o outro

Para que Eros faça presença é necessário considerar a possibilidade de ligação inicial feita por um outro. A falta de sinais do mundo significa a solidão absoluta: "o que mantém vivo um ser humano é a afeição, a ternura, um espaço de sonho no qual possa haver um lugar para a presença de alguém que o escute" (Mannoni, 1995, p. 22).

Sem esse alimento que vem de fora, os próprios objetos internos se desfazem.

Quando Winnicott se refere à capacidade de a criança ficar só, marca o paradoxo de que isso se conquista na presença de alguém. E, uma vez adquirida essa capacidade, o objeto transicional se institui como suporte dessa ausência – sendo e não sendo a mãe, ao mesmo tempo que é e não é um objeto da realidade externa. Ora, esse objeto tem permanência para a criança enquanto perdura a imagem do objeto interno. Se a separação é no início da vida por demais prolongada, toda possibilidade de ficar só se esvai, levando consigo as outras conquistas já feitas. Quão próximos estão, diz Winnicott, essa criança que precisa da manta para dormir e esse adulto que precisa do sonho para dormir. Um e outro podem tornar-se loucos ou doentes se são privados disso.

A esse espaço inicialmente preenchido pela ilusão, depois pelo objeto transicional, pelo brincar, pelas produções culturais, Winnicott (1975) chamará espaço potencial. Potência do brincar e do viver criativo. E em seu texto

"Sonhar, fantasiar e viver" aproximará o sonhar do viver. Seria nesse espaço, portanto, que a capacidade de dormir e de sonhar se constituiria. Ele ainda dirá que tanto os pacientes psiquiatricamente doentes quanto as pessoas firmemente ancoradas na realidade objetivamente percebida, que não podem entrar em contato com os sonhos, sofrem da mesma insatisfação consigo mesmas.

Se Freud (1930) em "O mal-estar na cultura" anunciava que é na relação com os outros que está uma das maiores dificuldades dos homens em atingir a felicidade, ele também nos mostrou que é na ausência desse outro que o vazio se instala e os atos impulsivos ganham descarga – na violência, na exposição, na loucura.

O que se passa, então, com o sonho em uma sociedade cada vez mais individualista, com apelos incessantes à imagem, sem uma troca efetiva com o outro? Em uma sociedade em que a insistência é com o aparente, com a exterioridade que relega cada vez mais o universo interior; em que ocorrem fenômenos como o que se viram publicados em uma revista da grande imprensa[3], sobre pessoas que se deixam filmar em sua intimidade, mesmo quando dormindo. Como se houvesse aí um apelo vital ao olhar do outro – um excesso que não pode ser contido; uma intimidade que pede para ser devassada para garantir a existência.

---

[3] *Revista da Folha* (suplemento dominical do jornal *Folha de S.Paulo*), n. 342, de 15/11/1998; o artigo em questão, intitulado "Vida ao vivo", era da autoria de Marta Assumpção.

Se não devemos desconsiderar a incessante contaminação que o coletivo exerce sobre o psiquismo, também não devemos desvalorizar a necessidade narcísica e vital que todo sujeito tem de exercer uma ação transformadora sobre as situações que lhe são adversas. Nessas condições, não poderíamos ver no sonho, quando ele acontece, uma das poucas saídas significativas para o reconhecimento da vida psíquica no sujeito? O sonho como espaço de liberdade, de rompimento da submissão à ordem estabelecida. O sonho como subversão!

Nessas condições, o espaço do sonho e a experiência do sonhar, seriam, portanto, os sinais do despertar dessa possibilidade transformadora e um impulso necessário para a ação, desfazendo-se as inibições a que Eros se submetera.

Termino este capítulo com um sonho que Fellini relata a seu grande amigo Georges Simenon, um dos mestres da literatura policial. Na forma como é apresentado, reconhecemos o lugar do outro a quem ele é contado e um estado de apatia, de inibição e de desânimo do sonhador. Reconhecemos também o movimento transformador possibilitado pelo sonho.

> Chianciano, agosto de 1976
>
> Meu caríssimo Simenon,
>
> Quero contar-lhe ainda uma coisa para lhe mostrar como foi proveitoso para mim o encontro com sua imaginação, com sua criatividade. Um pequeno sonho que eu tive há dois anos, antes de começar *Casanova*.

Eu atravessava um período negro. Inércia, desânimo, marasmo, raiva com relação a esse filme, a sensação de ter me enfiado numa enrascada, noites inteiras passadas em busca de evasivas, elucubrando a maneira de me livrar sem muito estrago dos compromissos que havia assumido. O que eu tenho a ver com Casanova, eu me dizia. Será que eu conheço alguma coisa do século XVIII? Eu jamais suportei as gravuras alambicadas nem as perucas brancas. E depois como é que eu vou fazer para rodar um filme numa língua que não é a minha? Consultas com advogados, quilômetros de papéis escritos e depois rasgados para tentar lisonjear o produtor, cóleras negras contra aqueles que procuravam me serenar. Eu me sentia preso, acorrentado, condenado a fazer um filme profundamente estranho a meu temperamento, a minha imaginação, um personagem que não me pertence, que não me é simpático.

Resumindo: uma noite, eu sonho que acordo por causa do tique-taque incessante de uma máquina de escrever. Percebo então que adormecera num grande jardim úmido e rosado, com plantas enormes, carregadas de folhas de um verde intenso. Logo adiante, no centro do gramado, há uma construção em forma de torre. É de lá que vem o tique-taque da máquina de escrever. Eu me aproximo e o ruído desaparece. Avançando na ponta dos pés, espio por uma janela circular e vejo um quarto pintado a cal, como uma cela, e dentro um homem, um monge, ocupado com alguma coisa que não distingo bem, pois suas costas me cobrem a visão. Ele está sentado e, a seus pés, no chão, há uma dezena de crianças, meninos e meninas muito simpáticos, que riem, brincam, tocam suas sandálias, o cordão de seu burel. Enfim o homem se vira: é Simenon. Pendendo de seu queixo, uma barbicha branca, e então me dou conta de que ela é postiça, uma barba de disfarce. Surpreso, e mesmo um pouco decepcionado, não consigo encontrar uma explicação até ouvir uma voz a meu lado que me diz: "Ela é falsa". Claro que ela é falsa. Não se trata de um velho. Ao contrário, ele é bem jovem, muito mais jovem do que antes. "E o que ele está fazendo?", eu pergunto. "Está pintando seu novo romance. Veja. Ele já pintou mais da metade. É um romance magnífico sobre Netuno".

A voz se desvaneceu e dessa vez acordei de verdade. Bem, eu não quero me lançar em explicações mais ou menos pertinentes (esqueci de lhe dizer que, nessa época, para cúmulo de minha depressão, fiz a desagradável constatação de que ultrapassava a barreira dos 55 anos e deslizava inexoravelmente para os 60), mas não posso negar que na manhã seguinte senti minha tensão diminuir, o filme pareceu-me menos detestável e meti mãos à obra. Fiz o filme. A dificuldade da língua inglesa? Mas, se em meu sonho Simenon chegava até mesmo a "pintar" seus romances, por que eu não seria capaz de filmar numa língua que não era a minha?

E quanto ao fato de o personagem me ser estranho? E essa distância que sentia em relação a Casanova? Sim, é

> verdade, o personagem me era estranho, sentia-o longe de mim, exatamente como Netuno, deus dos abismos marinhos. Em suma, meu caríssimo amigo: Simenon, mestre da vida e da criatividade, pertence à mitologia onírica e intervém como um dervixe para operar milagres.
> Desculpe-me essa tagarelice desconexa e obrigado de todo coração. Felicidades.
> Federico Fellini. (Simenon & Fellini, 1999).

Em sua resposta, Simenon lhe diz:

"[...] espero que continuemos até o fim, crianças obedientes a impulsos interiores e muitas vezes inexplicáveis, e não a regras que não possuem mais significado para você do que para mim..." (Simenon & Fellini, 1999).

13.

Psicanálise com crianças[1]

A psicanálise define-se, entre outras condições, pela instalação de um campo transferencial que possibilite a emergência do discurso do sujeito. Discurso que lhe permitirá enunciar questões sobre seu sofrimento e apropriar-se de verdades até então desconhecidas.

Embora haja diferenças entre uma psicanálise com adultos e uma psicanálise com crianças, é sempre de *psicanálise* e é sempre do *infantil* que se trata. Infantil porque, mesmo no trabalho com adultos, são as inscrições significantes das experiências sexuais infantis, marcas inscritas no inconsciente, que insistem em se manifestar.

Em 1909, quando da publicação do historial do pequeno Hans, Freud chamou a atenção para o interesse legítimo dos analistas em confirmar, mediante uma observação direta, as conclusões a que chegam com seus pacientes adultos sobre as experiências sexuais infantis. Com esse propósito,

---

1 Apresentado na Semana de Psicologia da PUC-SP, em outubro de 1998.

ele costumava incentivar seus discípulos e amigos para que registrassem observações sobre a vida sexual das crianças.

No entanto, esse interesse já estava presente no texto *príncepe* da psicanálise, "A interpretação dos sonhos", em que Freud faz referências a sonhos que provinham da observação de seus próprios filhos. Nas cartas a Fliess, pode-se também perceber quanto ele estava atento àquilo que as crianças (novamente seus filhos) revelavam em seus jogos, seus desenhos, suas falas...

Em 1908, ao escrever "O criador literário e o fantasiar", Freud faz uma aproximação entre o ato da criação poética e o jogo das crianças:

> A ocupação preferida e mais intensa da criança é o jogo. Talvez tenhamos o direito de dizer que toda criança que joga se comporta como um poeta, pois cria um mundo próprio ou, dito de outra forma, insere as coisas de seu mundo numa nova ordem que lhe agrada (p. 127).

Mas será no texto de 1920, "Mais além do princípio do prazer", texto que marca a virada para a segunda tópica, que uma observação mais precisa sobre o jogo infantil se fará presente como metáfora possível de várias questões teóricas presentes no campo psicanalítico nesse momento: a compulsão à repetição, a pulsão de morte. Nele, Freud descreve com detalhes a observação do jogo, criado por seu neto, quando do desaparecimento da mãe, fazendo desaparecer e aparecer o carretel que arremessava para fora do berço, e pronunciando as palavras "oooooo" (*for* – foi-se), quando o jogava, e "*da*" (aqui está), quando o puxava de volta. Na maior parte das vezes, assinala Freud, só se podia ver a primeira parte, repetida incansavelmente, embora o maior prazer, correspondesse à segunda parte. Freud encerra essa apresentação dizendo que, por intermédio desse jogo, se manifestava a mais importante função da criança – poder abdicar da satisfação de seus impulsos; no caso relatado, a partida da mãe. A criança passa do lugar de passividade – ser deixada –, para o da atividade – é ela quem joga fora, quem deixa sair. Repete esse jogo incansavelmente até que um novo desafio possa se apresentar. É essa repetição infatigável que nos vai dando sinal, quando se trata de uma análise, que há algo a ser elaborado e superado.

Escolhi esses fragmentos do texto freudiano porque eles colocam em relevo o reconhecimento daquilo que se pode observar, analisar ou construir a partir da observação das experiências infantis. No caso do pequeno Hans, há uma seleção induzida do material observável: Freud estava interessado na demonstração das teorias sexuais infantis e as observações feitas, embora muito mais abrangentes, terão esse ponto de partida. Falar de teorias sexuais infantis pressupõe uma compreensão daquilo que uma criança tem possibilidades de apreender a respeito do mundo com os recursos intelectuais e psíquicos de que dispõe; das respostas que ela constrói para aquilo que a instiga e mobiliza pulsionalmente e, também, como afirmara Freud, de como essas experiências infantis reaparecem na vida neurótica adulta.

Tomemos um fragmento clínico para ilustrar essa afirmação: Madalena tem 30 anos e é a mais velha de três filhas. Em uma dada sessão, caminha por uma via associativa que a conduz à lembrança de uma viagem que a mãe fizera quando ela tinha seis ou sete anos. "Foi a primeira vez que ela viajou". Conta-me de seu sofrimento, de seu choro, dos primos que tentavam, inutilmente, consolá-la. Surpreendo-me imaginando-a como filha única, ou como filha caçula e com dúvidas sobre isso. Pergunto-lhe a idade das irmãs e ela me diz que já eram nascidas naquela época e que eram mais novas que ela. E acrescenta: "Engraçado, eu não me lembro delas; deveria lembrar, pois elas já eram grandes e eu brincava com elas". Digo-lhe, então, que aquela não era a primeira viagem da mãe; ela já fizera, pelo menos, outras duas anteriormente – quando fora para o hospital para o nascimento das irmãs. Ela me pergunta: "Será que eu chorei muito porque tinha a ver com isso? Porque eu imaginava que minha mãe ia ter outro filho?" E as lembranças da cena logo se fazem presentes: "Minha prima queria que eu brincasse com uma boneca de que eu gostava e eu gritava que não queria boneca... Depois soube que minha mãe queria engravidar nessa viagem...".

É então que nesse momento da análise podemos reconstruir sua experiência infantil de queda narcísica, experiência que pode ser observada em crianças que passam por vivências semelhantes, embora para cada uma se dê uma configuração singular. Uma mãe me relatou, certa vez, como seu filho mais velho reagiu à chegada do segundo: o bebê estava no bercinho da sala e a mãe, na cozinha. Ela se assustou quando o mais velho, com cinco anos, entrou na cozinha carregando o bebê e perguntou: "Mãe, ele cabe na panela?".

Quando, em psicanálise, falamos da observação que se faz das crianças, não estamos apenas nos referindo aos dados objetivos, perceptíveis à consciência; há algo mais que é próprio desse campo e que nos remete ao que se vive ou reedita na transferência. Se nos adultos as manifestações do inconsciente podem ser apreendidas pela associação livre e pela escuta flutuante do analista, nas crianças elas poderão ser manifestadas pelo brincar ou mesmo pela incapacidade de brincar.

Uma criança que saiba antecipadamente que irá para uma conversa com um analista construirá uma representação acerca disso, da pessoa que a observará, das fantasias em relação ao que poderá ocorrer e para quê... Essa representação será construída, também, com os dados que apreender do que os pais lhe disserem e de suas próprias expectativas ou temores. Da mesma maneira, o analista estará marcado pelas próprias representações, por suas expectativas e temores, pelas relações internas com os pais (próprios e da criança) e com o lugar imaginário do que é ser criança. É sempre um encontro de muitos atores e fantasmas e o que se observa e registra nesse encontro será muito diverso daquilo que um possível observador imparcial (supondo que sua existência fosse possível) registraria ou entenderia.

Winnicott (1988) colocou de relevo essa diferença, sem subestimar o papel direto da observação:

> É muito esclarecedor observar crianças pequenas diretamente e é necessário que o façamos. Em muitos aspectos, no entanto, a análise de crianças fornece-nos muito mais informações sobre a criança pequena do que a observação jamais poderá proporcionar. Isto não nos surpreende; a singularidade da psicanálise como instrumento de pesquisa, como sabemos, está em sua capacidade de descobrir a parte inconsciente da mente, ligando-a à parte consciente e, desta forma, proporcionar-nos algo como uma compreensão completa do indivíduo que está em análise (p. 152).

A *impossibilidade de brincar*

Nos encontros analíticos, a impossibilidade do brincar é uma indicação de que há uma situação de muito sofrimento. Com crianças severamente doentes, que não jogam, a continência e a previsibilidade do enquadre analítico terão um valor ainda maior como forma de comunicação, sendo a garantia de um espaço que não se fragmenta, que não desaparece. Este é um aspecto que não deve ser minimizado, principalmente quando se trabalha em instituições onde há constantes ameaças de mudanças. Na situação clínica que descrevo a seguir, evidencia-se o momento em que se inicia, na análise, o surgimento da capacidade de brincar.

Uma mãe me liga e pede uma consulta para seu filho de três anos. Pergunta-me se deve vir sozinha ou com ele. Algo na pergunta me alerta! Respondo-lhe que venha como se sentir melhor e marco o horário. Ela comparece acompanhada da criança. Há certa hesitação quando abro a porta, na forma como ela se apresenta e me apresenta a criança. Na entrevista ela fala de uma criança que é um bebê e eu vejo um menino grande e forte para a idade. Ela diz que só começou a achar que ele não poderia ser mais um bebê, quando as pessoas começaram a lhe apontar que ele não cabia no seu colo, mas ainda pensa que ele é muito pequeno para entender as coisas. Ele não entende as coisas, não fala e quando quer alguma coisa faz uso das mãos da mãe. Funcionam como extensão um do outro. A criança ouve, observa, parece entender, balbucia alguns sons e eu assinalo isso para a mãe.

As entrevistas que se seguem vão explicitando esse funcionamento fusional entre a mãe e a criança e, que para essa mulher nenhum espaço que a distanciasse do filho poderia se configurar. Se marco uma entrevista com ela, traz o filho junto, se marco uma observação com a criança, ela vem sozinha. Mesmo algum tempo depois, se ele não pode vir, ela aparece dizendo que não podia perder o horário e aproveitou para vir.

A criança, por sua vez, entra em pânico cada vez que se defronta com uma separação da mãe; ficar na sala sem ela remete-o a um estado de terror e desespero. O jogo é inexistente – consiste em espalhar tudo pelo chão. Mais tarde, quando começar a jogar, ele se fixará em dois ônibus iguais e fará sempre o mesmo caminho, sempre com eles dois juntos, ou então se ocupará em preencher todos os lugares vazios dos brinquedos com massinha – impossível suportar um vazio, uma distância entre um corpo e o outro; impensável a ausência.

Quase um ano depois, dá-se um corte; a primeira separação possível, dentro da análise. A mãe está sentada com ele no colo e incentiva-o a brincar com os brinquedos que estão no chão, perto de mim. Ele reluta, embora olhe com tentação para os brinquedos. Pergunto à mãe se não quer brincar com ele, mas ela não sai do lugar e continua a lhe falar descrevendo os brinquedos que estão no chão. Percebo que ela o convida a se afastar, mas o mantém fortemente abraçado no colo e aponto isso. Ele sai do colo e fica de pé, do lado da mãe. Olha angustiado para ela, para mim, para os brinquedos. Eu lhe digo que ele não sabe o que fazer – se fica com a mamãe ou se vai brincar. Ele continua me olhando. Eu me angustio também. Levanto-me e ordeno à mãe que saia. Ela se surpreende, eu também, mas repito a ordem e ela sai. A criança começa a brincar tranquilamente... Ao final da sessão, a mãe me pede um horário e diz que quer vir sozinha. Instala-se a possibilidade de suportarem espaços diferentes – dois corpos separados – e o menino desenvolverá a fala de uma outra maneira. Nessa época já usava algumas palavras, a maioria de sentido incompreensível.

Tempos depois, essa cena vai ser vivida de outra forma, algo de simbólico se constitui. Ele entra na sessão com as luvas da mãe. Hesita entre as luvas e os brinquedos. Eu lhe digo que ele não sabe se cuida das "luvas-mãos da mamãe" ou se usa as suas mãos. Ele tira as luvas, joga-as no sofá e começa a brincar. Quando sai da sala, esquece as luvas no sofá.

Em uma sessão depois de três anos de análise, ele está sentado numa cadeira, ao lado de uma mesinha e eu, à sua frente, em outra cadeira. Ele brinca com tinta jogando-a sobre o papel. Pede que o ajude a pintar e eu, a partir de um borrão vou puxando tinta para todos os lados. Em dado momento, parece-me que se formou uma aranha. Ele diz: "é um bicho!" Eu lhe pergunto que bicho é. Não entendo sua resposta. Insisto e entendo que ele me diz: "aranha!" Repito perguntando: "Aranha?" Ele reage, bravo: "não, é amorinho". E insiste: "é amorinho." Palavra extremamente criativa. Seria uma mistura de aranha com amor? Um amor que pode matar (como a aranha)? Ou, uma nova forma de amor – que é pequenininho, que ele pode começar a viver na transferência? "Uma forma de situar as coisas de seu mundo, numa nova ordem?"

Nesse caso, o que está em jogo é a possibilidade de a criança se constituir como sujeito. Possibilidade que passa pela separação do corpo materno, pelo rompimento da fusão inicial. É a fusão que permite a separação e quando ela ocorre precocemente pode provocar sofrimentos; a ausência que a criança é obrigada a reconhecer, nessas condições, favorece a inscrição de vivências de impotência e de vazio. Mas se a fusão se mantém, a criança como sujeito não se constitui.

Para que a criança possa suportar a descontinuidade da presença-ausência, as trocas iniciais com o "meio ambiente" (no sentido que lhe dá Winnicott) são fundamentais. Um bebê brinca com seu próprio corpo, com as luzes, com as cores, com os objetos que o cercam; cria-os. Lambuza-se com a comida e a espalha pela casa e, assim, vai dando dimensão ao que será sua pele, o que será o dentro e o fora. É por meio das rotinas, da garantia de continuidade dos cuidados, que o corpo e o mundo vão ganhando consistência e que o bebê tem garantido o espaço para desenvolver sua espontaneidade e a integração. Por volta do primeiro ano, os jogos de esconder, de deixar cair as coisas no chão, de cobrir-se para não ser encontrado, vão ajudar a criança a sair do primeiro tempo do narcisismo, a sair da dependência do olhar materno e estabelecer as categorias presença/ausência.

Questões sobre o início de uma análise

Em algumas situações, a indicação de uma análise deve ser feita com cuidado, para não corrermos o risco de rotular a criança como doente ou de tentar suprimir o sintoma, e tirar-lhe, talvez, a única forma possível de comunicação e de sobrevivência psíquica que tinha encontrado em seu meio familiar ou social (Mannoni, 1971). As entrevistas iniciais poderão explicitar os sentidos do sintoma e, muitas vezes, ressignificá-lo, fazendo que surja uma nova configuração da demanda terapêutica.

Atendi uma mãe que solicitava atendimento para o filho de nove anos. O pai do menino tinha receio de que ele não se desenvolvesse sexualmente de "forma adequada". Em um primeiro momento, vi a mãe e a criança. Ela me dizia que o pai não viria. Insisti e ele compareceu. Depois, decidi convocar a família – o pai, a mãe, a criança e os três irmãos – um irmão de dezesseis anos, uma irmã de dezoito e outra de onze anos.

Era uma família de origem oriental com valores muito tradicionais. Nessa tradição, o filho mais velho era o responsável pelos pais quando estes envelhecessem e, na ausência deles, o responsável pelos irmãos mais novos. Em troca, o filho mais velho receberia cinquenta por cento da herança paterna e os irmãos a parte restante. Havia, nessa família, um único lugar de potência, de masculinidade; os outros – mulheres ou crianças – tinham o mesmo valor; eram, poder-se-ia dizer, do mesmo sexo.

Na entrevista com o menino, ele me diz que não quer ser identificado como doente. Assim, embora pudesse crer que uma indicação de análise o ajudaria, avaliei que poderia distanciá-lo ainda mais do reconhecimento paterno. A proteção defensiva dada pela mãe tornava-o ainda mais infantil.

O pai repetia com sua família o que vivera com seus próprios pais: ele era o filho mais velho e teve de esperar que todos os irmãos crescessem para poder fazer sua vida.

Nos encontros com o menino, seus desenhos eram feitos com humor e esse foi um dos indicadores para a minha decisão. Em um deles, desenhou uma caixa muito fechada da qual escapava o Garfield; o humor era revelador de que havia saídas e de que ele não estava tão prejudicado, embora não pudesse mostrar isso.

Nas entrevistas com a família, o pai queixou-se de não saber falar português, e por isso não queria vir; no entanto, contou sua história de modo bastante claro. Os filhos disseram que nunca o tinham ouvido falar de sua vida na China e esses encontros produziram efeitos sobre todos.

Combinei com eles que seria interessante esperar um tempo para ver como as coisas se arranjavam e marquei um retorno para seis meses depois. A mãe voltou e me contou que as coisas haviam melhorado e que o menino estava bem.

As crianças nos chegam trazidas por seus pais. Elas, por sua vez, trazem consigo as marcas e o histórico familiar. Se não levarmos em consideração o discurso dos pais, a história deles e sua implicação no tratamento dos filhos, podemos nos surpreender com os ataques ao prosseguimento da análise. O lugar parental tem de ser preservado para que a criança sinta que a responsabilidade por ela não foi outorgada a outra pessoa, deixando-a como órfã. Às vezes, o trabalho nas primeiras entrevistas é de poder reafirmar o pai e a mãe no lugar que lhes cabe. A divulgação de "receitas psicológicas", "diretrizes do bem-cuidar" etc., têm criado muitas confusões. Como dizia Winnicott, uma mãe não precisa que um especialista lhe diga o que fazer; se não for seriamente perturbada, será uma mãe "suficientemente boa".

Dadas as singularidades de cada caso, pode-se ou deve-se incluir a mãe ou os pais no tratamento; em outras situações, é possível fazer atendimentos paralelos ou, ainda, em função do próprio pedido da criança, não atender os pais, até que isso seja possível. No caso do menino de que lhes falei no início, era vital atender mãe e filho; eles eram um só. Quando criaram lugares separados, atendia a mãe em outro horário, quando ela o pedia. Quando ela se casou novamente (o pai do menino morrera quando ele era bebê; esse luto estava presente na dificuldade dela em deixar de vê-lo como um bebê), convidei esse homem para vir ao atendimento junto com ela. Ao fim de nosso primeiro encontro, ele me disse que se sentia muito irritado comigo porque o menino não evoluía como ele esperava, mas que agora percebia que também cabia a ele cuidar da criança; podia assumir a função paterna.

Para concluir

É difícil ocupar o lugar de analista e, talvez, mais ainda, ser analista com crianças, embora esta prática, em geral, seja feita por terapeutas iniciantes – os iniciantes trabalham com os que se iniciam na vida. Cabe questionar se não devia ser o contrário. Além disso, os analistas que trabalham com adultos poderiam, se atendessem também crianças, ter outras possibilidades de escuta de seus pacientes adultos. Experiências com crianças dão-nos outra compreensão do que se passa na estruturação do psiquismo.

Françoise Dolto (1989), ao comentar o trabalho de Sophie Morgenstern[2] com um menino de nove anos que apresentava mutismo congênito e as dificuldades que ela enfrentou, tanto pelas tentativas fracassadas no manejo inicial da situação transferencial quanto pela pouca receptividade e reconhecimento que a equipe médica lhe dispensava, faz uma afirmação incisiva sobre a dificuldade de nosso ofício:

> A psicanálise progrediu desde 1927, época dessa observação da sra. Morgenstern, mas os psicanalistas permanecem sempre desarmados diante do inconsciente, instância dinâmica imprevisível, que com cada novo paciente revira nosso pretenso saber quanto às metamorfoses do desejo

2 Esse caso tem um valor histórico; foi o primeiro atendimento psicanalítico, na França, em que se utiliza o desenho como método de análise. Sophie Morgenstern foi uma das primeiras psicanalistas de crianças. Nasceu na Polônia e fez sua formação médica em Zurique. Foi analisanda de Freud, indo para a França em 1924, onde se integrou à equipe do prof. Heuyer, no hospital de Vaugirard, único serviço de neurologia e psiquiatria infantil existente em Paris. Foi lá, também, que Françoise Dolto terminou sua formação médica tendo se surpreendido e admirado com o trabalho psicanalítico desenvolvido por ela.

> e de suas proibições endógenas. Nenhuma aprendizagem do ofício poderá nos imunizar contra os inevitáveis mas *necessários* efeitos da análise da transferência e da transferência em si mesma (p. 32, grifo meu).

Mas, apesar das dificuldades, ou, por meio delas – já que como Dolto assinala, os efeitos da transferência são inevitáveis e necessários –, se o analista puder se confrontar com o que há de estrangeiro em si, com seus medos, as defesas e a angústia e se puder constituir um espaço para o brincar, poderá, também, fazer um arranjo criativo e poético dessas intensas experiências que estão em jogo em uma análise com crianças.

14.

Desenvolvimento emocional primitivo: uma metáfora para a construção da clínica winnicottiana[1]

Uma criança de sete anos passeava com sua mãe quando lhe perguntou: "Mãe, se eu morrer, o mundo desaparece?". A mãe olhou-a intrigada e, antes que pudesse responder qualquer coisa, a criança continuou: "Não, acho que não, o mundo continua". A mãe identificou um sofrimento nessas indagações... E a criança acrescentou: "Ah! Mas enquanto eu viver o mundo existe e eu quero viver junto com o mundo".

Esse diálogo aproxima-nos daquilo que Winnicott descreve com relação ao desenvolvimento emocional primitivo – uma travessia, como a que faz esta criança, da ilusão para a desilusão. Ilusão que faz que o bebê, se tudo

[1] Publicado originalmente na *Revista de Psicologia* da PUC-SP (n. 8, pp. 133-141, 1999).

correr bem, possa acreditar que o mundo existe porque ele o criou e que, portanto, sua existência e a do mundo são uma coisa só. Ilusão possibilitada por um cuidado materno suficientemente bom, pelo atendimento das necessidades que, gradativamente, deixa de ser total para poder incluir a frustração e, progressivamente, a desilusão: o mundo existe independentemente da criação que o bebê faz dele e – experiência nada fácil de ser assimilada – o bebê perde sobre ele seu controle onipotente.

É verdade que este processo, que em termos cronológicos é curto, tem uma enorme complexidade e muito deve ser constituído até que a desilusão possa ter significado.

Quando Winnicott, apoiado em sua experiência de pediatra, afirma que não existe tal coisa como um bebê, o que ele coloca em relevo é a dependência absoluta que marca os momentos iniciais da vida em que, sem o ambiente, sem a mãe, ou qualquer pessoa que possa cumprir essa função, o bebê não sobrevive. Paradoxalmente, dirá que este é também o momento de maior independência. Independência absoluta porque o bebê não tem o menor registro dessa dependência e porque, se o mundo é efeito de sua criação, o bebê tem sobre ele absoluto controle. Nesse momento, qualquer fracasso repetido do meio ambiente pode ter sérias consequências. Não se trata de experiências de frustração, mas algo muito mais severo – trata-se de privações. A origem de distúrbios psíquicos graves e da psicose será pensada a partir dessas privações precoces.

Da dependência absoluta o bebê caminha para a independência relativa. Relativa, porque, em verdade, nunca somos totalmente independentes. É nesse momento que ele, já agora apoiado nas avaliações do próprio ego, nas experiências do *self*, pode vislumbrar a intensidade de sua dependência no estágio anterior – quando sua possibilidade de sobrevivência estava nas mãos de um outro. São os restos dessas experiências que deixam, em todos nós, certo temor à dependência. Agora, o bebê já é capaz de suportar frustrações, de esperar por algum tempo a aproximação do objeto desejado.

Esses momentos iniciais da vida humana podem ser descritos de várias formas, privilegiando um ou outro aspecto da teoria psicanalítica. Em Freud, podemos, por exemplo, falar em termos de desenvolvimento da libido (fase oral, anal, fálica, genital). Com relação a Melanie Klein podemos falar em termos da organização das defesas contra a angústia (posição esquizoparanoide ou posição depressiva). Winnicott não desconsidera essas abordagens, mas privilegiará, com bastante ênfase, a importância do meio ambiente como condição necessária para a existência psíquica.

Processos iniciais

No início, diz Winnicott, a unidade é o indivíduo e seu meio ambiente. Imerso nesse meio ambiente do qual não se diferencia, o bebê, logo nas primeiras horas, inicia os processos de integração, personalização e realização. Aos poucos, com a continuidade dos cuidados que recebe e como resultado das experiências pulsionais, se não ocorrerem muitas invasões, seu *self* ganha existência, o bebê se constitui como um ser, a mente se localiza no corpo e os objetos ganham dimensão de realidade externa.

Com relação ao objeto, há também um percurso: do objeto subjetivo ao objeto objetivamente percebido, ou objeto compartilhado. Compartilhado, porque é sempre de uma realidade partilhada que se trata, já que os aspectos singulares, subjetivos, continuam presentes. Quando o objeto é subjetivo, não há discriminação entre o bebê e o mundo. Nesse momento, a comunicação é silenciosa. Pode-se dizer que o lactente se comunica simplesmente por continuar a existir e por se desenvolver de acordo com suas características pessoais. Quando o objeto se torna objetivo, a comunicação tem um sentido mais ativo, podendo ser explícita ou muda. Em verdade, é nesse momento que Winnicott considera mais apropriado que se fale de comunicação ou de seu oposto – a não comunicação.

Para o autor, embora haja uma modificação na forma de apreensão dos objetos e uma consequente alteração na relação que se estabelece com eles, há um núcleo do *self* – denominado verdadeiro *self* – que permanece isolado. Isto o leva a afirmar que a comunicação e o relacionamento significativos são silenciosos. "Embora as pessoas normais se comuniquem e apreciem se comunicar, o outro fato é igualmente verdadeiro, que cada indivíduo é isolado, permanentemente sem se comunicar, permanentemente desconhecido, na realidade nunca encontrado" (Winnicott, 1963, p. 170).

Falhas no ambiente podem acentuar a cisão no *self* e a instalação de um padrão dissociado na comunicação com os objetos. De um lado, uma comunicação submissa em que o falso *self* responde "normoticamente"[2] (Bollas, 1987, p. 169) às solicitações que lhe são endereçadas; de outro, uma comunicação silenciosa que permanece oculta e pouco influenciável pelo mundo objetivamente percebido.

> As pessoas podem estar vivendo satisfatoriamente e realizando trabalhos que sejam até de valor excepcional e, no entanto, podem ser esquizoides ou esquizofrênicas. Podem ser doentes quanto ao aspecto psiquiátrico, devido ao seu fraco sentido da realidade. Para equilibrar essa situação deveria ser dito que existem outros que estão ancorados tão firmemente na realidade, percebida objetivamente, que são doentes na razão inversa, isto é, quanto a se acharem alienados do mundo subjetivo e da abordagem criativa do fato (Winnicott, 1971b, p. 97).

[2] O termo refere-se ao que Christopher Bollas identificou como "personalidades normóticas" – indivíduos para quem os elementos subjetivos da vida são considerados inexistentes. Por não serem acometidos pela variação dos afetos, podem se apresentar como excepcionalmente estáveis e fortes.

Essa construção a respeito do objeto e do tipo de comunicação que se estabelece nas relações com ele nos aproxima da compreensão da transferência na situação analítica e do uso que o analisando pode fazer do objeto-analista. Cada analisando usa o analista de uma forma diferente. Alguns podem fazer surgir sua capacidade crítica, já que se apresentam muito confusos, enquanto outros podem não se interessar por ela. Alguns criam "pontos de identificação empática, possibilitando ao analista estabelecer-se dentro deles por um tempo, enquanto outros mantêm uma distância afetiva rigorosa que empobrece a vida emocional do analista" (Bollas, 1987, p. 336). Dessa maneira, o silêncio pode, por exemplo, ser entendido como uma comunicação muito mais significativa que a comunicação que é explícita e está sendo feita ao mesmo tempo. O isolamento pessoal é parte da procura de uma identidade e do estabelecimento de uma técnica pessoal de comunicação que não permita a violação do verdadeiro *self*.

O reconhecimento, por parte do analista, dessa comunicação silenciosa e a sua apreensão da forma pela qual está sendo usada não implicam necessariamente que um trabalho interpretativo seja feito. Nos adolescentes, em especial, há uma resistência acentuada contra o fato de serem descobertos, isto é, serem encontrados antes de estarem lá para serem encontrados. Winnicott ressaltará, em vários momentos de sua obra, quão perigoso é o analista interpretar em vez de esperar que o paciente descubra criativamente. Para ele, uma das funções da interpretação é o estabelecimento dos limites da compreensão do analista, ou seja, sua impossibilidade de saber acerca do outro. Entre as duas formas de comunicação, que correspondem a duas formas diferentes de apreensão dos objetos, há outra forma intermediária, que marca a transição de uma para a outra e onde se estabelecem os objetos e os fenômenos transicionais. Esse espaço intermediário, cuja raiz está na ilusão primária do bebê, é também denominado espaço potencial, pois nele se constituirão os objetos transicionais que depois se expandirão nas atividades do brincar na criança e nas experiências culturais de vários tipos.

> Essa área de desenvolvimento e experiência individuais parece ter sido desprezada, enquanto a atenção se focalizava na realidade psíquica, pessoal e interna, e sua relação com a realidade externa ou compartilhada. A experiência cultural não encontrou seu verdadeiro lugar na teoria utilizada pelos analistas em seu trabalho e em seu pensamento. Coube a mim ser um psicanalista que, talvez por ter sido pediatra, sentiu a importância desse fator universal na vida dos bebês e das crianças (Winnicott, 1971b, p. 9-10).

Os objetos transicionais

Apesar das afirmações reticentes de Winnicott acerca do reconhecimento, por parte dos analistas, dos objetos e dos fenômenos transicionais, este parece ser o aspecto de sua teoria que menos restrições encontrou dentro da psicanálise. A própria psicanálise pode ser entendida como um significativo objeto transicional de nossa época. O que importa com relação aos objetos transicionais não é tanto a descrição que se pode fazer de tais objetos, mas, antes, o uso que se faz deles. Eles representam a primeira possessão não eu do bebê: são e não são um objeto subjetivo ou um objeto objetivamente percebido e isso constitui um paradoxo que não deve ser questionado. Na relação com o objeto transicional, o bebê passa do controle onipotente para o controle pela manipulação que envolve o erotismo muscular e o prazer da coordenação motora. Ele não está sob controle mágico, como o objeto interno, mas tampouco está fora de controle como a mãe real.

> Introduzi os termos "objetos transicionais" e "fenômenos transicionais" para designar a área intermediária da experiência, entre o polegar e o ursinho, entre o erotismo oral e a verdadeira relação de objeto, entre a atividade criativa primária e a percepção objetiva baseada no teste da realidade [...]. Por essa definição, o balbucio de um bebê e o modo como uma criança mais velha entoa um repertório de canções e melodias enquanto se prepara para dormir, incidem na área intermediária enquanto fenômenos transicionais, juntamente com o uso que é dado a objetos que não fazem parte do corpo do bebê, embora ainda

> não sejam plenamente reconhecidos como pertinentes à realidade externa (Winnicott, 1971b, p. 14).

O padrão dos fenômenos e dos objetos transicionais surge, com amplas variações, dos quatro aos oito meses e pode persistir por toda a infância, continuando a ser necessário na hora de dormir, em momentos de solidão ou em certas situações de depressão e angústia. Pode também reaparecer mais tarde, em situações psíquicas semelhantes. Às vezes, o bebê pode ser tão perturbado em seu desenvolvimento que o estado de transição não se estabelece, ou a sequência é interrompida, ou, ainda, não se dá a passagem da mãe para um outro objeto – é o corpo da mãe ou do próprio bebê que é utilizado. Em tais situações, algum grau de patologia pode ser evidenciado. Há crianças que só conseguem dormir enrolando o cabelo da própria mãe – esta é uma maneira de não permitir que a mãe se afaste e que outro objeto, o ursinho, um boneco, uma fraldinha, ocupe, simbolicamente, seu lugar. Seria necessário considerar, também, nestas situações, a possibilidade de essas mães se separarem de seus bebês.

No atendimento clínico de crianças pequenas podemos observar como, às vezes, elas vêm para a sessão acompanhadas de seu objeto tranquilizador, como durante o trabalho se desprendem dele e como o retomam ao fim da sessão. Também, durante certas experiências mais angustiantes da vida, elas se ressentem de sua ausência. Os pais sabiamente não costumam viajar ou levar a criança para dormir em outros lugares sem se lembrar de levar junto esses objetos escolhidos por ela. Durante as internações hospitalares, esse é um aspecto que deveria ser sempre considerado. Uma criança que possa ficar no hospital com seu objeto transicional terá maiores possibilidades de enfrentar a separação do ambiente familiar e de suportar as invasões que sempre são necessárias. Com o passar do tempo, o objeto perde o significado e se espalha por todo o espaço intermediário entre a "realidade psíquica interna" e "o mundo externo partilhado", ampliando-se para o brincar, o sonhar, as produções culturais e para todo o viver simbólico e criativo. O objeto transicional e os fenômenos transicionais iniciam todos os seres humanos com o que sempre será importante para eles, isto é, uma área neutra de experiência, de repouso, de prazer, que não deverá ser contestada.

A experiência criativa começa com o viver criativo, manifestado primeiro nas brincadeiras. Isto é possível se, como já foi assinalado, o bebê encontrar confiança na figura da mãe e nos elementos do ambiente que o cercam. Depois de uma adaptação plena às necessidades do bebê, ocorre um fracasso gradativo nessa adaptação e esboçam-se as primeiras experiências de separação e autonomia. Nesse momento, é importante que a mãe possa responder à nova necessidade do bebê – a de tornar-se autônomo; passando da dependência absoluta para a relativa. O bebê elabora, então, suas primeiras brincadeiras imaginativas. Esta é a origem do espaço potencial – espaço entre o bebê e a mãe que é preenchido por objetos de sua (do bebê) própria criação. Tudo o que vier a preencher essa área e não for criação do bebê (ou, se se tratar de uma análise, não for criação do analisando) poderá facilmente transformar-se em material persecutório sem que o bebê (ou o paciente) tenha condições de rejeitá-lo.

> Os analistas precisam estar atentos para evitar a criação de um sentimento de confiança e uma área intermediária em que a brincadeira possa se efetuar; e, depois, injetar nessa área ou inflá-la com interpretações que, com efeito, provêm de suas próprias imaginações criativas (Winnicott, 1971b, p. 141).

O uso do objeto

Para Winnicott, a capacidade de usar o objeto vincula-se à entrada no psiquismo do princípio da realidade – a passagem do objeto subjetivo para o objeto na realidade existindo como tal. Para que isso ocorra, há um momento anterior que é o da destruição do objeto. Se ele sobrevive à destruição, então pode ser reconhecido como tendo existência própria. É, portanto, a destruição do objeto que o coloca fora da área do controle onipotente do sujeito. É ele quem faz a referência à situação analítica assinalando que os ataques destrutivos do paciente representam uma tentativa de colocar o analista fora do controle onipotente; não se trata aqui de fazer uso das interpretações ou de incorrer no risco da retaliação, mas da sobrevivência do analista aos ataques. "Sem a experiência da destrutividade máxima (objeto não protegido), o sujeito jamais coloca o analista para fora e, portanto, não pode mais do que experimentar uma espécie de autoanálise, usando o analista como projeção de uma parte do eu (*self*) [...]. O aspecto essencial é a sobrevivência do analista" (Winnicott, 1971b, p. 127-128).

Embora Winnicott fale da destruição do objeto pelo bebê ou da destruição do analista pelo paciente, é importante frisar que a destruição real seria o fracasso do objeto em sobreviver a esses ataques.

As situações de jogo

Para terminar, gostaria de tomar as situações de jogo construídas por Winnicott em sua experiência clínica e, por meio delas, processar o que ocorre em termos de comunicação e do brincar criativo, seja na relação com o bebê, seja na relação analítica.

O primeiro jogo, conhecido como "jogo da espátula", foi descrito em 1941 e provém de uma padronização – "situação estabelecida" – criada por ele em seu trabalho de atendimento psicopediátrico. Esse jogo, em sua sequência completa, realiza-se entre os 5 e os 13 meses de idade. Depois, o interesse pelos objetos torna-se tão amplo que a espátula, como objeto que excita o desejo do bebê, pode ser simplesmente ignorada.

Essa "situação estabelecida" era utilizada por Winnicott com finalidades diagnósticas e terapêuticas. Da sequência que o jogo completo apresenta, pode-se deduzir, por exemplo, a importância do tempo das sessões no trabalho com crianças, não como um tempo de relógio, mas um tempo que respeita o término que se depreende do jogo feito pela criança. As interpretações podem também ser pensadas como um objeto cintilante (tal como a espátula), que excita a curiosidade do paciente; se o momento é o da "hesitação" (primeiro estágio do jogo, quando o bebê estende a mão para agarrar a espátula, mas descobre que a situação merece ser considerada. Fica em um dilema), elas não podem ser enfiadas à força na mente do analisando, pois, então, ele dificilmente "brincará" com elas.

O jogo da espátula, do qual foi possível depreender uma sequência no desenvolvimento das crianças pequenas, difere essencialmente do jogo do rabisco, incluído mais tarde na clínica winnicottiana. Neste, a mutualidade, a experiência criativa e a flexibilidade do *setting* são as marcas fundamentais do encontro entre os dois parceiros da situação analítica. Sua apresentação é bastante simples: sobre uma mesa colocam-se lápis e papel, e o analista ou o paciente, um de cada vez, iniciam o jogo com um rabisco que o outro completa. Brincando com os rabiscos, o paciente pode chegar à comunicação de suas dificuldades, seus conflitos, seus sonhos e projetos. No entanto, o importante do jogo não é o conteúdo que pode ser encontrado, mas, antes, o valor que a experiência adquire por ser vivida e partilhada.

O jogo foi desenvolvido especialmente para as consultas terapêuticas – situações pontuais de atendimento em que não havia possibilidade de um trabalho contínuo e prolongado e para momentos em que era importante criar um facilitador da comunicação. Funcionava, então, como uma espécie de objeto transicional dentro da cura analítica. O jogo do rabisco nasceu, também, do interesse de Winnicott por desenhos; Clare Winnicott conta que todos os dias ele a presenteava com um de seus desenhos e que quando ela viajava ele os mandava pelo correio. É interessante pensar quanto a criatividade própria de cada analista pode encontrar um lugar de realização na experiência com seus pacientes.

Foi na apresentação de seu livro *Consultas terapêuticas em psiquiatria infantil* (1971b) que Winnicott assinalou o lugar especial que os primeiros encontros adquiriram em sua prática clínica:

> Fiquei surpreso com a frequência com que as crianças sonhavam comigo na noite anterior à consulta. Esse sonho com a pessoa que elas iriam ver obviamente refletia o preparo mental imaginativo delas mesmas em relação a médicos, dentistas e outras pessoas que se supõem sejam auxiliadoras. Também refletiam, em graus variados,

> a atitude dos pais e a preparação que fora feita para a visita [...] Numa linguagem que uso atualmente [...] encontrava-me na posição de objeto subjetivo e nesse papel [...] o médico tem uma maior oportunidade de entrar em contato com a criança (p. 12).

Reafirma-se, nessa citação, a semelhança entre o cuidado materno, que responde ao gesto espontâneo do bebê, e o lugar do analista, que instala um clima de mutualidade, de confiança e de atendimento às necessidades de seus pacientes.

15.

Considerações sobre a regressão em Winnicott[1]

Com mestres-amos a psicanálise pode sobreviver algum tempo, sem chicote nem amos, tem possibilidade de viver indefinidamente.
(J.-B. Pontalis, "*Ida e volta*")

Tanto em casos de fracasso ambiental quanto nos de predisposição à psicose, e mesmo em certas situações de psicose estabelecida, a regressão propicia um novo aporte do ambiente, que pode levar à cura.

Se é verdade que Winnicott criticava o dogmatismo das escolas e não se propunha a criar um corpo teórico sistematizado que pudesse ser usado tecnicamente pelos analistas, também é verdade que valorizava intensamente as trocas e os comentários entre eles. Dispunha-se a isso como alguém que brinca com os rabiscos em um espaço potencial de criatividade e mutualidade, e pode, ao mesmo tempo, ser bastante

[1] Publicado originalmente na revista *Percurso* (ano IX, n. 17, pp. 11-14, 1996).

incisivo nas discordâncias e na defesa da originalidade de seu pensamento[2]. Transformar a criatividade clínica e teórica de Winnicott em uma escola traz o risco de estereotipar o jogo e, portanto, retirar-lhe o que tinha de mais verdadeiro. Assim, ocorreu-me que se temos o hábito de tomar os textos de Freud e "fazê-los trabalhar", com os de Winnicott poderíamos apropriadamente dizer que "os tomaríamos para com eles poder brincar", *o que em um meio como o nosso não deixaria de ser, a meu ver, algo extremamente desejável e necessário.*

Mas como nem sempre sabemos ou podemos brincar, vemo-nos, às vezes, ao ler Winnicott, incomodados com ideias que nos parecem simples demais ou valorativas em excesso ou, ainda, extremamente complexas. Elas, no entanto, também nos instigam e encantam com as possibilidades clínicas de suas construções – os paradoxos não deixam de se fazer reconhecíveis! E, se pretendemos ir articulando suas construções com os textos de Freud ou de outros psicanalistas, teremos uma tarefa nada fácil. Em uma carta escrita para Anna Freud em 18/03/1954, Winnicott diz:

> [...] tenho um modo irritante de dizer as coisas em minha própria linguagem em vez de aprender a usar os termos da metapsicologia analítica. Estou tentando descobrir por que é que tenho uma suspeita tão profunda para com

---

[2] O registro de suas cartas no livro O *gesto espontâneo* é bastante elucidativo a esse respeito.

> esses termos. Será que é porque eles podem fornecer uma aparência de compreensão onde tal compreensão não existe? Ou será que é por causa de algo dentro de mim? Pode ser, é claro, que sejam as duas coisas (Winnicott, 1991a, p. 51).

Ele retomou a questão em janeiro de 1967, quando foi convidado a dar uma palestra sobre o relacionamento de sua teoria com outros desenvolvimentos teóricos:

> À medida que o tempo ia passando, dei-me conta cada vez mais de quanto eu havia perdido por não haver correlacionado apropriadamente o meu trabalho com o trabalho dos outros. Isso é não apenas irritante para as outras pessoas, mas é rude também e significou que o que eu disse ficou isolado e as pessoas tiveram que ter um monte de trabalho para chegar a ele. Acontece que é esse o meu temperamento e constitui uma grande falha (*Idem*, 1994, p. 437).

Assim, não deixam de ser significativos os momentos em que, dentro de seus textos, se encontram citações mais precisas a respeito da origem de certas construções que vai desenvolvendo. Foi o que me chamou a atenção logo no início de seu texto sobre os "Aspectos clínicos e metapsicológicos da regressão dentro do *setting*", em que demarca o conceito de *regressão* e *fixação* em Freud, demarcação que logo se expande em uma nova perspectiva de uso na clínica.

Os conceitos de regressão e de fixação têm para Freud importância metapsicológica e lhe forneceram um apoio seguro na compreensão do problema da etiologia das neuroses; problema a que tentava responder desde o início de sua teorização. Winnicott refere-se, nesta citação, à dimensão temporal da regressão, ou seja, ao retorno a etapas ultrapassadas de desenvolvimento. Mas tal dimensão é puramente descritiva e não nos revela o aspecto marcado por Freud (1912) no texto "Dinâmica da transferência", que é sua vinculação com um dos fatores mais fundamentais da cura – a transferência. Evidentemente, a cura de que se tratava era a cura das neuroses, já que, para ele, as psicoses não eram passíveis de tratamento psicanalítico, pois nesses pacientes não se instalava a transferência.

Em Winnicott, a regressão ganha uma conotação importante no processo de cura, mas principalmente em situações clínicas específicas – seja em casos em que houve experiências de fracasso ambiental ocasionando psicose infantil estabelecida ou a uma disposição à psicose, seja em alguns momentos da análise com pacientes neuróticos comuns. A regressão é um elaborado conjunto de defesas, cujo objetivo é prevenir a repetição da desintegração, e pressupõe a instalação de um estado de *confiança*. O que Winnicott prioriza no conceito não são tanto os investimentos libidinais, mas o abandono de um estado de independência em favor de um estado de dependência. Dependência a que o paciente não chega facilmente e que implica uma disponibilidade de entregar ao analista seu verdadeiro *self* para ser cuidado, na *esperança* de que as falhas ambientais iniciais possam ser reconhecidas e reparadas. Nesse sentido, o meio ambiente se vê diretamente incluído no conceito, já que a dependência inclui necessariamente um meio ambiente que a possa atender. Depois disso, haverá um movimento para frente, no sentido da independência e da participação.

Nas psiconeuroses, diz ele, não estamos diante de fracassos ambientais ou de negligências, mas de dificuldades que são próprias e pertencem essencialmente à vida e aos relacionamentos interpessoais. Nestes casos, ele reafirma a indicação de uma psicanálise clássica, com tudo aquilo que Freud desenvolveu.

Na psicose, estamos diante de um transtorno que envolve a estrutura da personalidade; o paciente se acha desintegrado, ou irreal, ou fora de contato com o seu próprio corpo, ou com aquilo que chamamos de realidade externa. Apesar de fazer essa diferenciação, para ele não existiam fronteiras claras entre os estados clínicos.

Winnicott acreditava na possibilidade de uma cura espontânea da psicose (embora também dissesse que a autocura não é o mesmo que a resolução pela análise) ou uma cura graças a uma conduta apropriada[3], ou ainda, que estas

---

[3] No livro *Textos selecionados: da pediatria à psicanálise*, Winnicott (1993) faz um relato detalhado acerca do tratamento de uma menina de seis anos, feito em casa, sob os cuidados da família e com sua orientação.

pessoas poderiam encontrar uma maneira de viver adequada a seu estilo de personalidade. Essas alternativas dependiam do uso que a pessoa pudesse fazer, através da regressão, de uma nova provisão ambiental que permitisse a dependência.

> Lembro-me de uma senhora, não muito fora do comum, que se mantinha bastante bem, apesar de muita ansiedade e falta de sono, até que encontrou uma boa e confiável governanta. Nesse ponto ela se deitou e regalou-se. Substitua-se "governanta" por "enfermeira psiquiatra" e "regalar-se" se torna "depressão esquizoide", com mais o dinheiro para pagar por isso. Em outras palavras, descobri que em meu estudo dos fenômenos esquizoides estava utilizando a palavra "regressão" para significar *regressão à dependência*, e não mais me preocupei em saber se o paciente havia retroagido em termos de zonas erógenas (Winnicott, 1993, p. 460, grifos do autor).

Foi apenas no tratamento de pacientes profundamente perturbados que Winnicott julgou ser indispensável uma fase de manejos. Tais pacientes, ao regressar ao ponto em que haviam falhado na primeira infância, exigiam um ambiente de apoio, como um dispositivo a partir do qual poderia ser retomado o desenvolvimento. Essas indicações correm o risco hoje de serem tomadas de maneira generalizada, transformando a prática clínica em um uso abusivo e alienante da assim chamada maternagem. Em carta de 22/01/1953 a Hanna Segal, ele diz:

> [...] a Sra. prosseguiu sugerindo que não existe nenhuma diferença essencial entre as necessidades de manejo de um paciente psicótico e de um neurótico. Se realmente quis dizer isso, que os céus ajudem seus pacientes psicóticos, e até que se cure deste ponto de vista, receio que não vai dar contribuição muito interessante para a teoria das psicoses. [...] Os problemas do manejo devem ser diferentes nos neuróticos e nos psicóticos [...] Na análise de psicóticos devemos estudar efetivamente o que fazemos ao participar – como sempre devemos fazer – do manejo (*Idem*, 1994, p. 74).

Winnicott ressalta que este é um trabalho difícil, de muita tensão, que nos demanda uma grande quantidade de investimento, e que não é possível tratar de vários pacientes ao mesmo tempo nas situações de necessidade extrema de cuidados.

No livro *Holding e interpretação* (1991b), em que Winnicott relata a análise de um de seus pacientes, surgem momentos de retraimento e regressão que o conduzem a explicitar a vinculação desses dois conceitos. Retraimento significa um desligamento momentâneo de uma relação desperta com a realidade externa, podendo ser, às vezes, da natureza de um breve sono. Esses momentos podem ser conduzidos, por meio de uma interpretação adequada, a um estado de regressão, no qual seria então possível a correção de um fracasso ambiental da história passada do paciente. No estado retraído, o paciente está fornecendo um *holding* para o *self*; se o analista consegue fornecer um *holding* para o paciente assim que o estado retraído aparece, então o que de outro modo teria sido um estado retraído se torna regressão. Reproduzo o relato clínico de Winnicott:

> [...] Uma semana mais tarde, o paciente defrontou-se (em sua opinião de forma inesperada) com o fato de nunca ter aceitado a morte do pai. Isso ocorreu após um sonho onde o pai estivera presente e discutira com ele problemas sexuais correntes de forma sensata e liberal. Dois dias mais tarde, ele relatou que ficara seriamente perturbado por causa de uma dor de cabeça, completamente diferente de qualquer outra que tivera antes. Ela começara mais ou menos na hora da sessão anterior, dois dias antes. Era temporal e às vezes frontal, e era como se estivesse do lado de fora da cabeça. Era constante, fazendo-o sentir-se doente, e, se houvesse conseguido a compaixão de sua mulher, ele teria ido para a cama, não para a análise. Sentia-se aturdido porque, como médico, sabia que certamente se tratava de uma perturbação funcional, e no entanto ela não podia ser explicada em termos fisiológicos. (Era

> portanto como uma loucura). Durante a sessão, consegui formular uma interpretação adequada e disse: "A dor fora da cabeça representa a sua necessidade de que lhe segurem a cabeça, o que naturalmente ocorreria se fosse uma criança e estivesse num estado de profundo sofrimento emocional." [...] A pessoa que mais provavelmente teria segurado sua cabeça no momento certo e da maneira certa, quando ele era criança, não era a mãe, mas o pai. Em outras palavras, depois da morte de seu pai ninguém seguraria sua cabeça, caso ele sofresse. [...] Ele relatou um retraimento momentâneo onde sentira que eu possuía uma máquina capaz de ativar um manejo compassivo e superficial. Isso significava que, para ele, era importante que eu não segurasse a sua cabeça, pois isso seria uma aplicação mecânica de princípios técnicos. O importante era que eu compreendesse imediatamente suas necessidades (p. 214-215).

Em outro momento, Winnicott lhe dirá que uma interpretação certa, no momento certo, equivale a um contato físico.

Os assinalamentos de Winnicott acerca do manejo em condições de profundas perturbações psíquicas tornaram-me presente a situação clínica que relato a seguir. É de uma falha no manejo da situação que quero falar. Falha que só percebi pelos efeitos que criou. Por outro lado, conduziu a uma forma possível, encontrada por mim e pela criança para a saída do caos. Com esse fragmento penso poder ilustrar não somente a sutileza necessária nos momentos de regressão na análise, mas também o que para mim foi extremamente significativo no esforço em encontrar os gestos adequados às necessidades da criança[4].

D. está em análise há três anos. Seu irmão nascerá em breve. Suas sessões são marcadas por um jogo sistemático em que os brinquedos, tirados com fúria de dentro do armário, são espalhados pelo chão da sala. Depois, D. se acomoda dentro do armário, pede que eu feche a porta e às vezes permanece lá, silencioso. Outras vezes, chama-me para ajudá-lo a sair. Apesar de ser um "menino grande", consegue acomodar-se e balançar-se no armário – como um bebê, mas não sem antes desalojar os brinquedos-bebês que ali estavam. Brinca, também de escorregar e de sair do armário como quem sai de dentro da mãe.

À medida que se aproxima o nascimento do bebê, o jogo se restringe e dele permanece, marcadamente, a fúria com os brinquedos. O nascimento do irmão instaura um momento de caos na criança.

Um mês depois do acontecimento, chamo os pais para uma entrevista. Entram na sala D., sua mãe com o bebê no

4 Em uma carta a Roger Money-Kyrle, de 27/11/1952, Winnicott diz que "na análise o analista está sempre falhando, mas caso receba o impacto pleno da desilusão ou do ódio, ele deve, antes de mais nada, fazer contato através da adaptação ativa e sensível de modo a tornar-se satisfatório, do contrário nada acontece" (1991a, p. 34).

colo e o pai do bebê (que não era o pai de D). Na sessão seguinte à entrevista familiar, D. não entra mais na sala e repete em tom muito aflito: "A sala não é minha"! É só então que me vou dando conta do erro – reproduzi, no *setting*, a invasão que para ele era tão ameaçadora. Durante mais de três meses ele não entrará na sala, e sua frase será constantemente repetida: "A sala não é minha".

Mas D. não fica na sala de espera. Vai até a entrada da sala de atendimento, instala-se em um grande armário que há em frente à porta, e me manda fechar a porta da sala comigo lá dentro. Ficamos os dois incomunicáveis – cada um na "sua sala". Se falo, ele me manda calar a boca. Começo, depois de um tempo, a bater na porta e a chamá-lo. De início ele não responde, mas depois também me chama, e, mais tarde, pede que eu abra a porta. Aos poucos, conseguimos conversar, cada um sentado em um banquinho na beira das respectivas portas – ele na do armário, eu na da sala. Esse movimento vai se instalando ora de forma tranquila, ora com muita fúria e ataques físicos que ele faz a mim e a ele próprio. O que está em questão é a necessidade de suportar os ataques e responder às aproximações que ele, lentamente, vai me assinalando. Aqui, nenhuma invasão pode ser tolerada.

Por fim, um dia ele entra na sala e me surpreende com um pedido: "Você me ensina a escrever o meu nome? Você segura na minha mão para eu escrever o meu nome?". Começamos a escrever o seu nome, depois ele pede que eu escreva o meu, depois o dos pais... Mas aí, de novo, ele sai da sala. O interesse pelos nomes o reconduzirá outra vez à sala, até que, junto com eles, ele pode permanecer nela. Lentamente, fomos assim nos apropriando, cada um à sua forma, dos nossos próprios nomes.

16.

Na caixa de Pandora ainda resta a esperança?[1]

Zlata Filipovic escreveu, aos onze anos, um diário sobre a guerra em Saravejo e veio a São Paulo, em setembro de 2008, para o lançamento de um outro livro – *Vozes roubadas: diários de guerra,* organizado por ela e por Melanie Challenger. Nesse livro estão registrados catorze diários escritos por crianças e jovens que passaram pela experiência traumática da guerra, abrangendo os grandes conflitos do século XX: Primeira e Segunda Guerras Mundiais, Holocausto, Guerra do Vietnã, Guerra da Bósnia, e os que iniciaram este século: Segunda Intifada e Guerra do Iraque. *Vozes roubadas* é um título sugestivo para descrever essas experiências de violência. Em uma de suas entrevistas, Zlata assinalou a importância da

---

1 Publicado originalmente na revista *Mente & Cérebro* (n. 192, pp. 66-71, janeiro de 2009). Foram feitas algumas modificações no texto e acrescentado, como adendo, o texto "Violências injustificáveis", publicado no *Boletim do Departamento de Psicanálise* do Instituto Sedes Sapientiae, em 2012. Considerei que os dois textos revelam facetas da crueldade vivida pela infância e juventude de nossas cidades: vozes roubadas, corpos sequestrados, infâncias perdidas...

esperança: "Ter esperança é muito importante. Ser capaz de olhar além foi uma das coisas que me ajudou a passar por isso". Na introdução do livro, Melanie destaca a importância desses escritos, retomando o que Walter Benjamin chamou de "moribunda função da arte: a função de comunicar algo poderoso aos apáticos e entorpecidos, catalisando nossas mentes para um pensamento ativo" (Benjamin, 1995 *apud* Challenger & Filipovic, 2008, p. 22). A revelação desses diários retira do anonimato, torna pública a tragédia dessas crianças e o seu entorno, revela suas angústias, seus temores, mas também suas esperanças.

No mesmo momento em que se divulgava essa publicação e se enfatizava sua importância, outra cena ocupava rapidamente os jornais – o assassinato cruel de duas jovens-crianças: Igor Giovani (12 anos) e João Vitor (13 anos) moradores da periferia, em Ribeirão Pires. Em um dos escritos de um dos meninos, feito para uma avaliação psicológica no abrigo em que ficaram por um tempo, a declaração de um sonho: "Ter uma vida tranquila". Sua morte, tão cruel quanto a do cotidiano das guerras, interrompeu esse sonho e muito rapidamente os reenviou ao anonimato em que sempre viveram.

Abandonados pela mãe, conheceram travessias partilhadas por muitos outros meninos e meninas que vagueiam pelo desamparo das cidades. Viveram em um abrigo, moraram com um ou outro parente, até serem devolvidos ao pai por decisão judicial. O Conselho Tutelar já havia recebido queixas de maus-tratos e negligência por parte do pai e da madrasta... Tiveram seus nomes inscritos naquilo que poderia ter função de apelo – família, Conselho Tutelar – mas não houve, para eles, resposta de vida possível.

Brigas eram cenas corriqueiras do cotidiano familiar. Fugas dos meninos e provocações mútuas também... Um dia, a cena teve um final trágico: os meninos não conseguiram mais fugir; foram eliminados – sufocados, esquartejados, queimados e devolvidos ao berço em que foram criados: sacos de lixos para serem levados pelos lixeiros. João Alexandre Rodrigues, o pai, e Eliane Aparecida Rodrigues, a madrasta, não suportaram a própria cria. As crianças os desestabilizavam, perturbavam, ameaçavam a convivência do casal. Os adultos reproduziram o que tantas vezes se vê nas cenas de novelas e nas chacinas de cada dia: os que nos perturbam podem ser aniquilados. Porém, há nessa história um horror a mais: como podem os pais matar seus próprios filhos? Onde fica a garantia do "amor parental"?

Tais cenas não são novas. Filicídio, matricídio e parricídio são relatados frequentemente em nossa história. O mito de Édipo, marca da cultura ocidental, transformado por Freud no eixo nuclear da constituição do sujeito, inicia-se com o mandato de morte de uma criança. Criança que, adulta, retorna a seu lugar de origem e, em um combate, mata o próprio pai, cumprindo, assim, a profecia. Mas Freud, ao analisar "O mal-estar na cultura" (1930), afirma que, embora haja no homem uma inclinação originária à destruição e à crueldade, sua conquista mais valiosa é o sacrifício e a transformação dessas tendências: "o resultado final do progresso cultural deve ser um Estado de Direito [...] que funcione como garantia de que ninguém se torne vítima da violência bruta" (p. 94). Em um mundo onde perdemos todas as garantias e nos vemos assolados por tantas cenas de violência, a ideia de um amor inato e incondicional insiste em perseverar, como forma de se recusar o risco de morte e o desamparo inevitável de toda cria humana. Crimes como esse expõem tragicamente nossa fragilidade.

De Igor e João Vitor, assim como de alguns outros, soubemos os nomes. Viraram notícia de jornais. Causaram espanto e revolta e levantaram, mais uma vez, perguntas inquietantes sobre a crueldade humana, o destino que damos à infância e à juventude deste país e sobre os dispositivos institucionais que deveriam proteger os que são alvo do abandono. A maior parte, porém, permanece no anonimato; são resíduos humanos, dejetos descartáveis, seres supérfluos. Passado o instante da indignação e da revolta, a plateia se retira e parece só despertar quando outro crime bárbaro irrompe nos noticiários. A constância com que somos "bombardeados" pela mídia com a espetacularização da violência, se, por um lado, revela cruamente os efeitos de uma patologia individual e social, traz, por outro, o risco de nos convocar a uma retirada do olhar, à banalização do mal, à convivência apática com o horror.

Segundo dados da Unicef, de 2006, quase um quarto das mortes de crianças com até seis anos são causadas por negligência e agressões, em geral praticadas pelos próprios pais. Notícias veiculadas pelo *New York Times* de setembro de 2008 destacam o surgimento de locais chamados "santuários" que se tornaram espaços legalizados de recolhimento de menores abandonados por seus pais. É significativo que se retome, neste momento histórico, uma prática iniciada no século XVII, quando se criaram as primeiras casas para o acolhimento de crianças abandonadas, em uma tentativa de se evitar o infanticídio.

Outro aspecto que vale a pena destacar é que, tanto no caso de que tratamos aqui quanto no de Isabella Nardoni, a menina jogada pela janela pelo pai e pela madrasta, em março de 2008, e que também mobilizou os meios de comunicação e a população, há a figura de uma mulher que é incriminada, de forma nem sempre sutil nas notícias, como incitadora ou precipitadora do crime: uma madrasta. O pai das crianças em questão não está inocente nas cenas, mas ele parece ter sido conduzido ao ato por uma provocação da loucura dessas mulheres. Reedição do mito da origem em que a malignidade feminina provoca a expulsão do paraíso?

A mulher, dizia Santo Agostinho, no século IV, "é um animal que não é firme, nem estável, é odioso e alimenta a maldade [...] ela é fonte de todas as discussões, querelas e injustiças" (*apud* Badinter, 1985, p. 34-35). Sabemos quanto, nas histórias infantis, aparece o lado tenebroso da madrasta como forma deslocada de se poder falar sobre o ódio materno e reconhecê-lo. A rigor, tanto os pais como as mães, os padrastos e as madrastas são capazes de maltratar e até matar as crianças por quem deveriam ser responsáveis. Os fatos assim o confirmam. Obrigam-nos a reconhecer que o ideal de um amor materno incólume é uma construção ilusória e historicamente datada, e o direcionamento da culpa para a figura da madrasta, além de evidenciar a permanência de um antigo preconceito contra a mulher, é, também, uma tentativa de evitação da quebra desse ideal.

Data somente do século XVIII o aparecimento de um discurso que dá lugar de reconhecimento à criança e incita os pais e especialmente a mãe à manifestação amorosa por seus filhos; amor, portanto, da ordem da contingência e não instintivo e natural como muitos gostam de obstinadamente afirmar, em uma tentativa de eliminar essa incerteza insuportável. Até então, os pais – a bem da verdade trata-se, aqui, do poder paterno que incide sobre a mãe e sobre os filhos – podiam dispor do corpo de seus filhos e de seu destino como melhor lhes conviesse. Preocupações econômicas e de manutenção do poder das nações estiveram na raiz dessa mudança; o ser humano converteu-se em um bem precioso para o Estado, tanto pela capacidade de produzir riquezas, quanto pela garantia de sua força militar. Assim, as crianças e seus corpos precisavam ser preservados e disciplinados. O discurso se manteve, mas a realidade de nossos tempos sombrios distanciou-se desse ideal.

É próprio de uma cultura narcísica, com características destes tempos, o desaparecimento da noção de história como processo de construção temporal: o esvaziamento dos espaços públicos, a fragilização dos laços sociais, a perda da responsabilidade com o coletivo, a descarga bruta da agressividade em detrimento do pensamento. A eliminação do "outro" tornou-se uma resposta fácil para a resolução imediata dos conflitos e para o enfrentamento das diferenças. Tal "displicência" com relação ao corpo do outro, ao seu direito de vida e de morte dignas, revela o grau de violência da cultura.

Transformações radicais no papel social das mulheres e o questionamento dos modelos familiares vigentes, aliados às grandes revoluções econômicas e políticas do último século têm incidido, também, sobre a valoração e a preocupação com o cuidado oferecido às crianças e aos adolescentes. Abandonos, maus-tratos, trabalhos precoces, excesso de atividades – que têm por função não só o "desenvolvimento", mas também a ocupação das horas do dia – convivem com exigências de cuidados que a ausência dos pais muitas vezes impossibilita.

A criança ou o jovem para quem foi abolido o lugar do adulto responsável, portador da autoridade, continente de suas angústias e de seu desamparo, fica entregue à intensidade sem limites de suas pulsões ou submetida à tirania de seu próprio grupo. As reações a essas pressões expressam-se, muitas vezes, como conformismo, apatia, ou delinquência juvenil; a "falta de pais" deslizando para a realidade da "falta de paz", tornando concreta a homofonia. Diminuído o núcleo familiar, anteriormente povoado por uma rede extensiva, faltam recursos de reconhecimento e de apoio eficazes, tanto por parte da comunidade quanto por parte do Estado, para o exercício desses cuidados.

Além disso, na cultura atual, ter filhos já não possui mais o valor narcísico de outras eras. A mulher passou a priorizar seu desenvolvimento profissional, os casais calculam o investimento financeiro necessário para sustentar a prole; o individualismo cresce em consonância com a diminuição da natalidade. Não é de se estranhar, portanto, que não haja disponibilidade para suportar a criação dos filhos, já que isso demandaria tempo e adiamento de outras prioridades. Assim, há um número significativo de crianças e de jovens que correm o risco de aniquilamento psíquico pela ausência de proteção e de cuidados necessários ou, nos casos mais extremos, de serem efetivamente eliminados. Que futuro é possível quando uma geração se vê impossibilitada desse cuidado ou simplesmente se volta para a satisfação de seus interesses imediatos e abole a ideia de projeto e de preservação do capital humano?

As reações coletivas que se têm constituído como forma de protesto e de solidariedade às vítimas da violência e a implantação de instâncias que coíbam o abuso dos dispositivos institucionais legítimos são um resgate possível dos laços sociais e da justiça; uma tentativa de lidar com o desamparo e recriar o poder de ação e de discurso dos homens comuns. Para que sejam possíveis, é necessária a ultrapassagem da posição narcísica e dos efeitos nefastos do individualismo. É preciso resgatar o valor do coletivo e das redes de acolhimento social e contrapô-las ao enclausuramento defensivo das cercas eletrificadas que aumentam a exclusão, a intolerância, o medo e a paranoia. Ao se intensificar a privatização da vida, dificulta-se a construção da cidadania. "Esperar de pessoas que não têm a menor noção acerca do que é a coisa pública que se comportem de maneira não violenta e discutam racionalmente as questões de interesse da cidade, não é realista nem razoável [...]", afirma Hannah Arendt (2001, p. 51). Impossível não reconhecer, a partir de tantos casos trágicos e tantos relatos de exclusão e de violência, o fracasso de um projeto político-social e a necessidade urgente de viabilizar e fortalecer projetos já existentes de abrigo – casas de acolhimento e de proteção.

Serão esses casos relatados pelo alvoroço da mídia expoentes de uma crueldade localizada nos agentes criminosos? Isso se resolveria com a eliminação desses criminosos, ou são esses crimes reveladores de algo mais abrangente? Não se trata aqui de desfocar a análise da cena do crime, subestimando a necessidade de reconhecimento e de incriminação do ato cometido. Porém, se nos apegamos facilmente à ideia de que os atos violentos e cruéis têm como causa a loucura ou a maldade inata daqueles que os praticam, e de que, portanto, eles devem ser eliminados definitivamente da convivência humana, avançamos pouco em outro tipo de respostas políticas possíveis.

É possível que, ao não reconhecermos a violência e a maldade como parte do humano, facilmente nos tornemos cruéis com aqueles que mais naturalmente a expressem, que tentemos eliminá-los para que isso permaneça distante de nós, não nos afete, não nos perturbe. O crime, dizia Foucault (1991), expressa o "desumano, o insensato, aquilo em que a consciência de todos não consegue reconhecer-se, aquilo que não está baseado nela, portanto aquilo que não tem o direito de existir" (p. 446). Desse modo, o crime encontra um profundo parentesco com a loucura.

Pontalis, psicanalista francês, aponta para o "lucro" dessa operação: "Tudo que um indivíduo rejeita ou desconhece em si – a contradição interna, a violência, o pulsional – é expulso para fora dele, expulso para dentro do outro. E por último vem a expulsão do outro, que vai até a eliminação física" (1991b, p. 38). A cadeia pode ser interminável: os filhos perturbam os pais, os pais matam os filhos, são então linchados pelos vizinhos... e a cena se repete em outras vizinhanças... espalhando-se pela cidade com outras modalidades: filhos matam os pais, namorados matam as namoradas que os abandonam, políticos matam seus opositores, suspeitos matam suas testemunhas... jovens matam mendigos... ateiam fogo em indigentes... polícia mata bandido, bandido mata polícia... Chacinas repetem-se nas periferias das cidades...

Estamos no registro do aniquilamento. A violência invadiu todos os espaços; tornou-se espetáculo. Mata-se ou maltrata-se quem estiver à frente. Por impulsividade, por intolerância, por amor ou por ódio. Matam-se tanto os mais próximos como os mais distantes. Há um agir impulsivo que não tolera as diferenças, as frustrações, as dores do existir, a existência do outro e rompe facilmente o compromisso ético com a cultura. Assumir seu combate partindo da ideia de que se representa o "Bem absoluto" tem, no entanto, nos conduzido ao aumento dessa crueldade. Quando as noções do Bem e do Mal se tornam absolutas, unívocas, impostas, estamos submetidos ao discurso da tirania e perde-se o espaço da hesitação e da multiplicidade próprias do humano.

Poder reconhecer, em todos nós, a existência interior da maldade, desse sinistro inquietante, é uma maneira de exorcizar o seu horror e responsabilizar-se pelos seus efeitos. *No entanto, existe um abismo entre a realidade do ato violento e a potencialidade do que qualquer um poderia ter feito.* E isso precisa ser reconhecido, a fim de que as punições possam ser legitimamente aplicadas e se consiga impedir a sua continuidade.

Que um coletivo possa inscrever na sua história as violências sofridas e as sanções reconhecidas é uma forma de elaborar o traumático dessas experiências. O ato de justiça, "conserta a ruptura da ordem social, confirma a validade da lei e, por conseguinte, a própria ordem social", afirma Todorov (2002, p. 202) ao discorrer acerca da *Memória do mal, tentação do bem: indagações sobre o século XX*. Se o direito ao julgamento e à punição justa pode se constituir um benefício psíquico e cultural, seu rompimento ou sua corrupção podem se tornar apenas exercícios macabros de indiferença ou de retaliação, aumentando-se a possibilidade de cenas mais violentas. A ideia de impunidade espalha-se com tal intensidade pelo tecido social que infiltra o terreno das consciências individuais, generalizando-se em uma descrença absoluta no poder do direito e da ética.

Comemoramos em 2008 várias conquistas importantes: dezoito anos do Estatuto da Criança e do Adolescente, vinte anos de promulgação da "Constituição Cidadã", trinta anos da revogação do AI-5 e sessenta anos da promulgação dos Direitos Humanos. Elas são efeito de movimentos de resistência importantes e persistentes. Podem não ter alcançado seus objetivos, mas garantiram o reconhecimento da democracia e a possibilidade de uma luta legítima pelos direitos de igualdade e de justiça social. Embora haja muitas vozes discordantes com relação à legislação de certas garantias, o fato é que temos, hoje, direitos assegurados, diagnósticos feitos, projetos propostos, experiências-piloto que poderiam ser expandidas, mas, para muitos, o tempo de espera será inviável. Serão negligenciados pelos trâmites burocráticos, pela patologia das instituições, pela insuficiência de recursos, pela lentidão das decisões políticas, pela apatia da delegação compulsiva para um outro momento, um outro governo, um outro que, ao final... desaparece no anonimato da falta de implicação.

Estamos distantes das palavras enunciadas pelo poeta: "Quando eu morrer, que me enterrem na beira do chapadão; contente com minha terra, cansado de tanta guerra; crescido de coração". Nesses versos, Guimarães Rosa anuncia um desejo especial e legítimo: poder morrer de "morte morrida" e não de "morte matada"; encontrar no chapadão, solo fértil de suas múltiplas narrativas, a acolhida à sua forma especial de morrer, embora cansado de tanta guerra.

É preciso insistir em manter a implicação e encontrar estratégias mais eficazes e persistentes de proteger a infância e a adolescência dos abandonos sofridos. Seremos capazes de realizar, pela ação e pelo discurso, como propunha Hannah Arendt, o inesperado, o infinitamente improvável? *Os fatos recentes deixam ainda esta esperança?*

Violências injustificáveis

O Supremo Tribunal de Justiça (STJ) absolveu, em 27/03/2012, um estuprador (nome não divulgado) de três meninas de 12 anos (fato ocorrido em 2002), entendendo que não se justificava a queixa de estupro, já que não ocorrera violação do "bem jurídico tutelado – a liberdade sexual", ou seja, preservava-se, nessa decisão, o princípio de liberdade sexual e não os direitos de proteção à infância e à adolescência.

A medida provocou, imediatamente, vários protestos. A Ministra Maria do Rosário, da Secretaria de Direitos Humanos do Brasil, questionou a decisão alegando que os direitos das crianças jamais podem ser relativizados e que não se pode ser conivente com um ato tão violento. O escritório da ONU, responsável pelos Direitos Humanos, via seu representante para a América do Sul, Amerigo Incalcaterra, também criticou a medida afirmando que ela contradiz vários tratados internacionais de direitos humanos ratificados pelo Brasil.

Apesar das várias manifestações de indignação, o STJ reafirmou o julgamento feito e, em nota publicada no dia 11/04/2012, tentou "justificá-lo", esclarecendo que a decisão "tratava, de forma restrita e específica, da acusação de estupro feito, em vista unicamente da ausência de violência real no ato".

Como se define, então, em uma situação dessas, o que é "*ausência de violência real no ato*"?

De acordo com o acórdão do tribunal, "a prova trazida aos autos demonstra, fartamente, que as vítimas, à época dos fatos, lamentavelmente, já estavam longe de serem inocentes, ingênuas, inconscientes e desinformadas a respeito do sexo". O argumento, portanto, era de que elas "já se dedicavam à prática de atividades sexuais desde longa data". Com que idade se poderia supor, então, que foram iniciadas em tais atividades? E nada a dizer sobre quem as iniciou? E de como isso foi feito?

Além disso, entendê-las como "prostitutas" é incluí-las em uma profissionalização que, além de precoce, encobre e dissimula o ato de violência e dominação exercido sobre seus corpos. A quem cabe a responsabilidade pelo sequestro de suas infâncias? A própria mãe de uma das meninas afirmara que ela várias vezes faltara às aulas para se encontrar na praça com outras meninas que vendiam o corpo para ganhar algum dinheiro. É como se, para a justiça, o fato de alguém já ter sido esfaqueado, assaltado e maltratado funcionasse como álibi para que novas violências fossem perpetradas impunemente.

Essa mesma "justificativa" aparece em cenas mais anódinas do cotidiano, deixando visível sua distorção e sua eficácia como forma de domínio sobre o outro. Uma jovem me relata um acidente ocorrido com seu carro: estava parada no farol e um motorista descuidado entrou na traseira do carro. No entanto, apesar da evidência de sua culpa, o motorista argumentou com "veemente autoridade" que, com esse carro já batido (de fato, o carro já estava amassado), como é que ela poderia exigir algum ressarcimento ou reconhecimento de culpabilidade? Atônita com a inversão das posições e identificada com o agressor deixou que ele fosse embora, concordando internamente com ele – "era verdade, o carro já estava tão amassado, por que reclamar de uma nova batida?". Apenas depois se deu conta da manobra violenta e oportunista da inversão.

É também com "veemente autoridade", legitimada por controversas leituras jurídicas, que meninas são consideradas prostitutas, dirimindo-se, dessa forma, a crueza que caracteriza as experiências de abuso infantil, de exploração sexual, de dominação e de violência e suas consequências futuras. E, em uma inversão perversa dos fatos, como costuma acontecer, principalmente quando se trata do abuso de meninas ou de adolescentes mulheres, cabe à vítima a imputabilidade pelo ato e ao algoz, a inocência presumida. E o que dizer de uma justiça que posterga o julgamento de uma situação como essa, ocorrida "desde longa data"? Não é esta outra violência?

Da história dessas meninas nada sabemos. São crianças anônimas, como muitas neste país. Vagam pelas ruas ou pelas praças, expondo aos olhos pedófilos seus corpos vulneráveis, ainda em formação, mas já marcados pelos sinais, cedo apreendidos, do valor da usura. Desejam, quem sabe, um novo batom, um novo vestido, ou apenas um novo brinquedo, para guardar escondido; algo que seja somente seu. E que, à noite, possa lhes fazer companhia. Desejam um olhar de cuidado ou apenas o enlace com outros semelhantes, seja para "estar com", ou para "estar contra". Provocar ou convocar talvez não faça mesmo muita diferença, desde que um enlace aconteça. Sabemos bem que o "bater em uma criança" pode ser entendido como "alguém me ama". É nesse discurso inconsciente que se sustentam muitas cenas de violência.

E o que leva uma mãe a testemunhar contra a filha, confirmando-lhe um lugar de dejeto? Já não estariam inscritos, nas histórias familiares, os discursos de desvalia? O uso do corpo como objeto de troca; uma simples mercadoria que se oferece no lugar de outra? O meio possível para se ter acesso a uma "nova" representação imaginária?

De que situação de penúria se trata para que essas meninas precisem se encontrar na praça – espaço público –, onde todos os que passam fecham os olhos ao comércio de corpos ali perpetrado? Não é o nosso país reconhecido pela facilidade do turismo sexual?

Segundo dados da Unicef, em 2010, cerca de 250 mil crianças estavam sendo exploradas sexualmente no Brasil. E, desde a década de 1990, o termo *prostituição*, utilizado para se referir às crianças e aos adolescentes, vem sendo discutido, entendendo-se que eles não se prostituem, mas são conduzidos a isso pela ação aliciadora ou conivente dos adultos, em função de seu estado de vulnerabilidade e de desamparo. *Essas situações devem ser nomeadas pelo que são: exploração sexual comercial infantojuvenil, deixando evidente a "violência real do ato".*

17.

Adolescência: a dor de uma travessia prolongada[1]

Neste capítulo, algumas referências clínicas serão tomadas como mote para iniciar o pensamento. Como sobrevoo simplificado e distante; como uma trajetória oblíqua, como é sempre o relato daquilo que se vive. O momento é de escuta. Ouçamos o que estes jovens, na sua dor de ser, têm a nos dizer.

Sophia tem treze anos. Na data de seu aniversário, ela me descreve uma cena traumática: a festa dos seus onze anos. Enquanto fala, desenha na lousa o cenário onde ela ocorreu. Havia no prédio onde morava um grande pátio onde ficava o *playground*. Os moradores do prédio envelheceram e, como não havia mais crianças, decidiram acabar com o *playground*. Restou, então, um grande pátio cimentado e vazio. Desse pátio, descia-se por uma escada para o salão de festas onde

---

1 Publicado originalmente no livro *Desafios para a psicanálise contemporânea*, organizado por Lucía Barbero Fuks & Flávio Carvalho Ferraz (São Paulo: Escuta, 2003; pp. 137-148).

aconteceu a festa de seu aniversário. Durante a festa, alguns meninos escolheram algumas meninas e foram com elas para o pátio vazio "brincar" de "verdade ou desafio". O desafio era um beijo na boca. A festa foi interrompida pelos pais que vieram tentar responder ao choro de algumas das jovens crianças – choravam as que não tinham sido escolhidas e também algumas das que tinham sido escolhidas, atemorizadas pelo desafio prematuro do jogo sexual colocado em cena. Do *playground* – lugar da infância – ao pátio vazio. Do pátio vazio ao reencontro com a sexualidade, à entrada na adolescência. Da adolescência à idade adulta. Estas passagens não se fazem sem sofrimento.

Foi o sonho de Berenice, criança que foi a alegria dos pais, hoje bela jovem de 22 anos, que se configurou, para mim, como metáfora da forma pela qual muitos jovens vivem sua travessia adolescente: com hesitação, temor, dúvidas, falta de esperanças, movimentos de retrocesso, de aprisionamento angustiante à ideia ilusória de um lugar seguro e, frequentemente, com várias manifestações sintomáticas.

No sonho, ela estava em uma plataforma junto com os irmãos e primos. Todos da mesma geração. Eles saltavam para o mar e iam embora. Ela, não. Inquieta-se e pergunta: Como eles têm coragem? E se não puderem voltar? Ao acordar, pergunta-se novamente por que não teve coragem de pular. Na sessão, fala da necessidade de sair da plataforma, de deixar a casa protegida dos pais e tornar-se independente. A coragem anunciada refere-se, portanto, ao risco reconhecido de uma travessia; da saída necessária de um lugar para o qual não há retorno. Não por acaso, o lugar seguro é uma plataforma. Na época do relato do sonho, dera-se a explosão das plataformas da Petrobrás, amplamente anunciadas pelos meios de comunicação. É de se supor, portanto, que esse era um lugar apenas ilusoriamente seguro e que se vislumbra no sonho a ideia de que não há escoras, pontos de apoio significativos, garantias asseguradas nessa passagem.

Já Dafne, suave e diáfana, aproxima-se um pouco mais da questão. Ela circula pelo mundo, frequenta diariamente a academia e gosta de dançar, mas seu corpo não tem a suavidade dos vestidos de musselina das bailarinas de Pina Bausch nem a força muscular e vital das coreografias de Deborah Colker. Seu eu volteia pouco iluminado na parte sombreada do tablado. Ela chega sempre com suas blusinhas curtas, calças quase caindo. Parece sempre com calor. Noto o contraste. Reclusa em meu canto analítico, sinto o frio do tempo passado. Para além da indumentária e do espaço físico a que nos fixamos, é uma distância que se presentifica, nesse momento, entre nossas respectivas gerações. E, depois de tantos anos em análise, ela se aproxima um pouco mais da frente do tablado: "Eu me sinto largada... sozinha. Sempre com a ideia do que vou perder. Em casa antes a gente falava muito. Agora, não se encontra mais. E se eu perder meus pais? Imagina então como vou ficar sozinha... Eu sei que todos são sozinhos, mas... Nunca fiquei tanto tempo em silêncio".

Peter, jovem de vinte e três anos, está mergulhado em uma grande depressão. Atemoriza-se diante de qualquer possibilidade de entrada no mundo. Veio para análise em função das crises de pânico que se tornaram insustentáveis. Viu-se absolutamente desamparado diante de um sofrimento sobre o qual não conseguia ter qualquer controle. Mas seu pedido tinha certa graça: "Meu consciente sabe que não há razão para ter medo, mas o meu inconsciente não; como posso mudar isso?". Perguntava-se ao mesmo tempo que me perguntava. Tem do mundo a imagem de um filme real que assistiu na televisão quando entrava na puberdade: "Um homem caía de um helicóptero na boca de um jacaré que o devorava".

Outros jovens, diante da queda do World Trade Center, comentaram: "Justo agora?", "Justo agora que eu ia entrar no mundo!", "Se eles que eram o centro do mundo, falharam, o que será de nós?". E, virando-se para os adultos, perguntaram: "Vocês não têm nada a dizer?". Aqui não se trata de um helicóptero nem da boca de um jacaré, mas nas duas cenas há a dimensão de um mundo de terror e um chamado à geração anterior – o que vocês têm a nos dizer?

Quais são, então, as vicissitudes que marcam essa travessia adolescente? O que faz que alguns não consigam dar o pulo necessário? O que se transmite de uma geração à outra e que efeitos tem este mundo do terror sobre a estruturação psíquica desses jovens? Haverá, para nós, psicanalistas, a possibilidade de enunciação de alguma palavra justa que permita algum distanciamento das experiências traumáticas da morte, da sexualidade, da violência e do terror? São perguntas para as quais não necessariamente encontraremos respostas, mas algumas palavras podem ser ditas.

Os fragmentos citados podem ser tomados como exemplares. Exemplares do que se passa com muitos jovens nesse período de sua vida e das questões que estão em jogo na travessia. Mas é em um outro sentido que eles se tornam exemplares: a adolescência tornou-se para nós, no mundo contemporâneo, um espelho ampliado. Nesse momento da vida ressaltam-se todas as questões próprias da cultura, ela nos devolve com seus atos, suas hesitações, seus sintomas, suas angústias, algo que nos diz respeito. É nesse sentido que ela é exemplar.

A adolescência não se refere a um período datado da vida; podemos saber quando começa, mas nunca quando termina. Apesar de confrontada com as inquietações do corpo, com a estranheza do espelho e com a estranheza dos outros até então familiares, não se pauta por uma definição biológica; é antes uma construção que se tornou necessária com o advento da modernidade.

Podemos, então, supor como propõe Ruffino (1993),

> [...] que só se tornou necessário ao jovem adolescer quando desapareceu da vida social e das práticas comunitárias a eficácia com a qual a sociedade pré-moderna podia

> dotar os ritos tradicionais [...] Na ausência dessa eficácia ritual, o apelo corporal e social atinge o jovem sob a forma do não simbolizado, isto é, sob a forma do real: aturde-o, sidera-o, produz-lhe estranhamento e o mantém estupefato e mudo [...] O adolescer é, então, o substituto e o herdeiro da eficácia ritual perdida na modernidade. O processo deverá durar o tempo necessário para realizar, na intimidade do sujeito, aquilo que o ritual tradicional, provido da eficácia que ele só encontrava na sociedade pré-moderna, podia realizar em um tempo bastante curto (p. 40-41).

Outra transformação importante ocorrida com a modernidade e que está intimamente ligada ao surgimento da adolescência foi a passagem do poder e da autoridade paterna na família para o poder dos filhos. Passagem esta investida pela proteção estatal e juridicamente demarcada, embora nem sempre respeitada. É propriamente no século XVIII que se evidencia essa transformação: os laços fraternos ganhando relevo sobre os laços com o pai. O século XIX, diz Julien (2000), constrói

> [...] uma nova definição do ser-pai, concebida em termos dos papéis a desempenhar e das tarefas a cumprir. Pai é o que se ocupa realmente do filho, isto é, o que responde a seus direitos – direitos a conservar a vida, a entrar no mundo da cultura e a integrar-se na sociedade dos adultos

> [...] Esta definição do ser pai é frágil à medida que designa tarefas ou funções a cumprir para o interesse, o bem e o bem-estar do filho (p. 21).

Fragilidade evidenciada não só pelo surgimento de outras instituições ou representantes sociais que podem se incumbir dessa tarefa – os dispositivos jurídicos, as escolas, os especialistas, e outros equipamentos de cuidados – mas também porque, centrando-se o valor naquilo que é da ordem das necessidades dos filhos, ela dá origem a uma inversão que se revelará bastante problemática.

Problemática porque, na tentativa vã e ilusória de atender às necessidades, instaura-se um excesso que pode, em última instância se revelar para os pais como campo do gozo – o corpo e o lugar dos filhos como prolongamento narcísico de suas próprias demandas – "eu faço tudo por ti desde que tu faças tudo por mim" e, para os filhos, como desamparo e impossibilidade de enfrentar as dores, os sofrimentos, as vicissitudes próprias do existir. Fragilidade na paternidade que retorna especularmente nos filhos. Ou, em alguns casos espetacularmente como no fato curioso e inquietante registrado pelos tribunais franceses na virada do milênio.

A notícia, divulgada pela revista *Veja*, dizia que, em 2000, 1.824 jovens processaram os pais com o objetivo de obter uma espécie de mesada compulsória – legitimada pela lei segundo a qual as famílias têm o dever de sustentar os filhos até que encontrem um emprego estável[2]. Também na Itália, houve uma determinação pelos tribunais de que os pais continuem sustentando os filhos adultos até que eles encontrem um trabalho de que gostem: "Não se pode culpar um jovem, particularmente de uma família rica, que recusa um emprego que não satisfaz suas aspirações. Os pais têm de pagar por sua sobrevivência" (Veja, 2002, p. 57).

Esta desautorização do lugar paterno, este vazio do lugar do pai terá seus efeitos: "para chamá-lo, a única linguagem de que dispõe a juventude é a da violência voltada contra um mundo visto como 'podre': violência que é o *sinal* de um apelo à intervenção de uma autoridade incontestável, à imagem de um Pai ideal" (Julien, 2000, p. 50).

Essa relativização do pai tem outra consequência. Mais que falarmos na queda da figura paterna, talvez fosse necessário enfatizar o efeito concomitante que se produz: a manutenção da força terrífica e onisciente da mãe. Sabemos como esse reenfrentamento com a mãe primordial se faz de maneira violenta na adolescência, principalmente pela menina[3].

2 Um jovem de 21 anos, estudante de Ciências Sociais, havia saído de casa após uma discussão em que acusara os pais de "falta de maturidade política". Depois de ficar hospedado por três meses na casa da mãe da namorada, acionou a família alegando abandono de sustento. Ganhou o direito de receber dos pais o equivalente a mil reais por mês e hoje vive com a namorada em um apartamento alugado e só fala com os pais por meio de advogados. Os pais, por sua vez, coordenam uma associação dedicada a reformular a lei.

3 A menina é confrontada com o corpo desejado da mãe, agora reencontrado em seu próprio corpo, o que a leva a um embate cruel que revela uma tentativa de diferenciação, agora que parecem tão semelhantes. É também

Se aos filhos é difícil matar a criança maravilhosa da mãe, a esta é difícil também romper com o laço idílico mortal se não houver um terceiro que se interponha. Aprisionados nesse ponto de origem, muitos não terão condições de fazer a travessia necessária. Encerrados em seus quartos-berços, continuarão, com seus sintomas, solicitando cuidados silenciosos, reproduzindo, interminavelmente, as cenas do bebê, cuja mãe não dorme tranquila. Sempre à espreita do menor ruído, dos perigos que podem assaltá-lo. Uma mãe que, alijada de seu lugar de mulher, não dorme com seu homem, já que está desperta demais para o filho. Impossibilidade, para as duas gerações, do confronto com as vicissitudes do enigma do encontro com o outro diferente e sexuado. Também nisso a impossibilidade amorosa de certos adolescentes é exemplar.

Julien (2000) desenvolve esse tema assinalando o valor simbólico da conjugalidade:

> Só uma mãe e um pai que foram e ainda continuam sendo um para o outro mulher e homem podem transmitir a lei do desejo a seus filhos, uma vez crescidos. [...] Ao ser toda-mãe, ao ser todo-pai, voltados para a geração

revelador de um pedido, endereçado à mãe, de que possa reconhecê-la como mulher. Vemos reeditar-se a queixa infantil, de que não lhe deu o amor suficiente, agora explicitada na queixa de que não a reconhece suficientemente.

> seguinte, há, por certo, respeito pelo bem e pelo direito do filho e, no entanto, uma transmissão continua falhando (p. 46).

Em *Cabra marcado para morrer*, filme-documentário de Eduardo Coutinho (1984), há um fragmento que quero destacar. João Pedro Teixeira, líder da Liga Camponesa de Sapé, na Paraíba, foi assassinado, em 1962. O filme, que pretendia resgatar a memória dos fatos políticos acontecidos na época, foi apreendido pela violência do golpe de 1964. Após dezessete anos de interrupção das filmagens, Eduardo Coutinho retorna ao local e reencontra Elizabete Teixeira, mulher do líder assassinado. Ela estava escondida desde 1964 e perdera o contato com os filhos. Uma das filhas lê um trecho da carta que a mãe lhe enviara: "Você diz que não sabe de onde veio. Você veio de uma raiz humana através do amor entre eu e seu pai". Surpreendeu-me que, em uma história tão trágica, houvesse esta enunciação tão precisa sobre aquilo que se configura como um desejo que marca uma origem e pode se constituir como legado para a geração seguinte.

O que marca a verdadeira filiação, continua Julien (2000),

> [...] é ter recebido dos pais o poder efetivo de abandoná-los para sempre, porque a conjugalidade deles era e continua sendo primeira. Em outras palavras, pôr no mundo é saber retirar-se, de modo que os descendentes

> sejam capazes, por sua vez, de se retirarem [...] Como dizia um dia Françoise Dolto, "honrar os pais é quase sempre virar-lhe as costas e ir-se embora mostrando ter se tornado um ser humano capaz de se assumir" (p. 46).

Mas, para que isso aconteça, é necessário que os pais suportem tal afastamento; que possam, de fato, se retirar.

Uma adolescente que sistematicamente se queixa da entrada da mãe em seu quarto e a quem eu vou apontando o pedido que ela própria faz para que isso se perpetue me responde – "mas por que eu tenho que trancar sistematicamente a porta; seria mais fácil se ela não viesse mais. Por que ela não deixa de vir"? De um lado, uma queixa sistemática sobre as respostas inadequadas, insuficientes, invasivas dos pais – notadamente da mãe; de outro, uma insistência dos pais em reafirmar seu lugar tutelar "não se esqueça de que eu serei sempre teu pai ou tua mãe".

Evidentemente, nesses pequenos atos jogam-se, de modo contínuo e em conluio, os mesmos fantasmas de desamparo e luto. O trabalho de passagem é, portanto, feito pelas duas gerações: luto do adolescente pelo lugar de filho (criança a ser cuidada) e luto do adulto do seu lugar de pais (ter de quem cuidar deixando para mais tarde outras decisões da vida).

Pais e filhos veem-se, nesse momento, confrontados com questões fundamentais de sua existência: a vida, a morte, a sexualidade. Tais temas vão ser, porém, tomados de forma diferente pelas duas gerações – o adolescente vê-se confrontado com a possibilidade real da sexualidade na relação com o outro, com o luto simbólico de seu corpo, de sua infância, de seu ideal de completude bissexual, de sua compreensão da possibilidade da morte. Ele está, no entanto, lançado para a vida.

Com o adulto, isto se passa em um outro nível; ele está agora, de fato, mais próximo da morte. Reconfirmando a morte de seus ideais adolescentes, em muitos casos vivendo a morte de pares de sua geração, dos próprios pais na realidade, não na fantasia.

Nesse impasse, pode ocorrer uma postergação do tempo como tentativa mágica de anulação das diferenças e de sustentar para as duas gerações a não passagem, evitando o encontro com a finitude, com a morte.

Foi com indignação que Dafne se viu confrontada, em seu lugar de trabalho, com o assédio de um homem bem mais velho que ela. Não se tratava simplesmente de uma questão edípica, isto é, do risco de ver realizado o sonho de amor com o pai. Era mais que isso. E, justamente por essa razão, não me reportei a algo "estranhamente familiar", mas antes à ideia de algo "estranhamente indigno", de algo que a deixava sem lugar: tratava-se de um ataque à diferenciação necessária das gerações.

Rassial (1997) refere-se à impossibilidade da passagem adolescente com o termo *pane,* em uma clara referência à ideia de *breakdown* utilizada por Winnicott. Ele pretende com esse termo dar conta daquilo que se poderia chamar dos estados-limites e articular essa patologia àquela própria de qualquer adolescente. O que me importa não é a diferenciação diagnóstica, mas antes uma possibilidade de compreender quais são as questões colocadas em risco e que, portanto, obstaculizam essa passagem. Segundo o autor, o sujeito estaria em pane em seus pensamentos e em seus investimentos. Pane na capacidade de diferenciar entre o discurso e o agir, entre o subjetivo e o objetivo, entre o bem e o mal, entre o prazer e o desprazer, entre o familiar e o social. O sujeito parece dispor dos meios para essa diferenciação, mas "está como que parado na beira da estrada, errando no acostamento, deixando seu veículo imobilizado no lugar em que ficou" (p. 38-39). Momento, portanto, de esgarçamento, mas também possibilidade de reordenamento.

Esgarçamento pelas promessas não cumpridas. Foi-lhe dito que esperasse, que crescesse para ter direito a, para saber sobre, para usufruir de. No entanto, eis que cresceu e se defrontou com a impossibilidade de encontro do paraíso prometido e para sempre perdido, pois mais uma vez lhe é dito que ainda não, que há que esperar que... Põe-se então a circular, a viajar pelo mundo, sem destino. Ou a viajar na fantasia, viajar nas drogas, deslocar-se sem sair do lugar; ilusão de não risco quando, em verdade, se correm todos os riscos.

Reordenamento, pois esse também é um momento rico em outras possibilidades de laços sociais: a escrita, as gírias, os grupos, as escolhas profissionais. Mas que espaço há para as trocas? Para os laços sociais? Para a alteridade? Muitos prosseguem pelo acostamento...

Vemos, então, que, quando fracassa o território do que poderia ser o espaço das trocas simbólicas ou da instauração de um representante simbolicamente reconhecido, os efeitos podem ser da ordem da apatia, da imobilidade, da recusa a se fazer presente no campo social, ou os atos podem tornar-se impulsivos, portar a violência e a intensidade que deixou de ser intermediada, transformada, modulada, contida. Sinais de apelo à intervenção de uma autoridade incontestável. A demanda por um pai forte é bem atual; o fascismo do século XX é testemunha disso, bem como as guerras étnicas, a proliferação das seitas, a violência dos jovens. Kafka nunca nos pareceu tão atual como quando deparamos com os discursos de certos adolescentes que se recusam a partilhar da desordem deste mundo. O veredito estará dado? Resta apenas o afogamento a ser docilmente cumprido?

Não seriam certos sintomas adolescentes restos dos rituais não mais existentes na cultura? Retomemos a cena fantasmática descrita por Peter. Se a confrontarmos com um dos ritos de passagem sustentados pela cultura de uma tribo em Nova Guiné, ela nos surpreenderá pela semelhança da montagem. No entanto, ela é bastante simplificada e portadora da impossibilidade de um trabalho simbólico. Construída na solidão da intimidade, não encontra vazão nos laços coletivos que poderiam sustentá-la. Torna-se reveladora dessa ausência.

> Em Nova Guiné, a iniciação tribal se concebe como um processo de deglutição e regurgitação por parte de um ser mítico: constrói-se uma choça a que se dá a forma de um enorme monstro, em que um dos extremos se eleva do solo representando a cabeça enquanto que o outro termina em ponta. Depois de uma despedida patética das mães e das demais mulheres da família, os atemorizados iniciados se encontram frente à imponente construção, enquanto o monstro emite um grunhido aterrorizador, que na realidade não é outra coisa senão o som ruidoso das bramideiras que os homens ocultos no interior da choça fazem girar. Ao entrar nesta choça através de uma boca grande e aberta, a criança enfrenta uma experiência não familiar de escuridão que simboliza o outro mundo, tanto o da morte como o do estado fetal, tanto o do desconhecido, a carência da existência, como o do retorno ao seio materno, que realiza o fantasma de devoração. Depois de uma etapa de isolamento, que pode durar até três anos em algumas tribos, o feiticeiro lhe devolve a vida e muitas vezes lhe atribui um nome distinto do que tinha antes. O iniciado é considerado como um recém-nascido; em alguns casos deve aprender a falar, a comer, a andar. Outras vezes terá de aprender novamente as técnicas de produção dos adultos, que na realidade já conhecia em sua infância... Esta aprendizagem

> simbólica mostra claramente que a existência adquire um novo sentido para o iniciado (Tubert, 2000, p. 25-26).

O rito condensa a despedida das mães, o temor da separação, a significação da morte, a hostilidade dos homens, o renascimento e a possibilidade de constituição de um novo sujeito.

Ora, o que Peter nos descreve em sua cena terrífica é que não há saída possível dessa boca devoradora. Se tudo é da ordem da natureza cruel, se não há perspectivas de prazer no viver, se aquilo que o mortifica não encontra apaziguamento, só resta, como diz ele, a quietude, a apatia, o não desejo, a morte como horizonte. Não seria também esse jacaré devorador o palco social onde tantos jovens, na idade de quinze a vinte e quatro anos morrem assassinados? Ou onde outros tantos, por falta de oportunidades de trabalho mudaram de país ou vagueiam perdidos pelos espaços urbanos? Um estudo feito pela Secretaria Municipal do Desenvolvimento, Trabalho e Solidariedade, revelou que, entre 1991 e 2000, a cada vinte jovens entre quinze e vinte e quatro anos, um foi morto ou saiu do país. Tais dados confirmam a ideia de que para esses jovens não há proteção possível, não há direitos, não há lugar no mundo.

É possível algo novo?

Ao final de sua análise, Ulisses, desvendador de culturas alternativas, me diz: "Às vezes me via preso na ideia de uma continuidade, esperando que o amor dos primeiros tempos se repetisse. Isso me impedia de viver o novo, de valorizar o que podia acontecer agora". É em um movimento de busca que ele metaforiza o lugar de passagem, o "entre", entre a continuidade e o novo; entre a repetição e a criação. Entre a totalidade narcísica do amor infantil e o afastamento necessário para suportar o vazio, a distância, a solidão, a alteridade. Um "entre" onde se expanda o espaço potencial da criatividade, da construção, do desejo. Tarefa intensa, própria da adolescência, mas também de todos os que prosseguem desejantes na vida adulta.

No pátio cimentado onde se pratica o jogo da verdade está lançado um desafio – construir sempre novas narrativas; narrativas que possam dar suporte às angústias do viver e abram outros caminhos que não os da sideração pela violência e pela morte. O crime verdadeiro é o silêncio.

18.

Do rabisco à escrita: gestos criativos[1]

Este capítulo foi construído a partir daquilo que Pontalis, tão propriamente chamou de "o efeito Winnicott"[2]; não pretende comprovar as construções do autor nem as questionar. É efeito de um encontro – o interesse que Winnicott demonstrava pelos desenhos e o meu encanto e interesse pela escrita (ato a que ele também era sensível). Nesse encontro, desvelam-se momentos de inquietação, hesitação, mas também de prazer e descoberta; derivações surpreendentes tanto na disponibilidade para o brincar, necessária para o jogo do rabisco, quanto no processo da escrita – quando se busca, para as palavras e para as ideias, o berço do papel em

---

1 Apresentado no *I Congresso Latino-Americano de Psicologia – ULAPSI*, na mesa cujo tema era "*A escrita da (na)* clínica", realizado em São Paulo, em 2005.

2 "Podemos retraçar o pensamento de Freud, podemos expor a teoria de Melanie Klein, sistematizar ainda mais a de Lacan. Tente fazer isso com Winnicott e você perde o melhor. Aquilo a que fui e continuo sensível é o *efeito Winnicott*" (Pontalis, 1991b, p. 124; grifo meu).

branco. Momentos de júbilo, quando dessa hesitação surge um desenho ou um escrito.

A escrita permite ao analista outra "realização" da palavra escutada. É pela transcrição dos registros que ele sustenta a distância necessária à mediação que possibilita novos enlaces para a pulsão. É nas idas e vindas, na oscilação entre a escuta e o ato da escrita, na ausência e na presença, que a associação dita livre e a escuta dita flutuante se transformam em construção teorizante. É nesse movimento de voltas e revoltas que se formaliza o pensamento. Re-volta, retorno ao lugar de origem que abre a possibilidade de reencontro, mas também de oposição às marcas do caminho trilhado. Segundo Kristeva (2000), a felicidade não se consegue sem revolta. E depois dela, o júbilo, o prazer pela autonomia conquistada.

Toda escrita, diz ainda Kristeva, é um ato de amor. Implica investimento, recomposição e acolhimento para aquilo que ficou disperso, fragmentado; para aquilo que, nas entranhas, se revolve.

Winnicott, ao criar o "jogo do rabisco", destacou o trabalho criativo da análise e propôs um jogo de mutualidade entre o analista e o analisando, no qual o desenho surge como uma forma de construção da narrativa, de revelação e de configuração de lugares conflitivos e desejantes. Ele foi desenvolvido especialmente para as "consultas terapêuticas" – situações pontuais de atendimento em que não havia possibilidades de um trabalho contínuo e prolongado – e para momentos em que era importante criar um facilitador na comunicação, funcionando, então, como uma espécie de objeto transicional dentro da cura analítica. O importante do jogo não é o conteúdo que pode ser encontrado, mas, antes, o valor que a experiência adquire por ser vivida e partilhada.

O jogo do rabisco pode ser pensado, também, como paradigma do lugar da escrita na clínica. Ao instaurar um espaço potencial, acolhe o inusitado e possibilita sua figurabilidade em uma oscilação constante entre a angústia e a tensão diante do amorfismo do rabisco e da tentativa, hesitação e júbilo pela conquista de uma formalização possível. Esse mesmo estado de tensão e de amorfismo faz-se presente no ato da escrita. Esboços de memória, fragmentos, sensações são o nosso risco inicial e nos lançam para o encontro com o inesperado a advir na formalização possível da história de um caso. Este gesto inicial dá origem a um relato que nunca será factual, pois se constrói atravessado pela lógica do inconsciente, pelo campo da transferência e pela subjetividade dos dois parceiros; ele é, assim como o jogo do rabisco, um ato criativo.

Foi o jogo do rabisco que se configurou como estratégia de encontro na análise de uma criança – que nomearei Peter – e da qual passo a relatar alguns fragmentos. Eu estava às voltas – e re-voltas – com certas questões desse atendimento, quando Peter fez um movimento muito importante: assumiu uma marca própria em sua "escrita" – colocou a assinatura em um de seus desenhos. Ao assumir um nome próprio, impulsionou-me a fazer este registro ressaltando sua dupla direção: trata-se de uma escrita que surgiu *na* intimidade da cena analítica e, que, para fora dela, me convocou à escrita *da* clínica.

Do lugar vazio à assinatura

Antes de conhecer Peter, tive uma longa entrevista com seus pais. Ao fim de nossa conversa, perguntei-lhes com quem se parecia o filho e eles se surpreenderam e me surpreenderam com a impossibilidade de resposta; ele não se parecia com ninguém. Lugar vazio; ausência de traços identificatórios reconhecíveis.

Durante a semana que se segue, tenho dificuldades em reconstituir as histórias que me contaram. Lembro-me, vagamente, de algumas falas, do tom de urgência no pedido de atendimento, de referências mais significativas às gerações anteriores: avós imigrantes, guerras dos lugares de origem, um grave conflito entre os pais dois anos antes, que quase provocou o término do casamento, sintomas físicos do início de vida da criança. Sintomas que a mãe acentua com certa dramaticidade e que o pai relativiza com certa naturalidade.

Esse vazio de memória me provoca estranheza, pois vem associado a uma forte ideia de que a história está em outro lugar. Construo uma hipótese: "essa criança está sobrecarregada das histórias geracionais anteriores".

Em nosso primeiro encontro, Peter não se interessa por quase nada da sala. Olha dispersamente para os brinquedos, para os jogos e senta-se com desalento em uma das cadeiras. É um menino bastante alto para a sua idade – oito anos – e muito pálido. Pega uma das folhas em branco e eu lhe pergunto se gosta de desenhar. Faz dois desenhos: enche a folha de riscos e de monstros e me conta das brigas em casa e das brigas na escola com os amigos. Relembro-me, então, das queixas feitas pelos pais: uma criança que não se importa com os outros, que briga para vencer sempre, que faz escândalos quando não recebe o melhor de tudo. Uma criança provocadora e tirânica para quem a referência é sempre o dinheiro: "o mais caro é o melhor".

Em pouco tempo, construímos um "padrão" de encontro: ele entra na sala, conta-me o que lhe acontece, conversamos, jogamos "palitinhos" e fazemos o "jogo do rabisco". Estereotipia defensiva? Poderia ser, mas a presença sempre aflita da mãe na entrada, no telefone, nas entrevistas a que me convoca, faz-me supor que ele está construindo um ambiente de estabilidade no qual possa se organizar, proteger e referenciar.

Seu jogo do rabisco assume aos poucos um caráter bastante singular e criativo. Ele constrói a história de uma família ao longo das sessões: a família dos narigões. Uma família que cheira tudo e que apreende o mundo, o bom e o ruim, pelas diferenças dos odores. Suas idades são medidas em cheiros. Nunca se cansam de cheirar. Colecionam perfumes. Surgem depois os amigos, os inimigos, a casa, a cidade, a empresa onde trabalham, o cachorro... A bruxa e os fantasmas do narigão.

O cheiro, como sabemos, é um dos registros iniciais pelos quais a criança estabelece o reconhecimento dos objetos. Ele refere-se a algo que se infiltra por todos os lugares; é apreendido e imprime sua marca no corpo, antes mesmo de poder ser nomeado.

Na casa da praia, Peter desenhará o porão mal-assombrado. Lugar sujo e escuro onde ninguém entra, pois lá há morcegos, aranhas e ratos. Desenho uma lanterna e lhe pergunto se é possível entrar lá com lanterna e ele me responde que não; que lanterna não ajuda nada. Peter desenha, então, um grande cofre onde há um milhão de notas de mil dólares. E eu lhe digo que é preciso ser muito rico, muito poderoso, para enfrentar tantos monstros! Ele concorda com um sorriso.

Ao final da sessão seguinte, o último desenho é novamente a casa mal-assombrada. Uma casa sem proteção. Mas ele levanta uma dúvida sobre a existência dos monstros: "O Narigão acha que existe, mas não existe; ele imagina que existe e ele acha que é perigoso. São coisas antigas. Eram do tataravô do Narigão, que deixou para o bisavô, que deixou para o avô, que deixou para o pai, que deixou para o Narigão que um dia vai deixar para os filhos. É difícil destruí-los; eles picam, passam doenças". Assim, penso eu – em um misto de surpresa e de encanto pela capacidade enunciativa desta criança –, como passam de geração a geração sem que ninguém possa tocá-los, examiná-los, nomeá-los.

É preciso que eu diga que, apesar de haver levantado essa hipótese logo após a constatação do vazio de memória que se seguiu à entrevista com os pais, eu me surpreendi com a forma pela qual ela surgiu na fala de Peter.

Nesse momento, os pais me pedem uma entrevista. Querem retomar a pergunta que lhes fiz no início. Incomodaram-se por não poder identificar com quem o filho se parecia. Retomam as brigas familiares e o isolamento provocado em função delas e vão reconhecendo no filho certos traços da geração anterior. Esse filho surge agora como o retrato que "reintroduz", na casa, a presença-ausente dos avós. Os "fantasmas", resultantes de brigas muito antigas, ficaram confinados, imobilizados; neles não se pode tocar, assim como não se podia reconhecer o espelho desses traços no filho.

A próxima sessão de Peter terminará com o desenho que deu origem à ideia deste escrito: uma moldura onde ele fará sua assinatura. Possibilidade de falar em nome próprio e que abrirá, para esta análise, outro caminho. Trata-se de dar figurabilidade e representação para aquilo que ficava no porão.

O lugar da escrita

Algumas inquietações acompanharam a escrita deste recorte clínico: "Estarei construindo uma ficção?", "Fazendo um recorte tendencioso?", "Rompendo o sigilo?", "Para quem e por que se escreve?"

Escrever é comunicar-se com um ausente que pode ser, como nos sonhos, uma figura compósita; uma condensação de vários ausentes. Um ausente que deixa vestígios, indícios inefáveis e que, pela escrita, tentamos reconstruir ou até mesmo inventar.

Pontalis (1991a) diz que o analista escreve para recompor o seu lugar que ficou fagocitado pelo atravessamento das histórias transferenciais vividas; o analista escreveria para si. Escreve também para o analisando, pois, ao escrever sobre ele, conversa com sua imagem, re-escuta suas falas, ressignifica seus lugares, encontra-o em suas lembranças, refaz o percurso de sua análise, desfaz angústias que ficaram indizíveis. Escreve, ainda, para seus pares, estabelece com eles um diálogo, e o faz porque sabe que este é um aspecto importante da formação; somos gratos aos textos que nos possibilitam o reconhecimento de nossas próprias angústias, respostas a nossas questões, descobertas, prazer de leitura.

O texto escrito permite, além da troca, a saída do ensimesmamento narcísico, embora possa responder em uma medida maior que o necessário, bem maior, às circularidades narcísicas. Pontalis (1991a) é agudamente preciso quando assinala a supervalorização da escrita "tão perceptível especialmente na França, grande país grafomaníaco – a tal ponto que até os nossos gênios temem não existir verdadeiramente enquanto não publicarem pelo menos um livro" (p. 123).

Mas um tanto de narcisismo é necessário, pois se não, como atravessar a angústia e o sofrimento do encontro com o outro e, depois, com a folha em branco?

Pela escrita tornamo-nos parte do eixo de transmissão do saber psicanalítico e sustentamos a filiação que nos foi legada. "É no domínio da escrita que nos tornamos, com legitimidade, realizadores de psicanálise" (Mandelbaum & Minerbo, 2002, p. 167).

Um analisando perguntou, certa vez, a André Green (1988) por que ele escrevia. Sua resposta imediata foi: "Como testemunho". Mas, em uma análise mais detalhada das possíveis respostas a essa pergunta, pontuou outras justificativas: a necessidade de ser admirado, o exibicionismo, a rivalidade, e, em um grau mais elaborado, o desejo de organizar a experiência em teoria e a busca de encontrar a verdade na filiação freudiana, e concluiu: "preciso escrever para contribuir para o aumento do conhecimento e manter uma autoimagem que eu possa reconhecer" (p. 9). Porém, a ideia de testemunho pareceu-lhe interessante e, também a mim o parece, pois põe em relevo o que afirmei anteriormente. O que um analista escreve é de fato um testemunho não somente daquilo que empreende na clínica, mas também dos pensamentos, determinações e marcas do meio institucional de sua pertinência e de sua época. A obra de Lacan, afirma Green, só poderia ter-se desenvolvido na França, e a obra de Winnicott está intimamente ligada à cultura inglesa. Assim, toda escrita da clínica carrega o relato de uma história psicanalítica que lhe antecede e se constitui como um dos fragmentos da história que lhe sucederá.

Ficção ou ciência? Serão esses termos radicalmente opostos?

Romper com a tradição científica da época e instaurar uma nova forma narrativa não foi uma tarefa fácil para o criador da psicanálise, que reconheceu nos poetas e literatos o domínio de uma linguagem mais próxima e mais expressiva das problemáticas da alma. Para Schnitzler, a quem nomeou seu duplo, escreveu, em 14/05/1922:

> Toda vez em que me aprofundava em suas belas criações, mais tinha a impressão de encontrar atrás da aparência poética as mesmas pressuposições, os mesmos interesses e resultados que eu tinha como meus... Assim, cheguei à conclusão de que o senhor sabe por intuição – é verdade que devido a uma aguda observação de si mesmo – tudo o que descobri depois de fatigantes trabalhos com outros homens. Creio que no íntimo de seu ser o senhor é um profundo investigador da alma, tão honestamente imparcial e intrépido como nenhum outro jamais foi (Freud, 1922 *apud* Schnitzler, 1999, p. 1).

E na "Gradiva" de Jensen encontrou encanto e inspiração para apresentar ao público um de seus primeiros trabalhos de divulgação acerca da teoria da neurose e da ação terapêutica da psicanálise. Nesse mesmo texto, afirmou:

> [...] os poetas são uns aliados valiosíssimos, pois costumam saber de uma porção de coisas existentes entre o céu e a terra das quais sequer sonha a nossa sabedoria acadêmica. E, na ciência da alma, se adiantaram muito mais que nós, homens comuns, pois se nutrem de fontes ainda não abertas para a ciência (Freud, 1907, p. 8).

Retirar da cena da intimidade analítica a intensidade das palavras e dos afetos, o ritmo das hesitações, os silêncios que falam, os gestos que significam, as sutilezas de cada encontro e torná-la uma escrita fidedigna é da ordem do impossível e, felizmente, do indesejável. Nesse sentido, toda narrativa clínica é, de fato, uma ficção, embora uma ficção singular, pois ela se constrói a partir de uma vivência transferencial especial. A própria psicanálise poderia ser entendida como "obra literária de ficção – uma enorme e poderosa explicação ficcional que, justamente por tal atributo [...] teve a força criadora de conformar, de dar figurabilidade, de sustentar uma realidade para o que hoje se pode entender como o humano", e que se constituiu, ao longo do século XX, no delírio de muitos de nós (Kon, 2002, p. 151). Fábio Hermann, também citado por Kon, esclarece: "ficcional não significa falso, nem mesmo cientificamente menor, mas inserido num tipo de verdade peculiar à literatura, que é em geral mais apropriada para a compreensão do homem que a própria ciência regular" (Hermann, 1999 apud Kon, 2002, p. 153). Fédida (1988), também assinalou o valor da literatura para a abertura da noção metapsicológica em psicanálise:

> [...] afirmo que o termo "metapsicologia" pode ser usado além dos textos de Freud. Especifico ainda que a importância que devemos atribuir a essa noção pode referir-se também a textos que são habitualmente reputados como textos não psicanalíticos. Por exemplo, certos textos literários apresentam um caráter metapsicológico e, mesmo na psicanálise, os textos de psicanálise aplicada são frequentemente textos de alto teor metapsicológico (p. 26).

Já o risco do rompimento do sigilo é de fato um fantasma. Tal qual o fantasma que surge na análise de Peter. Podemos escolher os dados, mudar os nomes, cuidar para que nada de muito objetivo apareça, mas sempre há algo que escapa e um pequeno detalhe pode ser muito revelador. Quando Freud, em 1905, publicou o "caso Dora", sentiu necessidade de se justificar: "Publicar meus historiais clínicos continua sendo uma tarefa difícil" (p. 7), disse ele;

> [...] se é verdade que a causa das enfermidades histéricas se encontra nas intimidades da vida psicossexual dos

> enfermos, e que os sintomas histéricos são a expressão de seus desejos secretos mais reprimidos, o esclarecimento de um caso de histeria terá, por força, que revelar essas intimidades e trazer à luz esses segredos (*Idem*, *Ibidem*).

Ele o faz em benefício da ciência, em benefício de outros pacientes que possam ter sofrimentos semelhantes, e procura tomar todos os cuidados para que sua publicação não cause dano ao paciente envolvido. Termina sua justificativa com um lamento: "Não se pode impedir que o paciente sofra uma impressão penosa se, por casualidade, se deparar com o historial de sua própria enfermidade" (*Idem*, *Ibidem*). Mas essa transgressão, essa evisceração da intimidade secreta, "longe de ser uma infração condenável, é, de fato, um ato fundante. Toda a arte da psicanálise passa pelo exercício dessa tendência a abrir caminho, violar um território inexplorado, ultrapassar os limites" (Delorenzo, 2000, p. 106).

A transgressão e o amor guardam certa proximidade. Não é, também, toda escrita, como disse Kristeva (2000), um ato de amor? E não é o amor um ato de risco? Sempre um pouco tendencioso?

Tendencioso? Abramos seu sentido. Em geral, empregamos o termo em um sentido negativo – algo que revela, ou melhor, esconde uma intenção oculta e que dá uma direção específica – previamente determinada – aos atos ou palavras. No entanto, podemos privilegiar aqui outro aspecto: o da tendência para... no sentido de uma força que determina um movimento. Estaremos, então, mais próximos da ideia daquilo que nos mobiliza à escrita na psicanálise: uma força que nos inquieta, uma angústia resultante da escuta, dos enigmas do conflito, da instabilidade de nosso lugar e que, ao ser posta em palavras, procura um interlocutor que nos devolva a possibilidade de construção de uma nova metáfora, uma nova estabilização, que nos acompanhe nos momentos de escuridão em que é difícil continuar o caminho solitário de nosso ofício.

Tendenciosa é também no sentido de ser sempre parcial, de estar marcada por restos teóricos, por desejos inconscientes, por pontos cegos, que a determinam assim como determinam a escuta. Na escrita da clínica é sempre de parcialidades que se trata, de certas possibilidades de escuta e de interpretação. A partir da escrita, da leitura e da discussão desses relatos, outras vias interpretativas podem ser construídas.

Ao elaborar este texto, percebi que, ao me inquietar com as questões da escrita, reeditava a questão que me foi trazida por Peter: escrever é, de certa forma, construir uma autoria; assinar o nome próprio, e, para isso, é preciso ter reconhecido um lugar na cadeia geracional e poder elaborar as histórias e os vazios daquilo que foi transmitido. Mas é preciso também se abrir para o que de novo nos trazem os encontros com outras experiências, outras palavras e outros rabiscos, instaurando-se, então, a possibilidade de gestos criativos.

19.

A ESCUTA E OS CAMINHOS DA ESCRITA[1]

Difícil responder à proposta desta mesa: "fazer um registro pessoal do percurso realizado considerando sua interseção com o campo psi, trazendo uma reflexão sobre a concepção desse caminho na sua relação com a diversidade da época". Difícil, pela abrangência e pelas peculiaridades do tema, mas também pelo constrangimento em falar, em primeira pessoa, sobre algo tão pertinente a muitos que estão aqui. Mas como não falar da escrita no evento de lançamento de uma livraria?

Veio em meu auxílio a lembrança de uma afirmação de Walter Benjamin (1996) sobre o lugar dos narradores anônimos: "A experiência que passa de pessoa a pessoa é a fonte a que recorreram todos os narradores. E, entre as narrativas escritas, as melhores são as que menos se distinguem das histórias orais contadas pelos inúmeros narradores anônimos" (p. 198).

---

1 Apresentado no encontro de lançamento da Livraria Pulsional do Instituto Sedes Sapientiae, em março de 2014.

Foi com apoio nessa afirmação de Benjamin, tentando proteger-me pela inclusão imaginária no rol dos narradores anônimos, que consegui organizar um caminho para esta apresentação, construindo-a ao redor de três eixos:

1. O recorte de alguns momentos em que a questão da escrita ganhou, para mim, um sentido especial e se tornou uma paixão; muito mais de leitura que de escrita (infelizmente para meus desejos).
2. Uma tentativa de responder à questão sobre o próprio ato da escrita – como, por que e suas turbulências.
3. Por último, o que nos é tão próximo – a intimidade entre a psicanálise e a literatura –, apontada desde a sua origem por aquele que a criou.

O *"amor dos começos"*[2]

Vou então lhes falar sobre "o amor dos começos": a descoberta do sentido das palavras e sua configuração no tempo e no espaço. Momento marcante que está na origem do meu interesse pela escrita e pela leitura.

Era uma tarde de sol e eu, menina pequena, brincava sozinha na calçada. Brincava de pular de um lugar para outro, apoiada apenas em um pé. Em um dos trechos desse

---

2 Alusão ao livro de Pontalis, psicanalista-poeta, O *amor dos começos* (Rio de Janeiro: Globo, 1988).

caminho, havia a sombra, projetada na calçada, de um caminhão estacionado na rua. Foi na travessia pela extensão da sombra que me dei conta do sentido da palavra caminhão: caminho grande. Intui, então, que as palavras tinham um sentido e que sua construção tinha algo a ver com a realidade do objeto a que se referiam. Mais tarde, aprendi que não é necessariamente assim; que entre as palavras e as coisas há muito mais que o revelado pela sombra, ou, de outra forma, poder-se-ia dizer que as palavras seriam sombras da coisa.

Lendo para escrever esta fala, encontrei-me em um depoimento de Otto Lara Resende, reproduzido no livro de Van Steen (2008). O texto escrito tem esse efeito sobre nós; o prazer do encontro – reencontro com o que nos é próprio, o prazer de nos descobrirmos pertencentes à mesma espécie. Sua fala é a do leitor, posição necessária para todo aquele que escreve:

> No alfabeto residia toda possibilidade de fugir da realidade, de interpretar a realidade e de me decifrar. Ler e escrever eram formas de ultrapassar os limites e os constrangimentos da infância. Todo livro era bom, de bula de remédio a volante de circo. Um dicionário era uma festa... Todas as palavras eram encantadas. As palavras em ordem unida, disciplinadas, cada uma no seu lugar. E todas se abrindo, como flores, para fora do sufoco, da aridez do cotidiano. Entre os nomes comuns e os próprios, havia as locuções latinas e estrangeiras. Era bonito, dava gosto essa intimidade do menino com o dicionário (p. 107).

Já adolescente, descobri na biblioteca, no tempo em que isso era mais usual, meu primeiro livro de psicanálise: *Psicopatologia da vida cotidiana.* Fiquei perturbadoramente surpresa e inquieta com aquilo que Freud afirmava e com os casos que relatava. O prazer de ler e contar estórias iniciou ali seu casamento com a psicanálise.

Anos 1970...

Outro momento significativo ocorreu no início da década de 1970, eram tempos de ditadura, e os trabalhos de vanguarda ocupavam lugares alternativos e tentavam transformar a realidade manicomial existente. Tempos de encontro com os escritos de Basaglia, com a experiência de Trieste, com a antipsiquiatria, com a *História da Loucura* contada por Foucault, com os textos de Castel, de Laing, de Cooper, dos primeiros trabalhos comunitários, das comunidades terapêuticas – muito diferentes do que é proposto hoje com esse mesmo nome. Encontro, também, nas periferias da vida, com os três Ps descritos por Jurandir Freire Costa: Preto, Pobre, Psicótico. Era um momento histórico em que a psicanálise era vista como elitista e em confronto com outras práticas mais preponderantes – o psicodrama, a análise experimental.

Nessa época, minha experiência no Centro Comunitário de Parelheiros colocou em xeque as formas objetivantes de descrever as situações clínicas. Como contar a história de uma menina de nove anos que leva seu irmão adulto ao primeiro hospital-dia implantado na periferia da zona sul de São Paulo? Como encontrar as palavras que expressassem a marginalização social daquele lugar que deixava aos cuidados de uma menina o trânsito com um adulto psicótico? Não era uma escrita apenas objetivante que daria conta desses encontros. Algo da sensibilidade presente nesse cuidado, da menina que chegava de mãos dadas com um adulto entorpecido pela medicação, e da estagiária que a atende e se impacta com a cena, precisaria de um relato diferenciado. Um relato que deixasse espaço para a presença do sujeito, aquele que, como o define Zygouris (1995), "avança e se adianta ao escrever".

> É possível escrever de modo acadêmico coisas belíssimas, mas acredito que quando um analista deseja transmitir sua experiência ou sua reflexão, é forçado a estabelecer um equilíbrio estético e ético entre uma abertura à teorização, isto é uma exigência desta, e o espaço deixado de modo latente ou patente à presença do sujeito, aquele que avança e se adianta ao escrever. Se alguns analistas pecam por um excesso de academismo outros sofrem da ausência de literatura (p. 253).

Uma parte da escrita, produzida naquele momento histórico, tinha o intuito de poder falar sobre o não permitido, legitimar abordagens não aceitas pela política oficial. Nas páginas dos jornais, as receitas de bolo, os blocos em negrito, as charges do Henfil, eram uma forma de driblar a censura vigente. O Sedes, quando ainda na Caio Prado, antes de se tornar Instituto, na figura emblemática de madre Cristina, foi um lugar reconhecido de resistência ao regime ditatorial. Havia um compromisso forte com a coletividade e com o desejo de transformação. Acreditávamos que a psicologia tinha uma potência política que nos permitiria interferir nas instituições e transformar o país.

Essa história é conhecida e não vou seguir por ela. No dia 14/03/2014, na *Folha de S.Paulo*, Ruy Castro enumerou uma série de livros lançados no imediatismo do golpe militar e que nunca foram relançados. Celebrou, também, a "avalanche" de livros lançados agora, às vésperas dos 50 anos do golpe de 1964.

Mudo de estrada. Vou seguir com algumas questões que sempre me instigaram:

Como se escreve? Por quê? Quais as turbulências do ato da escrita?

Tenho como guia Martin, personagem de Clarice Lispector, em *A maçã no escuro*. Suas palavras situam-me no impacto da folha em branco:

> Tivera a sensata ideia de pôr ordem nos pensamentos e resumir os resultados a que chegara nessa tarde – uma vez que nessa tarde ele finalmente entendera o que queria. E agora, assim como aprendera a calcular com números, dispôs-se a calcular com palavras [...] Hesitava e mordia a ponta do lápis [...] de novo revirou o lápis, duvidava e de novo duvidava, com um respeito inesperado pela palavra escrita. Parecia-lhe que aquilo que lançasse no papel ficaria definitivo, ele não teve o desplante de rabiscar a primeira palavra. Tinha a impressão defensiva de que, mal escrevesse a primeira palavra, e seria tarde demais... Que esperava com a mão pronta? Pois tinha uma experiência, tinha um lápis e um papel, tinha a intenção e o desejo – ninguém nunca teve mais do que isto (Lispector, 1961, p. 166).

Sofrimento diante da folha em branco. Quase todos os que escrevem fazem referência a esse estado inquieto da alma, ao esforço constante, ao trabalho e persistência necessários. É como cultivar um campo: há que estudar o terreno, semear, garimpar, limpar, esperar, podar, cortar, cortar, cortar, recomeçar... É nessa luta com as palavras que se vai construindo um texto.

Mas se Clarice pode escrever sobre um personagem que titubeia diante da escrita, é porque essa questão lhe é pertinente e porque nela está enunciado, também, o seu desejo de escrita e o que, nesse ato, há de prazer e de realização:

> Eu sempre quis um dia escrever [...] O que eu escrevesse ia ser o prazer dentro da miséria. É a minha dívida de alegria a um mundo que não me é fácil. Escrever é uma maldição [...] Escrever é uma maldição, mas uma maldição que salva. Salva a alma presa, salva a pessoa que se sente inútil, salva o dia que se vive e que nunca se entende a menos que se escreva. O contato com outro ser através da palavra escrita é uma glória. [...] Escrever é um divinizador do ser humano (Lispector, 2010, p. 21, 91).

No ato da escrita subjaz um desejo de afirmação. Uma forma de manter o reconhecimento, vencer o vazio temido da mortalidade. O prazer da descoberta; descobrir coisas de si que não se sabia; torná-las conscientes à medida que se escreve.

Em *A consciência das palavras*, Elias Canetti (2011) escreveu sobre "O ofício do poeta". Trata-se de um discurso pronunciado em 1976, em Munique. Canetti refere-se a esse algo que faz que os poetas – termo que ele usa para falar dos que escrevem – sejam os verdadeiros guardiães das metamorfoses produzidas pela humanidade e das que ainda deverão, necessariamente, ser produzidas.

Suas palavras ressoaram, a meus ouvidos, como uma descrição muito próxima ao ofício de um psicanalista, quer ele escreva ou não sobre a sua prática – embora tenhamos de ressalvar que ele sempre o faz, mesmo que não torne públicas as anotações ou apontamentos que rabisca quando se inquieta com aquilo que escuta[3].

> Os poetas deveriam manter abertas as vias de acesso *entre* os homens. Deveriam ser capazes de se transformar em *qualquer um*, mesmo no mais íntimo, no mais ingênuo, no mais impotente [...] Para tanto, ouvidos sempre atentos seriam necessários... Tentou-se de diversas formas dar um nome a esse processo; fala-se ora em intuição, ora em empatia; de minha parte prefiro [...] a palavra mais exigente: "metamorfose". Contudo qualquer que seja o nome que se lhe empreste, dificilmente alguém ousará duvidar de que se trata de algo real e muito precioso (Canetti, 2011, p. 318, grifos do autor).

Gosto da ideia de "transformação" ligada à escuta, à escrita e à leitura.

Freud e a escrita

Sabemos quanto Freud escreveu e quanto gostava de ler: "Ler, disse a Fliess, é um castigo espantoso a todos

[3] Os apontamentos, segundo definição de Canetti, são espontâneos e contraditórios. Contêm pensamentos que, por vezes, resultam de uma tensão insuportável, mas, com frequência, também de uma grande leveza (Canetti, 2011, p. 61).

os que escrevem"[4]. O prazer pela escrita aparece em vários momentos de sua obra. Em 1929, ele escreve a Lou Andreas-Salomé: "Mas que outra coisa poderia eu fazer?... Escrevia, e assim passava o tempo de uma forma deveras agradável para mim". Em sua escrita, uma influência precoce: o texto de Ludwig Börne, escrito em 1823, – "A arte de tornar-se um escritor original em três dias", presente de seus 13 anos e do qual Freud citará o final, em um texto escrito em 1920:

> E eis posto agora em prática o prometido. Pegue em algumas folhas de papel e transcreva, durante três dias, sem trapaça nem hipocrisia, tudo o que lhe passar pela cabeça. Escreva o que pensa sobre si mesmo, de suas mulheres, da guerra contra os turcos, de Goethe, do Processo Criminal de Fonk, do Juízo Final, dos seus superiores – e ao cabo desses três dias ficará estupefato por ter tido tantas ideias novas e inauditas. Tal é a arte de tornar-se em três dias um escritor original (p. 259).

Se no início de sua obra ele se desculpou pelo seu tipo de escrita, pelo espanto em constatar que seus casos clínicos eram escritos como romances, ele também

[4] Curiosa afirmação, já que ler seria também um prazer, talvez a parte mais prazerosa para aqueles que escrevem. As citações do texto freudiano, que se seguem, encontram-se no livro de Pontalis & Mango, *Freud com os escritores*, São Paulo: Três Estrelas, 2013.

reconheceu nesse estilo a forma mais adequada àquilo que desejava transmitir, anunciando, já nesse início, a cooperação mútua entre a psicanálise e a criação literária e assumindo o papel transgressivo implicado em todo ato criativo. É ele quem desfolha o livro sagrado, vislumbra a nudez do corpo materno, disseca o próprio corpo para poder continuar sua obra, e descreve o artista como aquele que vende a casa e queima a mobília para aquecer o modelo que pinta. Ao fim de sua obra, reaparece a referência à escrita – assim como na origem, ligada à ideia do corpo materno: aquecer o modelo que pinta. E, ao se perguntar especificamente sobre as fontes da criação literária, no texto de 1908, é na vida infantil, nos sonhos e nas fantasias que ele marcará a sua origem. Ao fim de sua obra, com a noção de desamparo, experiência primária de todo sujeito humano, reaparece a referência à arte, à produção estética, à escrita, como respostas possíveis à dor da separação inevitável do espaço protetor representado pelo corpo materno.

Como foi possível a Freud escrever e ler tanto ao longo de sua vida? Pontalis & Mango propõem uma resposta: "ele era um homem do livro. Talvez para ele, como o sonho interpretado em sua obra inaugural, a *Traumdeutung*, que ele chamava de *Traumbuch* (livro do sonho ou livro-sonho), talvez jamais terminássemos de ler o mundo" (2013, p. 268).

A escrita como testemunho

Um analisando perguntou a André Green por que ele escrevia e, ele, sem pensar, respondeu: "Como testemunho".

Falar da escrita como testemunho é também garantir um legado, deixar uma mostra do que se produziu, em determinado lugar, em determinada época. Mas ele mencionou outro aspecto que reafirma o que Freud, originalmente, nos legou através de "A interpretação dos sonhos": "A obra escrita de um analista é, provavelmente, um outro modo de continuar sua autoanálise, de uma forma pela qual outros podem tirar proveito" (Green, 1988, p. 9).

A literatura esteve presente na vida de Freud desde muito cedo; ele e seu jovem amigo Eduard Silberstein chegaram a fundar a Academia Castellana, trocando cartas entre si e partilhando a admiração por Cervantes. É curioso ver como, *a posteriori*, o *Colóquio dos cães*, de onde os dois amigos retiraram os nomes pelos quais se reconheciam nessa Academia imaginária, ecoa sobre o dispositivo analítico:

> Cipião: Fale até o amanhecer; escutá-lo-ei de muitíssimo bom grado, só o interrompendo em caso de necessidade.
> Berganza: Restam-me tantas coisas a dizer que não sei como nem quando poderei terminar... Chego a pensar e crer que tudo que vivemos até aqui e tudo que estamos

> vivendo agora não passa de sonho e que somos cães. Nem por isso deixaremos de desfrutar desse dom da linguagem. Cipião: Amanhã à noite, se essa grande dádiva da fala não nos abandonar, é minha vez de contar a minha vida. Berganza: Assim seja, nos encontraremos neste mesmo poste (Cervantes, 1613 *apud* Pontalis & Mango, 2013, p. 237).

E, assim, a história continuou por muitos e muitos anos, com outros parceiros e outros escritos.

Lygia Fagundes Telles disse, certa vez, que há três espécies em processo de extinção: a árvore, o índio e o escritor. Quanto aos dois primeiros, isso parece bem certo. Quanto ao terceiro, esperemos que não.

Referências

ABRAMO, C. W. Descrença justificada. *Folha de S.Paulo*, 4/01/2002. p. A3.

ABRASME – ASSOCIAÇÃO BRASILEIRA DE SAÚDE MENTAL (1990) *Declaração de Caracas*. Disponível em: <www.abrasme.org.br/arquivo/download?ARQUIVO=3696>. Acesso em: 4 nov. 2015.

ALFREDSON, T. (Dir.) *Låt den rätte komma in* (Deixa ela entrar). Suécia: Sandrew Metronome, 2008.

ALONSO, S., BREYTON, D. M. & ALBUQUERQUE, H. M. F. M. (Org.) *Interlocuções sobre o feminino na clínica, na teoria, na cultura*. São Paulo: Escuta, 2008.

ARENDT, H. *Sobre a violência*. Rio de Janeiro: Relume-Dumará, 2001.

______. *Responsabilidade e julgamento*. São Paulo: Companhia das Letras, 2004.

ASSUMPÇÃO, M. Vida ao vivo. *Revista da Folha*, n. 342, 15/11/1998.

AULAGNIER, P. A *violência da interpretação*: do pictograma ao enunciado. Rio de Janeiro: Imago, 1979.

BADINTER, E. *Um amor conquistado*: o mito do amor materno. Rio de Janeiro: Nova Fronteira, 1985.

BAUMAN, Z. *Modernidade líquida*. Rio de Janeiro: Zahar, 2001.

BENJAMIN, W. *Obras escolhidas*: magia e técnica, arte e política. São Paulo: Brasiliense, 1996.

BIRMAN, J. (Org.) *Percursos na história da psicanálise*. Rio de Janeiro: Taurus, 1988.

______. Insuficientes, um esforço a mais para sermos irmãos! In: KEHL, M. R. (Org.) *Função fraterna*. Rio de Janeiro: Relume-Dumará, 2000.

______. *Mal-estar na atualidade*: a psicanálise e as novas formas de subjetivação. Rio de Janeiro: Civilização Brasileira, 2003.

______. *Arquivos do mal-estar e da resistência*. Rio de Janeiro: Civilização Brasileira, 2006.

BLEGER, J. O grupo como instituição e os grupos nas instituições. In: KAËS, R. et al. *A instituição e as instituições*. São Paulo: Casa do Psicólogo, 1989.

BOLGUESE, M. S. M. O horror ao envelhecimento e o dualismo pulsional. In: FERRAZ, F. C., FUKS, L. & ALONSO, S. (Org.) *Psicanálise em trabalho*. São Paulo: Escuta, 2012.

BOLLAS, C. (1987) *A sombra do objeto*. Rio de Janeiro: Imago, 1992.

BRASIL. Ministério da Saúde. *Reforma psiquiátrica e política de saúde mental no Brasil*. Conferência Regional de Reforma dos Serviços de Saúde Mental: 15 anos depois de Caracas.

Brasília-DF, novembro de 2005. Disponível em: <webcache.googleusercontent.com/search?q=cache:c1AA_1Me0iIJ:bvsms.saude.gov.br/bvs/publicacoes/Relatorio15_anos_Caracas.pdf+&cd=1&hl=pt-BR&ct=clnk&gl=br>. Acesso em: 17 out. 2016.

BROOK, P. *A porta aberta*. Rio de Janeiro: Civilização Brasileira, 2002.

BRUCKNER, P. *La tentación de la inocencia*. Barcelona: Anagrama, 1996.

BUARQUE, C. & PONTES, P. *Gota d'água*. Rio de Janeiro: Civilização Brasileira, 1975.

CANETTI, E. *A consciência das palavras*. São Paulo: Companhia das Letras, 2011.

CARVALHO, B. B. (Org.) *Caninos*. Antologia do vampiro literário. São Paulo: Berlendis & Vertecchia, 2010.

CASTEL, R. *O psicanalismo*. Rio de Janeiro: Graal, 1978.

CHALLENGER, M. & FILIPOVIC, Z. (Org.) *Vozes roubadas*: diários de guerra. São Paulo: Companhia das Letras, 2008.

CHAUI, M. Amizade, recusa de servir. In: La BOÉTIE, E. *Discurso da servidão voluntária*. São Paulo: Brasiliense, 1982.

CLASTRES, P. Liberdade, mau encontro, inominável. In: La BOÉTIE, E. *Discurso da servidão voluntária*. São Paulo: Brasiliense, 1982.

CLAVREUL, J. A *ordem médica:* poder e impotência do discurso médico. São Paulo: Brasiliense, 1983.

CORSO, D. & CORSO, M. Vampiromania. In: *A psicanálise na Terra do Nunca:* ensaios sobre a fantasia. Porto Alegre: Penso, 2011.

COSTA, B. (Org.) *Contos clássicos de vampiros*. São Paulo: Hedra, 2010.

COSTA, J. F. *Violência e psicanálise*. Rio de Janeiro: Graal, 1984.

______. *História da psiquiatria no Brasil*. Rio de Janeiro: Xenon, 1989.

COUTINHO, E. (Dir.) *Cabra marcado para morrer*. Rio de Janeiro: Globo Vídeo/Mapa Filmes, 1984.

DELORENZO, R. Narrar a clínica. *Percurso*, ano XIII, n. 25, pp. 106-107, 2000.

DI LORETO, O. *Origem e modo de construção das moléstias da mente:* a psicopatogênese que pode estar contida nas relações familiares. São Paulo: Casa do Psicólogo, 2004.

DOLTO, F. Meu reconhecimento a Sophie Morgenstern. In: NASIO, J. D. *O silêncio em psicanálise*. São Paulo: Papirus, 1989.

______. *A causa das crianças*. São Paulo: Ideias & Letras, 2005.

FÉDIDA, P. *Clínica psicanalítica:* estudos. São Paulo: Escuta, 1988.

FERRARI, H., LUCHINA, I. L. & LUCHINA, N. *La interconsulta médico-psicológica en el marco hospitalario*. Buenos Aires: Ediciones Nueva Visión, 1971.

FERRAZ, F. C. & FUKS, L. B. *A clínica conta histórias*. São Paulo: Escuta, 2000.

______. (Org.) *Desafios para a psicanálise contemporânea*. São Paulo: Escuta, 2003.

______. & ALONSO, S. (Org.) *Psicanálise em trabalho*. São Paulo: Escuta, 2012.

FOUCAULT, M. *O nascimento da clínica*. Rio de Janeiro: Forense-Universitária, 1980.

______. *Microfísica do poder*. Rio de Janeiro: Graal, 1982.

______. *História da loucura*. São Paulo: Perspectiva, 1991.

______. *Os anormais*. São Paulo: Martins Fontes, 2010.

FREUD, S. (1897) *A correspondência completa de Sigmund Freud para Wilhelm Fliess – 1887-1904*. Rio de Janeiro: Imago, 1986.

______. (1905) Fragmento de análisis de un caso de histería. *Obras completas*. Buenos Aires: Amorrortu, 1993, v. VII.

______. (1907) El delírio y los sueños la "Gradiva" de W. Jensen. *Op. cit.*, v. IX.

______. (1908) El creador literário y el fantaseo. *Op. cit.*, v. IX.

______. (1908) A moral sexual civilizada e o nervosismo moderno. *Op. cit.*, v. XI.

______. (1909) Análise de la fobia de un niño de cinco años. *Op. cit.*, v. X.

______. (1912) Sobre la dinámica de la trasferencia. *Op. cit.*, v. XII.

______. (1914) Pulsiones y destinos de pulsion. *Op. cit.*, v. XIV.

______. (1915) De guerra y muerte. Temas de actualidad. *Op. cit.*, v. XIV.

______. (1919) Pegan a un niño. Contribución al conocimiento de la génesis de las perversiones sexuales. *Op. cit.*, v. XVII.

______. (1920) Más allá del principio de placer. *Op. cit.*, v. XVIII.

______. (1921) Psicología de las masas y análisis del yo. *Op. cit.*, v. XVIII.

______. (1924) El problema económico del masoquismo. *Op. cit.*, v. XIX.

______. (1925) Autobiografia. *Op. cit.*, v. XX.

______. (1926) A questão da análise leiga. *Op. cit.*, v. XX.

______. (1927) O futuro de uma ilusão. *Op. cit.*, v. XXI.

______. (1930) O mal-estar na cultura. *Op. cit.*, v. XXI.

______. (1900) La interpretación de los sueños. *Obras completas*. Buenos Aires: Amorrortu, 1994. v. IV.

______. (1915) Complemento metapsicológico a la doctrina de los sueños. *Op. cit.*, v. XIV.

______. (1920) Sobre a pré-história da técnica analítica. *Op. cit.*, v. XVIII.

______. (1921) Sobre algunos mecanismos neuróticos en los celos, la paranoia y la homosexualidad. *Op. cit.*, v. XVIII.

______. (1930) O mal-estar na cultura. *Op. cit.*, v. XXI.

______. (1937) Análisis terminable e interminable. *Op. cit.*, v. XXIII.

GARCIA-ROZA, L. A. *Introdução à metapsicologia freudiana 2:* A interpretação do sonho (1900). Rio de Janeiro: Zahar, 1991.

GOETHE, J. W. (1798) A noiva de Corinto. In: CARVALHO, B. B. (Org.) *Antologia do vampiro literário.* São Paulo: Berlendis & Vertecchia, 2010.

GONÇALVES, S. M. L. P. *Do vampiro ao cyborg:* imagens cinematográficas e o desejo de mais-vida. Trabalho apresentado no II Enecult. Salvador, 2006.

GREEN, A. *Sobre a loucura pessoal.* Rio de Janeiro: Imago, 1988.

GUELLER, A. S. & SOUZA, A. S. L. (Org.) *Psicanálise com crianças:* perspectivas teórico-clínicas. São Paulo: Casa do Psicólogo, 2008.

GUILHON ALBUQUERQUE, J. A. Psicanálise dos conflitos profissionais ou conflitos profissionais da psicanálise? In: KATZ, C. S. (Org.) *Psicanálise e sociedade.* Belo Horizonte: Interlivros, 1977.

HADDAD, G. Encontros amorosos: amor, paixão e desejo na cultura moderna. *Ide. Revista da Sociedade Brasileira de Psicanálise de São Paulo,* n. 52, pp. 123-131, 2011.

JEAMMET, P. Adolescência: o espelho da sociedade. *Ide. Revista da Sociedade de Psicanálise de São Paulo*, 41, pp. 138-143, jul. 2005.

JERUSALINSKY, A. *Para compreender a criança:* chaves psicanalíticas. São Paulo: Instituto Langage, 2011.

JULIEN, P. *Abandonarás teu pai e tua mãe*. Rio de Janeiro: Companhia de Freud, 2000.

KAËS, R. Realidade psíquica e sofrimento nas instituições. In: *A instituição e as instituições*. São Paulo: Casa do Psicólogo, 1989.

KERNBERG, O. F. Perspectivas atuais da psicanálise. *Percurso*, ano VII, n. 14, pp. 108-118, 1995.

KHAN, M. M. Uso e abuso do sonho na experiência psíquica. In: *Psicanálise:* teoria, técnica e casos clínicos. Rio de Janeiro: Francisco Alves, 1984.

KON, N. M. Literatura fantástica e psicanálise. *Jornal de Psicanálise* v. 35, n. 64-65, pp. 135-155, 2002.

KRISTEVA, J. *Sol negro:* depressão e melancolia. Rio de Janeiro: Rocco, 1989.

______. *Estrangeiros para nós mesmos*. Rio de Janeiro: Rocco, 1994.

______. *Sentido e contra-senso da revolta*. Rio de Janeiro: Rocco, 2000.

KUROSAWA, A. & HONDA, I. (Dir.) *Sonhos*. Japão/EUA: Warner Bros, 1990.

La BOÉTIE, E. *Discurso da servidão voluntária*. São Paulo: Brasiliense, 1982.

LANDA, F. *Ensaio sobre a criação teórica em psicanálise*. São Paulo: Fapesp/Unesp, 1999.

La RIDER, J. *A modernidade vienense e as crises de identidade*. Rio de Janeiro: Civilização Brasileira, 1993.

LISPECTOR, C. *A maçã no escuro*. Rio de Janeiro: Francisco Alves, 1961.

______. *Crônicas para jovens de escrita e vida*. Rio de Janeiro: Rocco Jovens Leitores, 2010.

LORENTZEN, S. Sonho psicanalítico: alguns aspectos teóricos. Trabalho apresentado na VI Nordic Conference for IFPS-Members. Oslo, 21-22 jan. 1995. *Scandinavian University Press*, 1996.

LÖWY, M. A Escola de Frankfurt e a modernidade: Benjamin e Habermas. *Novos Estudos Cebrap*, n. 32. São Paulo, pp. 119--127, 1992.

MALAURIE, J. *Les derniers rois de Thulé*. Paris: Plon, 1955.

MANDELBAUM, E. & MINERBO, M. A narrativa da clínica. *Jornal de Psicanálise*, v. 35, n. 64-65, pp. 157-173, 2002.

MANNONI, M. *A criança, sua "doença" e os outros:* o sintoma e a palavra. Rio de Janeiro: Zahar, 1971.

______. *A teoria como ficção*. Rio de Janeiro: Campus, 1982.

______. *O nomeável e o inomeável:* a última palavra da vida. Rio de Janeiro: Zahar, 1995.

MASSON, J. M. *A correspondência completa de Sigmund Freud para Wilhelm Fliess*. Rio de Janeiro: Imago, 1986.

McDOUGALL, J. *Teatros do corpo:* o psicossoma em psicanálise. São Paulo: Martins Fontes, 1991.

MEYER, S. *Crepúsculo*. Rio de Janeiro: Intrínseca, 2008.

MEZAN, R. *Escrever a clínica*. São Paulo: Casa do Psicólogo, 1998.

NESTROVSKI, A. Orelha, com comentários e recortes. In: SARAMAGO, J. *Ensaio sobre a cegueira*. São Paulo: Companhia das Letras, 2007.

PAN-ÓPTICO (verbete). *Aulete Digital*. Disponível em: <www.aulete.com.br/pan%C3%B3ptico>. Acesso em: 19 maio 2016.

PELLEGRINO, H. Édipo e a paixão. In: NOVAES, A. (Org.) *Os sentidos da paixão*. São Paulo: Funarte/Companhia das Letras, 1986.

______. Pacto edípico e pacto social. In: PY, L. A. (Org.) *Grupo sobre grupo*. São Paulo: Rocco, 1987.

PONTALIS, J.-B. Entre el sueño-objeto y el texto-sueño. In: *Entre el sueño y el dolor*. Buenos Aires: Sudamericana, 1978a.

______. Ida e volta. In: *Donald W. Winnicott*. Buenos Aires: Trieb, 1978b.

______. *A força de atração*. Rio de Janeiro: Zahar, 1991a.

______. *Perder de vista*. Rio de Janeiro: Zahar, 1991b.

______. Paradoxos do efeito Winnicott. *Op. cit.*

______. & MANGO, E. G. *Freud com os escritores*. São Paulo: Três Estrelas, 2013.

QUINTANA, M. *Esconderijos do tempo*. Porto Alegre: L&PM, 1980.

RASSIAL, J-J. *A passagem adolescente*. São Paulo: Artes e Ofícios, 1997.

ROSA, G. *Grande Sertão:* veredas. Rio de Janeiro: José Olympio, 1980.

ROTELLI, F. et al. *Desinstitucionalização*. São Paulo: Hucitec, 1990.

ROUSSILON, R. Espaços e práticas institucionais. Quarto de despejo e o interstício. In: KAËS, R. et al. *A instituição e as instituições*. São Paulo: Casa do Psicólogo, 1989.

RUFFINO, R. Sobre o lugar da adolescência na teoria do sujeito. In: RAPPAPORT, C. R. (Org.) *Adolescência, abordagem psicanalítica*. São Paulo: EPU, 1993.

SAMI-ALI. *Pensar o somático:* imaginário e patologia. São Paulo: Casa do Psicólogo, 1995.

SANTOS, W. G. *Horizonte do desejo:* instabilidade, fracasso coletivo e inércia social. Rio de Janeiro: FGV, 2006.

SANVITO, W. L. *Jornal da Tarde*, Caderno de Sábado. 26/09/1998.

SARAMAGO, J. *O conto da ilha desconhecida*. São Paulo: Companhia das Letras, 1999.

______. *Ensaio sobre a cegueira*. São Paulo: Companhia das Letras, 2007.

SCHNITZLER, A. *Contos de amor e morte*. São Paulo: Companhia das Letras, 1999.

SILVA, M. Introdução. In: COSTA, B. (Org.) *Contos clássicos de vampiro*. São Paulo: Hedra, 2010.

SIMENON, G. & FELLINI, F. O diálogo secreto. *Folha de S.Paulo*, 14/02/1999.

SOUZA, M. L. R. A elaboração e implantação de um projeto de atendimento de saúde mental em hospitais municipais na cidade de São Paulo: relato de uma experiência. In: ANGERAMI-CAMON, V. A. (Org.) *Psicologia hospitalar:* a atuação do psicólogo no contexto hospitalar. São Paulo: Traço, 1984.

______. O hospital como espaço terapêutico. *Percurso*, ano V, n. 9, pp. 22-28, 1992.

______. Psicanálise, hoje e amanhã. *Percurso*, ano X. n. 19, pp. 21-27, 1997.

______. *Violência*. São Paulo: Casa do Psicólogo, 2005.

______. et al. *Projeto de Saúde Mental*. São Paulo: publicação da Prefeitura do Município de São Paulo. Secretaria de Higiene e Saúde. Superintendência Médico-Hospitalar de Urgência, dezembro de 1982.

STEIN, C. *As erínias de uma mãe:* ensaio sobre o ódio. São Paulo: Escuta, 1988.

STOKER, B. *Drácula*. Rio de Janeiro: Record, s/d.

TODOROV, T. *Memória do mal, tentação do bem:* indagações sobre o século XX. São Paulo: Arx, 2002.

TUBERT, S. O enigma da adolescência: enunciação e crise narcísica. In: *O adolescente e a modernidade*. Rio de Janeiro: Escola Lacaniana de Psicanálise, 2000, tomo 3.

TUCHERMAN, I. *Breve história do corpo e de seus monstros*. Lisboa: Nova Vega, 2004.

VALABREGA, J.-P. *A formação do psicanalista*. São Paulo: Martins Fontes, 1983.

VAN STEEN, E. Depoimento de RESENDE, O. L. In: *Viver e escrever 3*. Porto Alegre: L&PM, 2008.

VEJA (revista) edição de 16/01/2002, p. 57.

WINNICOTT, D. W. (1941) *Textos selecionados*: da pediatria à psicanálise. Rio de Janeiro: Francisco Alves, 1988.

______. (1963) *O ambiente e os processos de maturação*. Porto Alegre: Artes Médicas, 1990.

______. (1971a) *O brincar e a realidade*. Rio de Janeiro: Imago, 1975.

______. (1971b) *Consultas terapêuticas em psiquiatria infantil*. Rio de Janeiro: Imago, 1984.

______. A criatividade e suas origens. In: *O brincar e a realidade*. Rio de Janeiro: Imago, 1975.

______. Sonhar, fantasiar e viver. *Op. cit.*

______. *Privação e delinquência*. São Paulo: Martins Fontes, 1987.

______. *Textos selecionados:* da pediatria à psicanálise. Rio de Janeiro: Francisco Alves, 1988.

______. *O ambiente e os processos de maturação*. Porto Alegre: Artes Médicas, 1990.

______. *O gesto espontâneo*. São Paulo: Martins Fontes, 1991a.

______. *Holding e interpretação*. São Paulo: Martins Fontes, 1991b.

______. *Textos selecionados:* da pediatria à psicanálise. Rio de Janeiro: Francisco Alves, 1993.

______. *Explorações psicanalíticas*. Porto Alegre: Artes Médicas, 1994.

ZALTZMAN, N. *A pulsão anarquista*. São Paulo: Escuta, 1994.

ZYGOURIS, R. *Ah! As belas lições*. São Paulo: Escuta, 1995.

______. *O estrangeiro*. São Paulo: Escuta, 1998.

Anotações